KB235108

나는 순응주의자가
아닙니다

지은이 ｜ 지행네트워크(知行 Network)

이명원 ｜ 문학평론가. 1993년 『문화일보』 신춘문예로 등단한 이후 서울디지털대 문예창작학부 교수를 역임했으며(2005~08), 현재는 대학과 도서관, 교도소 등에서 문학, 문화, 인문학 등을 강의하고 있다. 지은 책으로 인터뷰집 『말과 사람』(2008), 『시장권력과 인문정신』(2008), 『종언 이후』(2006), 『연옥에서 고고학자처럼』(2005), 『파문』(2003), 『타는 혀』(2000) 등이 있다.

오창은 ｜ 문학평론가. 2002년 『경향신문』 신춘문예로 등단했고, 현재 단국대 한국문화기술연구소 연구교수로 재직 중이다. 한국 문학의 현장에서 비평의 칼날을 벼리며 시대의 속살을 헤집는 작업을 하고 있다. 지은 책으로 『문학비평의 이해와 활용』(공저/2009), 『촛불이 민주주의다』(공저/2008), 『비평의 모험』(2005), 『한국 문학권력의 계보』(공저/2004) 『탈식민의 텍스트, 해방과 저항의 담론』(2003)이 있다.

하승우 ｜ 한양대 제3섹터연구소 연구교수. 풀뿌리자치연구소 이음 운영위원. 나이를 먹었으면 철 좀 들어라는 얘기를 들으면서, 여전히 꿈을 꾸며 사는 '청년'이다. 최근 아나키즘, 자치운동, 공간정치 등을 연구 중이다. 지은 책으로 『아나키즘』(2008), 『미래와의 소통』(공저/2008), 『세계를 뒤흔든 상호부조론』(2006), 『희망의 사회 윤리 똘레랑스』(2003)가 있으며, 옮긴 책으로 『아나키스트의 초상』(2004)이 있다.

나는 순응주의자가 아닙니다
배우며 행동하기, 행동하며 배우기

나는 순응주의자가 아닙니다

知行

지행네트워크 지음

비주류 지식인의 몽상과 우정

김종철(『녹색평론』 발행인)

전국적으로 시국선언이 연일 계속되고 있다. 지식인들에 의한 시국선언은 한국 현대사의 결정적인 고비마다 있어왔지만 이번에는 그 규모가 아마도 제일 크고, 참여자들의 정치적 성향도 비교적 다양한 것으로 얘기되고 있다. 대학교수, 교사, 언론인, 종교인, 작가, 예술인을 포괄하는 이들 지식인의 시국선언은 전직 대통령의 자결이라는 충격적인 사태에서 촉발된 측면이 많지만, 근본적으로는 이명박 정권 밑에서 한국의 민주주의가 갈수록 후퇴하고 있다는 공통인식에서 출발하고 있음이 분명하다.

그런데 재미있는 것은 이 상황을 바라보는 국가권력과 보수언론의 태도이다. 그들은 지금 시국선언 참여자들의 소속 학교, 기관, 집단 전체의 규모로 볼 때 이들 지식인의 목소리가 극히 부분적인 의견에 불과하다는 점을 강조하고 있다. 물론 이런 반응은 지금 국가권력이 얼마나 '민심'을 읽지 못하고 있는가를 드러내는 단적인 증거이다. 그러나 냉정히 생각해보면 이것은 그들로서는 당연한 반응이며, 또 실제로 거기에는 상당 정도 진실이 담겨 있다고 할 수 있다. 하기는 집권자나 보수세력은 국가권력의 전횡에 저항하는 시민들의 목소리를 폄하하기 위해서 언제나 '침묵하고 있는 다수'를 언급하는 오래된, 상투적인 습성이 있다. 그런 자세로 일관하다가 결국 처참하게 몰락하는 게 또한 권력의 속성이라고 할 수 있지만, 그런데도 불구하고 권력이 기대는 그런 편의적인 논리에 전혀 근거가 없지 않다는 것도 사실이다.

오늘날 고도로 조직화된 산업국가에서 고등교육을 받고 비교적 안정된 생활을 영위하고 있는 대다수 지식인들은 어디까지나 사회의 기득권층에 속해 있다. 그런 한에서 그들은 근본적으로 기성체제와 운명을 같이 할 수밖에 없는 존재들이라고 할 수 있다. 사실 시국선언에 참여하고 있는 지식인들도 대부분 여기서 예외는 아닐 것이다. 그러니까 지금 시국선언 참여자들이 원하는 것은 결국 민주적 절차가 존중되는 좀더 부드러운 통치방식으로의 변화이지, 지금과 같은 상황을 초래한 근원적인 조건과 요인에 주의하면서 그것을 제거하기 위한 급진적 체제변혁을 요구하는 것은 아닐 것이다.

이렇게 말하는 것은 정부를 향하여 민주적인 절차를 지키고 국민의 기본권을 보장하라고 요구하는 게 덜 중요하다는 얘기가 아니다. 문제는 민주주의가 살아나고, 좀더 인간적인 통치체제가 실질적으로 가능하려면 권력자의 단순한 선의善意만으로는 안 된다는 사실이다. 지금의 현실에서 절차적 민주주의를 회복하는 게 일차적인 과제이고, 그것이 좀더 인간적인 사회를 위한 선결조건이라는 것은 말할 필요도 없다. 그러나 여기서 생각해봐야 할 것은 형식적인 민주주의나마 이명박 정권의 출범과 함께 어이없이 무너지기 시작한 게 과연 이명박만의 탓인가 하는 점이다. 소위 민주정권에서 보수정권으로 권력이 교체되자마자 그렇게 쉽게 무너질 민주주의라면 그 민주주의의 뿌리가 실은 매우 허약한 것이었다고 해야 할 것이다.

기억해야 할 것은, 소위 민주정부 10년 동안에 이 나라에서 실질적 민주주의가 강화되기는커녕 실제로 훼손되어온 측면이 강하다는 사실이다. 그 이유는 두 정부 역시 경제성장 논리에 맹목적으로 충성하면서 보다 효율적인 성장을 위해 이른바 신자유주의 정책을 적극적으로 수용, 일관되게 추진해온 데서부터 주로 기인했다고 할 수 있다. 간단히 말해서 본래 신자유주의라는 것 자체가 거대 자본이 주도하는 시장의 자유와 효율성이라는 이름으로 모든 공공의 이익과 사회적 연대, 그리고 생존의 자연적 한계를 무시하는, 그리하여 결과적으로 '강탈에 의한 자본축적'의 메커니즘을 정책적으로 옹호하는 가장 비인간적인 자본주의 경제사상이다. 그런 노선을 채택하고 일관되게 추진하는 이상, 아무리 민주적 정부를 표방한다 할지라도, 그리고 여하한 사후적인 '사회안전망'이나 복지정책으로 사회적 약자에 대한 보호책을 강구한다 할지라도, 그것들은 결국 땜질처방에 불과할 뿐 사회적 양극화의 심화, 공동체의 전면적 해체, 환경파괴는 불가피한 것이 된다. 이와 같은 과정에서 사회경제적 불평등의 심화는 그대로 정치적 발언권에 있어서의 불평등의 심화로 이어지게 마련이고, 그 필연적인 결과는 사실상 허울뿐인 민주주의일 수밖에 없는 것이다.

여기서 중요한 것은 신자유주의 시스템이란 절대로 민주주의와 양립할 수 없는 체제임을 확실히 하는 것이다. 아니, 오히려 신자유주의 정책이 거침없이 활개를 칠수록 국가는 전면적으로 경찰국가 체제로 전락하기 쉽다. 이것은 간단히 생각해 보더라도 그럴 수밖에 없는 현상이다. 신자유주의는 흔히 국가에 의한 개입이나 공적 규제조치를 철저히 반대하는 것으로 알려져 있지만, 실은 국가 공권력의 지원 없이는 한순간도 유지될 수 없는 시스템이라는 것을 간과해서는 안 된다. 부유층에 대한 감세, 민영화, 규제완화, 자유무역 등 신자유주의의 핵심정책을 현실화하자면 오랜 세월 자본주의 역사를 통해서 노동자와 사회적 약자들이 피를 흘리며 쟁취해온 다양한 기본적 권리를 포함하여, 문명사회가 지구환경을 지키기 위해서 합의해 놓은 최소한의 환경규제까지도 짓밟거나 내팽개치지 않으면 안 된다.

국가권력은 시장권력의 이러한 요구에 응하여 법률을 만들거나 개정하고, 그리하여 법치의 이름으로 집회와 표현의 자유라는 가장 기초적인 민주적 권리를 억압하고, 경우에 따라서는 경찰 특공대의 투입도 주저하지 않는 만행을 자행하는 것이다. 신자유주의 국가가 쉽사리 경찰국가 체제로 전락하는 것은 지극히 당연하다. 그러므로 신자유주의가 국가개입을 반대한다는 것은 따져보면 헛소리에 지나지 않는다.

그러나 따져보면, 신자유주의가 문제의 전부는 아니다. 게다가 작년 가을 미국에서 시작된 금융체제의 붕괴와 그로 인한 범세계적인 경제위기가 지속되고 있는 상황에서 신자유주의의 유효성은 사실상 소멸되었다고 할 수 있다. 지금은 멀쩡한 정신의 소유자라면 그 누구도 신자유주의의 강화를 통해서 이 파국을 벗어날 수 있다고 믿지는 않을 것이다. 실제로 최근에 미국이나 일본에서는 그동안 신자유주의 정책을 강력히 지지하거나 옹호해왔던 이데올로그들 중에 기왕의 자기 신념이 더 이상 현실적합성을 갖고 있지 않다는 것을 솔직히 시인하고, 반성의 자세를 표명하는 모습도 나타나고 있다. 유감스러운 것은, 이명박 정권과 그 지지자들은 이런 세계적인 추세를 정면으로 거스르고 아직도 신자유주의적 노선을 고집하고 있다는 사실이다. 그러나 이미 세계적인 차원에서 명백히 실패한 것으로 판명된 논리를 포기하지 못하는 그들의 이 시대착오적인 우행愚行이 성공할 리는 없다. 그런데도 불구하고 계속해서 이 노선을 완강하게 고집하는 한, 국가권력은 저항세력을 통제하고 탄압하기 위해서 갈수록 강도 높은 강압통치에의 유혹을 떨치지 못하게 될 것이며, 그 과정에서 한국의 민주주의는 더욱 심대한 타격을 입을지도 모른다.

그러나 결국 시대착오적인 행태는 단명하기 마련이다. 지금 온 세계에는 약육강식을 부추기는 배타적인 경쟁 논리로는 조만간 문명사회 전체가 붕괴될 수밖에 없다는 긴박한 인식이 광범하게 퍼져나가고 있다. 유독 한국 사회만 이런 세계적인 흐름을 언제까지나 외면하고 있을 수 없다는 것은 자명한 일이다.

사실, 작년의 대규모 촛불집회-시위에 이어서 지금도 온갖 탄압을 무릅쓰고 다양한 형태로 끈질기게 계속되고 있는 민중의 저항운동은 그때그때마다의 현안에 대한 문제제기이면서도, 전체적으로는 좀더 인간답게 살고 싶다는 강한 욕구의 분출이라고 할 수 있다. 이것은 이미 이 사회가 '경제 살리기'라는 명분만 내세우면 모든 게 허용될 만큼 정신적 빈곤에 갇힌 열등사회가 더는 아니라는 사실을 알려주는 현상인지도 모른다. 그러나 이런 희망적인 징후를 구체적인 현실로 전환하기 위해서라도 우리는 이 사회현상의 의미를 좀더 깊이 있게, 정확히 읽을 필요가 있다.

다시 말해서 오늘날 거리와 광장에서 혹은 작업장이나 농성장에서 억제할 수 없이 터져 나오는 온갖 분노와 슬픔, 불안과 불만의 목소리는 지금까지 이 사회와 우리의 삶을 지배하고 규율해왔던 주도적인 가치와 제도와 관습이 총체적으로 크나큰 위기에 도달했음을 증언해주는 신호인지도 모른다. 우리는 이 점에 특히 주의를 기울이지 않으면 안 된다. 사실이 그렇다면 지금은 단순히 형식적인 차원의 민주주의의 회복 운운할 단계는 이미 아닐 것이기 때문이다.

깊이 생각해 보면, 지금 우리들이 국내외적으로 직면하고 있는 위기는 통상적인 정치적·경제적 위기를 넘어선 총체적 문명의 위기라고 할 수 있다. 국가 간의 그리고 국가 내부의 양극화, 도농격차, 인구·실업문제, 남북격차, 전쟁위협, 에너지·자원 고갈, 지구온난화라는 가공할 사태를 비롯한 범세계적 생태위기, 그리고 공동체의 붕괴와 사회적 연대의 해체 등, 이 모든 위기는 실제로 서로 긴밀히 얽혀 있는 것이기 때문에 각기 따로 분리해서 해결될 문제가 아니다. 그런데 따져보면 이 모든 위기는 결국 화석연료에 기반을 둔 산업자본주의 문명의 종언이 임박함에 따른 위기로 해석될 수 있다.

돌이켜볼 때, 오늘날 사람들이 대개 당연한 것으로 여기고 있는 거의 모든 근대적 제도와 관습은 대부분 산업자본주의 시스템의 불가결한 일부로 형성·발달해온 것이라고 할 수 있다. 예를 들어 대규모 산업 생산과 유통망, 화폐제도와 금융제도는 말할 것도 없고 학교, 병원, 교통, 통신을 비롯한 다양한 형태의 사회적 서비스 역시 자본주의 시스템을 뒷받침하고 유지하는 데 빠트릴 수 없는 요소들이다. 나아가서 정당정치, 대의제 민주주의 등 근대적 국가의 통치체제의 근본 골격을 구성하는 정치제도 역시 산업자본주의의 발달과 더불어 성장해온 역사적 산물이라고 할 수 있다. 그리고 역사적인 산물인 한, 이것은 시작이 있었던 것과 마찬가지로 언젠가는 종말을 맞을 것이 틀림없다. 아마도 지금과 같은 총체적인 문명의 위기는 그러한 종말의 시작을 알리는 징후일 가능성이 매우 높다.

이런 관점에서 보자면 작년의 대규모 촛불시위는 한국의 대의제 민주주의의 한계와 실패를 명백히 드러낸 현상이었다. 그토록 많은 시민들이 저녁마다 촛불을 들고 거리와 광장으로 모여들어 한 목소리로 민주주의를 절규했던 것은, 미국산 쇠고기 수입문제든 무엇이든, 국회가 민중의 의사를 정당하게 대변할 수 있다는 것을 아무도 믿지 않고 있기 때문이었다. 그러나 현행 헌법과 정치제도 밑에서, 거리와 광장에서 아무리 강렬하게 표출된다 할지라도 그 민중의 목소리에 대한 경청을 권력자가 거부하는 한, 민중은 깊이 좌절하는 수밖에 다른 도리가 없다. 그리하여 국가권력이 폭력수단으로 전방위적인 탄압을 개시하면 시민들은 퇴각하는 수밖에 없다. 그렇게 해서 사람들은 감당하기 어려운 스트레스와 우울 속에 갇혀 지낼 수밖에 없는 것이다.

그러니까 정말 문제는 권력자의 인간적인 자질이나 정치적인 신념이 아니라, 권력자의 선의에 의존할 수밖에 없게 되어 있는 지금과 같은 정치 시스템 그 자체인 것이다. 이 경우 권력자는 대통령 한 사람일 수도 있고 의회라는 집단 권력자일 수도 있지만, 어느 쪽이든 현행의 정치제도로는 이 근본적인 문제의 해소가 불가능하다는 것은 분명하다. 왜냐하면 현재와 같은 대의제 민주주의란 기득권층의 이익을 배타적으로 보호하기 위해 고안된 과두寡頭 통치 시스템 이외에 아무것도 아니기 때문이다. 간단히 말해서, 대의제 민주주의는 자유시장 논리에 의거한 자본주의를 뒷받침하는 정치적 틀로서 확립되어온 제도이다. 그런 점에서 자본주의 근대문명이 그 역사적 유효성을 상실하고 쇠퇴기에 접어든 오늘날, 대의제 민주주의 역시 그 수명을 다했다고 보는 게 옳을지 모른다. 그리하여 광범한 민중의 욕구를 제대로 반영하기 위해서는 정치체제의 근본적인 탈바꿈이 필요하다고 할 수 있다. 그리고 그 탈바꿈은 밑으로부터의 민중의 능동적인 정치참여를 보장하는 전면적이고 근본적인 변혁이어야지, 정치 엘리트들 사이의 권력배분에 집중된 부분적 개헌 따위로 될 일은 아닐 것이다.

무엇보다도 필요한 것은, 지금 우리가 엄청난 역사적 대변환기에서 있다는 근본적인 성찰이다. 이런 상황에서 과연 지식인의 역할은 무엇일까. 사실 지금까지 대부분의 주류 지식인은 자본주의 국가 체제에 기반을 둔 근대문명의 지속을 위한 지식과 기술을 연마하고 제공하는 일을 수행하는 데 종사해왔다. 그래서 그들은 자신이 소속되어 있는 기관이 대학이든 연구소든, 혹은 언론기관이든 가릴 것 없이 결국은 '싱크탱크'의 일원으로서 자신의 임무를 수행해왔다고 할 수 있다. '싱크탱크'란, 간단히 말하면, '탱크'를 만드는 사람들이 주는 돈으로 움직이는 연구와 교육 및 선전기관이다. 그런 의미에서 이들 지식인은 근본적으로 '탱크'로 상징되는 국가와 자본의 결합체를 위해 봉사하는 체제 순응적인 존재인 셈이다.

체제 순응적인 지식인들이 오늘날 우리의 삶의 지층에서 요동치고 있는 근본적인 변화에의 욕구에 기민하게 반응한다는 것은 불가능한 일이다. 그들은 기성의 체제에 문제가 있다면 부분적인 수선으로 문제가 해결될 것으로 생각하지, 자신의 존재 자체를 뒤흔들어 놓을지도 모를 근본적인 변혁을 위한 지적·사상적 모험에 위험을 무릅쓰고 몸을 던질 가능성이 그들에게는 거의 없다.

역사의 변환기에 항상 그랬듯이 근본적인 변혁을 위한 열망과 욕구는 체제의 변두리에서 싹트고 성장한다. 체제 비판적 지식인의 경우도 마찬가지다. 사실, 오늘날 우리들의 삶에 근본적인 질곡으로 작용하고 있는 자본주의 근대문명이라는 기본적인 틀을 비판적으로 극복하지 않는 한, 우리가 직면한 총체적인 위기상황을 극복할 수 있는 전망은 열리지 않을 것이 분명하다. 그런데 유감스럽게도

보수·진보를 막론하고 오늘날 대부분의 지식인들은 아직도 경제성
장 논리에 알게 모르게 붙들려 있다. 그런 한에서 이 지식인들은 자
신의 정치적 입장을 스스로 어떻게 규정하든 본질적으로는 주류파
지식인에 속한다고 할 수 있다. 따라서 우리가 이런 지식인들에게
서 지금과 같은 폐색상황을 뿌리로부터 뛰어넘을 수 있는 지적·사
상적 결단을 기대한다는 것은 거의 불가능한 것으로 생각된다. 새
로운 전망을 열어줄 지적·사상적 에너지는 역시 비주류 지식인에
게서 나올 수밖에 없다.

이 책은 지금 이 사회의 다수 민중과 마찬가지로 늘 생활의 불안정
에 시달리고 현실의 압력 밑에서 계속해서 좌절을 경험하면서도,
새로운 삶에 대한 억제할 수 없는 꿈과 열망으로 결합된 가난한 젊
은 지식인들의 진지한 사색과 탐구의 기록이다. 그러나 여기서 그
들이 세계의 변혁을 위한 거창한 설계도를 제출하는 것은 아니다.
사실, 자본주의 체제의 근저적根底的 변혁이란 쉬운 일이 아니다. 아
니, 그러한 변혁이 있기 위해서는 아마도 먼저 세계 전역에 걸친 사
회적·생태적 대파국이 닥쳐야 할지 모른다.

하지만 지금 우리가 그런 어두운 전망 앞에서 낙담할 필요는 없다.
우리가 세계를 당장에 뿌리로부터 변화시킨다는 것은 불가능하겠
지만 우리 각자의 삶을 새롭게 하고, 또 가까이에 있는 이웃들의 작
지만 의미 있는 삶의 변화를 위해서 도움을 줄 수는 있다. 그렇게 할
수 있다면 그것만으로도 엄청난 성취이다. 그런데 중요한 것은 이
모든 일의 성취에는 반드시 우정과 연대의 그물이 필요하다는 사실

이다. 이 책을 공동작업으로 엮어내는 지행네트워크의 젊은 지식인들은 자신들이 추구하는 비타협적인 삶이 오로지 자신들 사이의 우정의 그물 속에서만 가능하다는 것을 깊이 인식하고 있다. 또한 그들은 그러한 우정의 논리가 궁극적으로는 그들이 몽상하는 새로운 정치공동체의 기본적 구성원리가 될 수 있다는 가정 밑에서 여러 실천적 가능성을 성실히 모색하는 데까지 나아가고 있다. 이것이 이 책의 아마도 가장 소중한 미덕일 것이다.

차례

처음 가는 길이되 함께 걸을 수 있는 길
지행네트워크의 인문학적 현장 실험

'지행네트워크'를 만든 건 2007년 여름이었다. 운 좋게 기氣가 승勝한 동료들이 만나, 인문학적 실천을 모색하는 조그만 연구공간을 마련하기로 의기투합했다. 우리가 모일 수 있었던 것은 대학원 시절부터 제도 밖에서 함께 어울렸기 때문이었다. 이명원은 문학평론지 『비평과 전망』의 주간으로서 문학권력 논쟁을 불러일으킨 이단아였고, 하승우와 나는 『모색』이라는 무크지의 편집위원으로서 '대학원 제도의 부조리성'을 성토한 반항아들이었다.

대학 바깥에서 인문학적 실천을 해보겠다고 눈길을 돌리고 나니 이미 '대중과의 인문학적 대화'와 '다양한 방식의 사회적 실천'을 하고 있는 많은 단체들이 눈에 들어왔다. 소외계층에게 먼저 손을 내민 인문학자들의 활동은 자활인문학, 평화인문학, 시민인문학, 실천인문학 등으로 불리고 있는데, 최근에는 인문학자들이 노숙인, 재소자, 새터민, 다문화가정과 인문학적 대화를 나눈 결과가 『행복한 인문학』이라는 책으로 간행되기도 했다. 클레멘트 코스(1995년 미국의 인문학자들이 노숙자, 빈민, 죄수 등을 대상으로 만든

인문학 프로그램)를 개척한 얼 쇼리스의 『희망의 인문학』이 한국 현실과 만나 실천적으로 구체화된 결과물인 『행복한 인문학』에는 '현장으로 눈길을 돌린 인문학자들의 고민'이 담겨 있다.

앞서도 말했듯이, 대중과 자유롭게 만나는 작업에 한창인 이 인문학자들은 대부분 대학 밖에서 대안적 학문공동체를 구성하려는 실천적 운동을 지향하고 있어 눈길을 끈다. 이들은 각자의 문제의식 아래 대중강좌를 비롯한 다양한 방식으로 문학, 예술, 철학, 생태, 자치 등의 문제의식을 대중과 나눠왔다. 콜로키움·세미나·강좌는 누구나 참여할 수 있으며, 심지어 어떤 단체는 행사를 무료로 공개하기도 했다. 이곳에서는 평소 인연을 맺기 힘든 사람들(직장인, 대학생, 야학교사, 기자, 방송국 PD, 대학교수 등)이 한 자리에 모여 격의 없이 어울렸고, 나이와 상관없이 한국 사회에 대해 기탄없는 대화와 토론을 주고받는다.

이처럼 대학제도 밖의 인문학 실천이나 대안공간의 생성이 활발한 이유는 무엇일까? 대학이 한때 정치권력의 억압에서 자유로운 해방구 역할을 했던 때가 있었다. 하지만 지금의 대학은 경쟁의 논리, 자본의 논리에 포박되어 체제 내로 흡수되어가고 있다. 더 이상 대학이 해방구의 역할을 해줄 수 없기에 자율적인 연대가 대학 바깥에서 이뤄지고 있다. 또한 대학에서 제도적으로 길러진 박사들이 이른바 '놀박'(노는 박사)이 되어 대중 속에 몸을 섞는 새로운 접촉면이 형성되고 있다.

1990년대 후반부터 학문에 대한 매혹, 열정, 희망을 갖고 대학원에 진입한 이들이 늘어났고, 더불어 박사학위자 수도 양적으로 팽창했다. 2008년 1월 15일에 발표된 대학원 정원(안)만 보더라도 석사 정원이 101,929명, 박사 정원이 19,035명에 이른다. 한국 사회의 박사학위 취득자는 2000년에 6,148명이던 것이 2005년에는 8,602명에 이르며, 총 박사 수는 10만 명을 상회한다. 하지만 한국 사회는 10만 명의 박사를 적절하게 활용할 만한 시스템을 갖추고 있지 않다. 놀박들은 스스로 자신의 활동 영역을 개척해야 하는 상황에 직면해 있다. 이처럼 제도학문의 잉여적 존재로 간주되던 놀박들이 학문적 실천 영역에 눈을 돌림으로써, 실천적 학문의 새 기운이 소생하고 있는 것이다.

대학제도 내 학문에 환멸을 느낀 일반 대중들이 제도 밖 학문의 활동에 부쩍 관심을 갖게 된 것도 지식인과 대중의 자유로운 소통에 한몫을 하고 있다. 요컨대 지금 시기 인문학의 과제는 거리의 인문학, 실천인문학이라고 할 수 있다. 대중은 스스로 자신의 삶에 대해 질문하고, 구체적 활동과 대화를 통해 해답을 찾으려고 한다. 이런 분위기 속에서 몇몇 인문학자와 지식인은 다양한 방식으로 몸을 낮추고 대화의 장에 나서고 있다. 아니, 허물을 벗고 스스로를 새로운 대중(민중)으로 인식하려는 노력을 펼치고 있는 것이다.

지식인에게 앎은 삶의 의무이고, 배움은 더불어 나누는 기쁨이다. '지식생산'과 '지식의 소통'이 새롭게 결합됨으로써, 대학 밖이나 자본의 구속 너머에서 학문의 숨통이 트인 것이라고나 할까. 이렇듯 대중(민중)과 더불어 희망을 만들어나가는 학문의 급진적 역할을 위해서는 인문학자·지식인의 비판정신이 활성화되어야 한다. 이 시대가 대학이나 학문제도로부터 자유로운 비평 활동을 요구하고 있고, 제도 밖 연구자들이 스스로 제도를 넘어서는 학문의 자유를 갈망하고 있는 것이다.

제도 밖 지식사회의 세 가지 존재 방식

'대안공간'이라고 할 때, 그 공간은 어떤 의미를 지니는 것일까? 지금의 현실과는 다른 삶의 가능성 혹은 희망을 찾아, 나름의 방식으로 새롭게 조직화한 생활체계가 대안공간이 아닐까?

대안공간은 기성의 체계에서 벗어나 새로운 감각으로 체계를 형성할 수 있다. 이런 공간을 형성하기 위해서는 구성주체들이 스스로 '소수집단 되기'라는 약소자minority의 감수성에 익숙해져야 한다. 이성적으로 현실을 분석하는 것으로는 충분하지 않다. 세상의 부조리를 알고 있는 이들은 이미 많다. 그 부조리를 알고 있는 모든 이들이 세상과 싸우는 것은 아니다. 심지어 어떤 이들은 자신이 알고 있는 것을 이용해 세상의 부조리를 심화시키기까지 한다. 문제는 앎이 아니라 삶이다. 앎이 삶과 더불어 가려면 세상을 받아들이는 태도로서의 감수성이 바뀌어야 한다. 이 감수성의 변화에 기반해 주류적 관점이나 문화, 이미 조직화된 체계를 거부하고 '이탈'을 감내해야 약소자의 주체성이 형성된다. 이를 위해서는 주체에게 안정된 자리나 정체성을 부여해주는 상황에서 벗어나, 세계를 변화시킬 대안적 인식 틀을 갖기 위한 고투가 필요하다.

1990년 후반에 비제도적 학문 모임을 지향하며 태동한 '이탈자들의 진지'가 2000년대 들어 한국 대안공간 형성의 주춧돌이 되고 있다. 몇몇 조직은 학문적 코뮌(공동체)을 지향한다고 밝히고 있으며, 어떤 단위들은 대안적 교육기관을 목표로 하기도 했다. 또한 출판조직과 결합한 느슨한 '살롱'의 형태를 보이는 대안공간도 있다. 그 구체적인 면모를 세 영역으로 나눠 살펴봄으로써 대안공간의 새로운 가능성을 탐색해보자.

첫째, 학문·생활공동체를 꿈꾸는 조직으로 '연구공간 수유＋너머' 와 '다중지성의 정원' 등을 꼽을 수 있다. 특히 많은 주목을 받은 조직이 수유＋너머이다. 한국 고전문학 연구자 모임인 수유연구실과 사회과학자 모임인 연구공간 너머가 통합되어, 2000년 7월 대학로에 대규모 연구공간을 마련하면서 지금의 면모를 갖추게 된 이들은 현재 용산에 4백 평 규모의 연구공간을 갖고 있다. 학문적 자치조직인 수유＋너머는 '연구자 코뮌' 을 지향하면서 세미나와 대중강좌, 사회적 실천을 결합하고 있다. 수유＋너머는 월 5만 원 이상의 회비를 내는 60~70여 명의 일반회원, 매달 1만5천 원을 납부하는 1백30여 명의 세미나회원이 주축을 이룬다. 게다가 매 학기 강좌 참여자도 2~3백여 명에 이르는 등 매머드급 대안연구공간의 모습을 갖추고 있다. 이들의 자발적 회비납부와 후원금, 그리고 강좌료로 매달 2천여만 원에 이르는 운영경비가 조달되고 있다. 수유＋너머의 구성원들은 밥상공동체의식을 갖고 있다. 함께 밥을 먹고 차를 마시는 연구실 주방뿐만 아니라 더불어 '요가와 명상,' '등산반' 등 자체 동아리도 운영해 회원 상호 간의 유대감을 강화한다. 최근에는 '코뮌들의 네트워크(코뮤넷)' 로 전환한다는 계획 아래 '수유너머 구로' 와 '수유너머 r' 을 만들기도 했다.

수유＋너머와 조금은 다른 방식으로 운영되는 '다중지성의 정원' 은 2007년 10월 문을 열었다. 실천적 의미가 강한 연구자들의 집단인 다중지성의 정원은 이주노동자와 소통하기 위해 미얀마어와 네팔어 강좌를 개설하기도 하고, 에스페란토 강독을 하기도 한다. 갓 2년여의 발걸음을 내디딘 단체인 만큼 성급한 평가를 내리기는 힘든 상황이다. 강한 이념적 정체성(자율주의)으로 인해, 단체의 정체성은 분명하나 이론의 포용력이 협소한 것이 아니냐는 문제제기도 있다. 다만, 대표가 없이 단지 15명의 만사(만드는 사람)들이 강의 관리와 공간 관리를 하고 있다는 점이 눈에 띈다. 이는 다중이 참여하는 코뮌의 창조를 지향하는 다중지성의 정원의 조직 형태를 드러내는 활동 방식이기도 하다.

둘째, 아카데미 강좌를 중심으로 운영되고 있는 단체들이 있다. 대표적인 단체로는 한국민족예술인총연합(민예총)의 '문예아카데미'를 꼽을 수 있다. 1992년에 시작해 1990년대를 대표하는 대안 아카데미로서의 기능을 수행했다. 문예아카데미는 2008년 6월 이후 강좌의 재정비를 위해 임시 휴교 상태에 들어갔다. 일각에서는 문예아카데미의 복원이 힘들지도 모른다는 전망이 나오고 있다. 최근에는 '참여연대'에서 새로운 형태의 시민교육 프로그램을 운영하고 있어, 문예아카데미를 잇는 대안 아카데미 실험으로 주목받고 있다. 2009년 3월에 개강한 참여연대 '아카데미 느티나무'는 '굿모닝 세미나,' '월요 민주주의 학교,' '화요 인문학교,' '수요 고전 세미나' 등의 강좌를 열었다. 시민운동이 대안강좌로 실천 영역을 확대했다는 측면에서 그 성과가 기대된다.

'철학아카데미'와 '풀로엮은집'도 주목할 만하다. 2004년 7월에 설립된 '풀로엮은집'은 회사원, 교사, 학생 등 다양한 직종에 종사하는 시민들을 대상으로 인문학, 문화, 예술, 생태, 교육 강좌를 개최해오고 있다. 대학 강단의 배타적인 학제 구분을 넘어 '통합학문으로서의 인문정신 구현'을 목표로 하고 있으며, 온라인 강좌까지 운영하고 있다는 점이 특징적이다. 실제로 동영상 강의 등 상당한 강좌 운영의 노하우를 축적하고 있기도 하다. '철학아카데미'는 2000년 국내 최초의 대안철학학교로서 인사동에 문을 연 이후 지금은 서울시 마포구 동교동과 중구 장충동 두 곳에서 운영되고 있다. 특히 동교동 철학아카데미는 '대학 밖의 철학'을 개척하고 있다는 점에서 의미가 있다. 동교동 철학아카데미는 미학, 현대 정치사상, 존재론, 생명과학에 대한 연구 성과를 발표하면서 대중강좌까지 개최하고 있다. 인문학의 실천 영역 분화에서 철학아카데미가 수행하고 있는 역할이 있으며, 이런 고민이 보다 적극적으로 '한국의 철학, 현실 속의 철학'으로 발현된다면, 근본주의적 사고에 대한 중요한 성찰의 공간이 될 수 있으리라고 본다.

　　셋째, 출판사가 주도가 되어 연구소나 토론 모임을 만드는 경우도 있다. 문학과지성사의 '문지문화원 사이'나 창작과비평사의 '세교연구소' 등이 좋은 예이다. 이 단체들은 인문학과 사회과학, 문학 연구자, 시민활동가들을 위해 다양한 행사와 강좌를 개최하고 있다. 세교연구소와 문지문화원 사이와는 조금 다른 경우이기는 하지만, '후마니타스'도 주목해볼 필요가 있다. 후마니타스는 '인문학'을 뜻하는 라틴어에서 이름을 따온 출판사다. 특이한 것은 개인이 조합원으로 참여해 출판사를 설립함으로써, 상업주의적 출판에 급급해 하지 않는 민주적 방식으로 운영하려 한다는 점이다. 출판사를 구성하는 조합원들 간의 연대를 통해 좋은 출판이 가능한 조건을 만들겠다는 것이 후마니타스의 지향점이다.

　　대안공간이 '자기 위안의 둥지'로 머물지 않기 위해서는 불편한 연대를 감수해야 한다. 세계에 대한 부정적 인식이 바로 대안적 세계에 대한 구상으로 이어지는 것은 아니다. 전망의 발견을 위해

서는 '부정과 위안을 넘어서는 연대의 감각'이 필수적이다. 이는 개
별적 깨달음을 공유함으로써 공통의 감각으로 나아가려는 것이고,
주체들의 연대 속에서 대안적 세계를 구성하려는 노력이기도 하다.
연대는 개별자들의 결합일 수만은 없다. 그것은 감성적 교감을 동
반한 어우러짐이고, '공동의 운명'을 향한 윤리적 실천이다. 따라서
대안공간은 이탈 이후에 생성이 가능하며, 유력자majority에 대항하
는 약소자의 진지陣地 형태로 존재할 수밖에 없다. 그 지속을 위해서
는 약소자들의 네트워크를 통한 연대가 이뤄져야 한다. 그런 의미
에서 지식인의 연대를 위한 새로운 형태의 실험, 예를 들면 지식협
동조합 같은 실험적 시도들이 필요하다고 본다. 지식인은 그 자체
로서 물리적 힘을 갖지 않는다. 하지만 자신의 지식체계를 뛰어넘
는 대중과의 연대를 통해 세계를 변화시킬 수 있다. 그렇기에 지식
인은 도화선이며 뇌관일 수 있다.

실패를 두려워하지 않는 지행네트워크의 실험

그렇다면 지행네트워크는 실천인문학 대안공간으로서 어떠한가?
2007년 7월 30일 첫발을 내딛은 지행네트워크는 "행동하는 지식을
꿈꾸는 사람들의 모임"으로 "경화된 학문제도와 담론, 일상과 역사
의 차가운 괴리, 개인과 공동체 사이의 서늘한 냉소를 뛰어넘어, 함
께 있으되 자율적인 내밀한 소통과 연대의 인큐베이터"를 표방했
다. 지행네트워크 연구위원들은 대학과 대학 밖의 경계를 넘나들며
대중과 함께 하는 인문학·사회과학의 가능성을 탐색하려 했다. 이

를 위해 문학, 정치학, 경제학, 사회학, 역사학, 여성학 등 다양한 전공자들이 함께 하는 연구집단의 구성을 꿈꿨다. 하지만 처음에는 문학 전공자 이명원·오창은과 정치학 전공자 하승우만 결합했다. 2008년 3월경에 10여 년 넘게 시민단체와 진보정당의 상근자로 활동했던 에너지정치센터의 이강준이 연구위원으로 결합했다.

시민사회단체들 간의 자율적인 연대의 장을 마련하고, 스스로 연구자이면서 활동가이기를 꿈꿨던 지행네트워크 연구위원들의 실험은 일종의 모색적 탐색에 머문 감이 없지 않다. 구체적 활동이 조직의 성격을 그대로 보여준다는 측면에서 지행네트워크에 대한 평가는 미래의 대안공간이 어떤 형태를 띨 수 있을 것인가에 대한 한 가늠자 역할은 할 수 있을 것으로 보인다.

지행네트워크를 설립한 것과 동시에 연구위원들이 가장 먼저 진행한 활동이 "우리 시대 지식인의 존재근거를 묻는다"라는 주제의 내부 세미나였다. 이 세미나는 연구위원들이 매주 진행하는 운영위원회 회의와 함께 이뤄졌는데 주요하게는 『한국 근대 지식인의 민족적 자아형성』, 『문명론의 개략』 같은 지식인 담론을 비판적으로 독해하고 평가하는 내부 토론회 형식을 띠었다. 이 세미나의 주된 목적은 지행네트워크가 어떤 활동을 해야 하는가를 논의하기 위한 것이었다. 또한 이와 더불어 지식인의 위상 변화를 살펴보고 향후의 실천적 과제를 제안하는 단행본을 발간할 계획이기도 했다. 하지만 이 세미나는 서로 다른 관점을 지닌 이들이 '차이'를 확인함으로써, '함께 할 수 있는 것과 할 수 없는 것'을 구분하는 초보적 소통의 계기가 됐다. 상호 간의 대화를 통해 공통감각을 발견해낼 수 있었던 것이 자체 세미나의 성과였던 셈이다.

콜로키움, 청년강좌 같은 대중과의 대화를 통해 시대를 성찰하는 작업도 지속적으로 이뤄졌다. 2007년 7월부터 매월 첫째 주 월요일에는 콜로키움을 진행해왔다. "좋은 삶을 말한다: 생태/자치/예술"이라는 테마로 진행된 콜로키움은 지행네트워크가 마련한 열린 토론의 장이었다. 콜로키움은 지知와 행行이라는 이름에 걸맞게 '지식행동' 혹은 '지행합일'을 추구하기 위한 민주주의적 소통의 자리로 기획됐다. 즉, 시민운동·지식인운동을 실제 현장에서 전개하고 있는 이들을 초청해 그들과 대화하고 소통함으로써 이론과 현실의 결합을 추구하려 했다. 이를 위해 다양한 영역에서 활동하는 이들을 콜로키움의 발표자로 초청했다. 김종철, 하승창, 임헌영, 공선옥, 신철하, 이택광, 김인택, 김상봉, 윤정숙, 김준기 선생이 기꺼이 콜로키움에 참여해줬다.

콜로키움은 1) 현장 활동과 밀접한 관련을 맺고 있는 이들과의 대화를 통해 현실에 대한 이해를 심화시키고, 2) 지식인들과 시민단체들 사이의 소통에 조그만 단초를 제공했고, 3) 지행네트워크에 대한 대중들의 관심을 이끌어내는 데 기여했다. 그러나 콜로키움이 단발적 행사를 넘어 보다 대중적인 형태로 외화(단행본 등)된다든지, 콜로키움 참여자들 간의 새로운 소통 방식 창출을 통해 궁극적으로 시민 영역의 활동 강화에 도움을 주는 방식의 발전은 이뤄내지 못했다. 무엇보다 콜로키움의 원래 취지가 NGO 활동가들의 적극적인 참여를 이끌어내 소통의 장을 만드는 데 있었는데, 이 부분의 성과는 미흡했다고 할 수 있다.

2008년 1월부터 3월까지 진행했던 청년강좌 "아닙니다, 나는 순응주의자가 아닙니다: 낡은 세계에 던지는 여덟 가지 질문"은 비교적 성공적인 '세대 간 소통의 자리'였다. 청년세대를 대상으로 지행네트워크가 적극적으로 말 걸기에 나선 것이었는데, 참가자들의 자발적인 호응이 뜨거웠다. 대학 내에서 자율적인 세미나 학습이 사라지고 있는 상황에서 이 청년강좌가 '삶을 향한 올바른 태도'에 관해 묻는 중요한 계기가 됐다는 것이 참가자들의 평가였다. 청년강좌를 계기로 지행네트워크에 대한 청년세대의 관심이 높아졌고, 이들은 지금도 지속적으로 지행네트워크와 인연을 맺고 있다. 반면, 대학생들을 중심으로 방학 때마다 청년강좌를 진행해줬으면 좋겠다는 요구가 있었으나, 청년대중강좌를 어떻게 지행네트워크 사업으로 배치할 것인가에 대한 충분한 논의가 진행되지 못했다. 이에 따라, 2008년 1월 강좌 이후 따로 청년 대상의 강좌를 진행하지는 않았다. 학문연구자들과 청년세대의 소통은 그 자체로서 활력을 지닌다. 하지만 지행네트워크가 변형된 청년교육기관의 기능을 수행해야 하는가에 대해서는 향후 실천 활동과 관련해 좀더 세밀한 논의가 요구되는 실정이다.

'찾아가는 실천인문학 사업'은 지행네트워크가 인문학이라는 테마로 현장에서 사람들과 몸을 섞은 의미 있는 작업이었다. 2007년 11~12월에 걸쳐 'KB 한마음' 사원을 대상으로 "제1회 찾아가는 인문학 교실: 여가와 일상의 인문학" 사업을 진행했다. 이 행사는 지행네트워크가 현장에서 진행한 첫 번째 인문학 강의로 연구위원들과 강의 참여자들에게 색다른 경험이었다. 강좌는 40~50대 장년층의 눈높이에 맞춰 진행됐으며, 소설·축구·여행·일상·드라마·자서전 쓰기 등 일상과 자신에 대한 성찰을 유도하는 주제를 다뤘다. 대부분의 일상인들은 강좌에서 실용적·현실적 응용 가능성이 높은 강의를 요구한다. 하지만 인문학은 근본주의적 문제제기를 함으로써 삶을 성찰하게 하는 특징이 있다. 빠름과 대비되는 느림을 통해, 실용에 대비되는 무용無用에 대해 이야기함으로써, 일상적 삶에 충격을 주는 것이 인문학이다. 인문학의 소통은 교육이 아니라 대화를 통해 이뤄진다. 스스로의 내적 요구 없이 인문학적 대화란 불가능하다. 그럼에도 불구하고 삶의 본질에 대한 보다 본원적 요구를 청자들로부터 이끌어내고, 더 나아가 스스로 질문하는 방법에 관해 대화하는 것이 필요하다. 인간에 대해 고민하지 않으면 우리는 인간일 수 없기에, 앞으로도 '인문학적 실천'은 계속될 것이라고 생각한다.

'찾아가는 실천인문학 사업' 중 2008년 7월 14일부터 25일까지 2주 동안 안양교도소에서 진행된 "수용자를 위한 평화인문학" 강의는 특별한 경험이었다. 이 강의는 인권연대가 주관하는 프로그램에 지행네트워크가 문화사회연구소와 함께 참가한 것이었지만, 그 의미는 각별했다. 우리는 자발적으로 수형시설에 들어가 함께 식사하고, 특수한 상황에 처해 있는 수형자들과 대화하면서 소중한 깨달음을 얻었다. 이런 예외적 경험은 사소한 일에서 학문의 근본 문제를 성찰하게 하는 계기를 마련해줬다. 한국 사회에서 약소자 위치에 있는 수형자들의 감성을 이해함으로써, 오히려 어두운 곳에서 한국 사회를 다시 살피는 계기를 마련했다고 볼 수 있다. 우리는 아래로부터의 대화법을 익히면서 시대의 어둠을 직접 대면할 수 있었고, 실천인문학의 의미를 실제화할 수 있었다. 평화인문학 강의는 적극적 의미의 인문학적 실천이었기에 지행네트워크는 2009년 6월에도 한 달간 수원구치소에서 강의를 진행했다.

내용적 측면에서 지행네크워크의 활동을 이야기하는 데 빼놓을 수 없는 것이 '촛불집회' 담론화에 대한 적극적인 개입이다. 대안지식연구회와 공동으로 이뤄진 것이기도 한 2008년 촛불집회의 의미화 작업은 공동의 입장 속에서 각자의 의견을 피력하는 '담론 투쟁의 장'이었다. 그 핵심은 '직접민주주의와 직접행동'에 대한 적극적인 의미화로 요약될 수 있다. 대중의 자발적 참여를 제도질서 내에 가두려는 보수적 논의에 문제제기를 함으로써, 촛불집회의 의미화에 직접적으로 개입했고 많은 논쟁을 불러일으킨 것이다. 한국사회에서 민주주의의 의미를 다시 생각하고, 시민주체를 적극적 개념으로 변화시키고자 한 지행네트워크의 이런 노력은 인문학의 현실 개입이라는 측면에서 의미를 지닌다. 그 의미가 확장되기 위해서는 국가, 시민사회, 민주주의, 자유와 직접행동 등 근본적인 문제에 대한 적극적 개입과 성찰, 그리고 세미나와 학적 성과의 외화 작업이 필요하다. 실천행위와 더불어 지행네트워크에 요구되는 담론투쟁의 영역은 점차 확장되고 있다. 이에 대한 구체적 비전 제시가 지행네트워크 구성원들의 활발한 토의와 논의 과정에서 이뤄져야 할 것으로 보인다.

명칭에서도 알 수 있듯이, 지행네트워크가 '네트워크'를 중시하는 것은 연대 때문이다. 스스로 중심을 형성해 조직을 키우기보다는 다양한 시민사회단체와 자율적인 소모임의 네트워크적 연대를 주선하려 한 것이 지행네트워크의 실천 방식이었다. 자유롭게 지행네트워크의 공간을 이용하고, 이런 자유로운 이용을 통해 다양한 담론이 논쟁되고 평가되며, 더불어 더 많은 사람에게 소통되기를 지행네트워크는 꿈꾸고 있다. 현재, 지행네트워크의 공간은 대

안지식연구회와 '소설아 놀자' 팀이 월례모임이나 세미나 장소로
적극 활용하고 있다. 초기에는 에너지정치센터의 설립을 지행네트
워크가 간접적으로 지원했고, 시민단체의 활동가들 역시 자발적인
연석회의를 갖는 장소로 지행네트워크를 활용했다. 하지만 지금은
장소 활용의 효율성이 떨어지고 있다. 공간 관리의 어려움, 상근자
의 부재 탓이다.

돌이켜보면, 시민사회단체들의 연대에 지행네트워크가 어떤
역할을 할 수 있는가에 대한 고민이 확대될 필요가 있다. 현재까지
지행네트워크는 민중의 집에 프로그램 콘텐츠를 제공하고, 문화사
회연구소와 평화인문학 강의를 공동으로 수행했으며, 지리산생명
연대와 함께 '숲길 걷기' 등의 공동행사를 추진했다. 또한 여러 시
민사회단체와 연계해 네트워크적 의미의 활동 영역을 확대해나갈
가능성을 넓히고 있다. 실제로 지행네트워크의 정체성과 활동 영역
에 중요한 영향을 미치고 있으며, 연대와 네트워크를 통한 새로운
실천 영역을 개척하고 있다는 측면에서 이런 연대사업에 적극적으
로 의미를 부여해야 한다. 구체적인 부분에서는 연대가 일의 분배
나 전가가 아닌, 서로에게 도움이 되는 방식의 '실천 활동'으로 승
화되려면 '함께 거드는 적극적인 참여'가 필수적이다. 하지만 여전
히 행사를 제기한 주체가 책임을 떠맡아야 하는 업무집중 현상이
일어나고 있어 사업의 확장에 무리가 따른다. 새로운 시민사회운동
의 방향 모색을 위해서는 연대사업과 네트워크 방식에 대한 심각한
논의가 필요할 것이다.

지행네트워크의 실험은 단지 찻잔 속의 태풍일지도 모른다. 하
지만 그 실험은 실패를 두려워하지 않는 도전의식을 갖고 있기에

의미가 있다. 없는 길을 가는 이의 설렘과 두려움은 한 사람의 두 표정 같은 것 아니겠는가. 다만 지식인들이 보다 보편적인 가치, 더 궁극적인 가치를 지향한다고 해도, 그 실제적 담론 투쟁은 세속적 세계 내에서 이뤄지는 것이리라. 따라서 현장에 있고자 하는 지식인들이라면 항상 '나의 실천행위가 누구를 위한 것이며, 세속적 권력과 어떤 관계를 맺고 있는가'에 대해 주의해야 한다. 이 질문은 애써 마련한 답이 실패로 귀착되더라도 의미가 있다.

『오리엔탈리즘』으로 유명한 팔레스타인 출신의 비평가 에드워드 사이드는 지식인의 실천과 관련해 "비평은 권력을 향해 진리를 말하는 것"이어야 한다고 했다. 지식인의 비평적 행위는 세속의 현장에서 투쟁하는 세계관의 차이를 드러내고, 입장을 갖고 평가하고, 궁극적으로는 더 나은 세계를 향해 투쟁하는 실천행위일 수밖에 없다. 그러므로 지식인의 실천비평은 세속의 갯벌 속에서 사는 낙지의 운명과 같다. 낙지는 갯벌에서는 강렬한 흡판으로 텍스트를 끌어당기지만, 맑은 물에서는 힘이 약해지고 만다. 비평가도 현장에서 몸을 뒤섞으며 텍스트를 다룰 때는 활력이 넘치지만, 권력이 설정해놓은 체제 속에서는 힘 빠진 연체동물로 전락할 뿐이다.

움트는, 그러나 만들어야 하는 희망세상

지금까지 나는 한국 사회에서 새롭게 움트고 있는 다양한 대안공간들을 통해 새로운 지식인운동이나 사회적 실천운동이 어떤 방식으로 나아갈지를 가늠해보려 했다. 마지막으로 새로운 형태의 학문공동체가 제도 밖에서 새로운 제도를 만듦으로써 학문의 숲을 넓히는 창조적 작업을 이어가게끔 만들기 위해서 적극적으로 고려해야 할 몇 가지 사항을 살펴보자.

1990년대 후반과 2000년대 초반에 등장한 실천적 대안공간들은 대부분 이른바 386세대와 포스트 386세대, 그리고 청년세대의 자연스러운 연대의 결과물이었다. 수유+너머가 그렇고, 다중지성의 정원도 마찬가지이며, 강사와 수강생의 만남이라는 형식을 띠고 있기는 하지만 철학아카데미나 풀로여은집도 비슷한 형태를 취하고 있다. 이런 세대적·연대적 특징은 폐쇄된 정체성을 구성하는 방향으로 나아가지 않고 세대를 아우르는 매개고리의 역할을 수행할 수 있기에 긍정적이다. 이념에 입각한 조직운동 방식의 폐해를 대학 시절에 경험했던 포스트 386세대는 자유로운 감성에 익숙한 지금의 청년세대와 더 적극적으로 교감해야 한다. 이를 통해 지금과는 다른 세계를 꿈꿀 수 있는 실천적 문제의식을 공유하고, 새로운 사회적 참여 방식에 관해서도 공감할 수 있어야 한다. 이런 세대 간 소통 속에서 대안적 세계를 창출할 수 있는 틈이 생기리라고 믿는다. 따라서 더욱 진화한 대안공간은 세대를 넘나드는 자유로운 소통 형식에 익숙한 곳이 될 필요가 있다.

다음으로, 학문과 실천의 결합에 대한 적극적 고려도 요구된다. 네트워크라는 연대 방식의 운동은 학문연구자들에게 적합한 적극적 사회실천의 방향일 수 있다. 이전 세대들이 단행본 출판이나 매체 발간을 통해 지식인운동을 수행했다면, 이제는 새로운 방식의 '실천인문학' 과 같은 현장 개입을 통해 아래로부터의 운동 방법을 구체화해야 한다. 찾아가는 인문학, 평화인문학, 민중의 집 같은 영역에서 그 가능성을 확인할 수 있다. 더불어 시민사회단체 활동가들과의 결합 가능성을 확장함으로써, 적극적으로 시민사회단체의 외곽에서 NGO 활동을 풍부하게 하는 방식의 실천도 가능하리라고 본다. 끊임없이 새로운 조직을 창출하기보다, 새로운 조직과 기존 조직의 결합 방식을 바꿈으로써 사회운동 자체의 배치를 바꿔내는 것이 연대운동이다. 대안 담론을 지향하는 지식인네트워크운동이나 지식협동조합운동 같은 실험은 현재 진행형이다. 그런 의미에서 지역성에 기반하면서도 연대를 통해 새로운 활동 방향을 모색한 여러 사례에 관심을 가질 필요가 있다. 거시적인 담론 투쟁도 가치가 있지만, 소규모 지역공동체 내에서 큰 성공 사례를 만들어내는 것이 진정한 운동의 승리일 수도 있다.

미래의 '대안공간'은 제도 밖에서 제도를 공격함으로써 새로운 제도를 창출할 수 있는 가능성을 확장해야 한다. 오늘날 대학의 안팎은 모두 자본에 포박되어 있다. 다양한 영역에서 자본의 영향력이 미치지 않는 '해방구'를 확대할 필요가 있다. 그 해방구가 궁극적으로는 자본에 대항하는 진지가 될 수 있고, 자본의 무력함을 증명함으로써 자본의 영역을 축소시키기 위한 성이 될 수도 있을 것이다. 그렇기에 제도 밖에서 생산되는 학문은 위대하다. 현실의 권력관계에 영향을 받지 않으면서, 현실의 권력관계에 균열을 낼 수 있는 자율성을 확보하는 것이 중요하다. 그 미래 가능성의 영역이 앞으로 탄생할 다양한 학문실천적 대안공간들 사이에서 확장될 수 있으리라 기대해본다. '처음 가는 길이되 함께 걸을 수 있는 길을 만드는 역할'이 새로운 대안공간의 윤리적 책무이며, 이는 한국의 젊은 지식인에게는 일종의 구원의 길일 수도 있다.

　　학문과 일상을 결합하고 실천과 이론이 발효하는 민주주의적인 참여공간은 과연 누가 만들어낼 수 있을까. '대학 밖의 자유'를 통해 학문과 실천의 즐거움을 만끽할 수 있는 장을 만들고, '자유로운 토론문화'의 매력에 빠져드는 활력 있는 공간이 앞으로 탄생할 수 있을까. 미래는 항상 가능성으로 남아 있기에 불확실한 긴장의 연속이다. 대안공간에서 이뤄질 실천적 비평의 미래도 희망이 지속되는 한 오래 계속될 실천의 영역으로 남아 있을 것이다. (오창은)

1부

우리 시대 지식인의 존재근거를 묻다

1. 지식인의 무덤, 지식인의 역할

오늘날 절대자본주의(신자유주의)가 대학사회에 초래한 위기에 대해서는 '지식인의 죽음'이라는 과감한 진단이 반복적으로 제기되어 왔다.[1] 김영삼 정부의 출범 이후 제창된 '세계화' 담론은 이후 김대중·노무현 정부를 거치면서 '신지식인' 개념을 창안했고, 지식생산 역시 자본으로의 직접적인 전환을 목표로 한 '지식경제'의 회로 안에 폐쇄됐다. 오늘의 현실 속에서 대학이 종래와 같은 비판적 지식인의 '거점'일 수 있는가 하는 물음은 우문에 가깝다. 몇몇 예외적인 사례가 있겠지만, 현재의 대학사회가 보여주는 지적 상황은 차라리 비판적 지식인의 '무덤'이 아닌가 하는 생각이 든다.[2]

　　이런 상황은 대학의 학문정책, 교수와 학생의 지적 활동, 대학 민주주의, 대학에 대한 사회적 기대지평, 지식인 개념 등등에서 매우 부정적이면서도 구조적인 변화를 초래했다. 지식생산의 측면에

---

1) 경향신문 특별취재팀, 『민주화 20년, 지식인의 죽음』, 후마니타스, 2008.
2) 이명원, 「절대자본주의와 대학」, 『시장권력과 인문정신』, 로크미디어, 2008; 이명원, 「학진/과학재단 통합의 문제점과 인문학의 위상」, '인문사회과학연구 지원 활성화를 위한 공개토론회' 발표문, 2008년 8월 8일.

서 보면, '양화' 된 평가 기준 탓에 생동하는 문제의식에 기반한 '질적' 탐구가 약화됐다. 특히 등재학술지 제도를 포함해, 위로부터의 학술정책의제 설정이 구조화되면서 학문 탐구의 자율성과 독립성이 매우 심각하게 제약되는 결과가 초래됐다.[3] 이런 연구자들의 위기와 함께 대학사회의 성격이 시장 부문의 요구에 부응하는 방향으로 전환함에 따라, 대학생들은 시장 적응에 필요한 '공포'와 '순응'을 내면화해 이른바 '88만원세대'로 빠르게 전락하고 있다.[4] 그 와중에 대학 민주주의도 심각하게 훼손됐다. 1990년대 후반 이후 많은 대학에서 나타나고 있는 해직 교수 문제와 비정규직 교수 문제, 그리고 고대생 출교 사태 등으로 상징되는 대학사회의 제반 모순은 더욱 심화되는 양상을 보이고 있다.

　그렇다고 해서 이른바 '비제도적 실천'에 해당하는 학문공동체가 참다운 의미에서 지식인의 사회적 갱신을 보여주고 있는가 하면, 꼭 그런 것도 아니다. 2000년을 전후로 생겨난 연구공간 수유＋너머 등을 포함해 비제도적 지식공동체 역시 기존의 대학사회가 보여주는 '전문가주의'로부터 얼마나 자유로운지 알기 어려우며, 오히려 더욱 퇴행적인 '공부의 즐거움'에 함몰될 우려가 있다는 것 역시 지적될 필요가 있다. '안'이 위기인데 '바깥'이라고 해서 평온할 수 없다. '안'과 '밖' 모두가 근본적인 성찰에 임해야 할 때인 것이다.[5] 이런 현실 속에서 지식인의 역할을 운위한다는 것은 차라리 농

---

3) 김원, 「학문정책과 학문후속세대: 학술진흥재단을 둘러싼 문제를 중심으로」, 2007
　년 비판사회학대회 발표문, 2007년 11월 3일.
4) 우석훈·박권일, 『88만원세대: 절망의 시대에 쓰는 희망의 경제학』, 레디앙, 2007.

담에 가까운 일인지 모른다. 오늘의 지식인들이 과연 신자유주의의 구조 변동을 예측 못해서 이런 상황이 초래됐을까. 나는 아니라고 본다. 모두가 알고 있으면서도, 우리는 마치 '끓는 비커 속의 개구리'처럼 무력하게 체제의 메커니즘에 젖어버렸다는 지적이 옳을 것이다. 문제적 현실의 모순을 아는 것과 실제로 그것을 지양하는 것은 다르다. 오늘의 지식사회는 '아는 자'는 많은데, 그것을 해결해야 하는 자가 바로 자신임을 인정하지 않는 사람들로 그득하다.

　　이런 현실 속에서 '지식인의 역할'을 말하는 것은 형용모순에 가깝다. 과연 이 사회가 지식인에게 어떤 역할을 요구한다고 생각하는가. 냉정하게 말해, 오늘의 지식인들은 체제의 위족僞足으로 전락했다는 점을 인정해야 한다. 오늘날 지식인의 목소리에 귀 기울이는 대중들은 사실 거의 없다. 지식인들은 대부분 제도 안에 갇혀 있다. 새장 안에 갇힌 카나리아의 노랫소리 역시 아름답지 않은 것은 아니지만, 숲에서 들려오는 그토록 장엄한 자연의 화성악에 비할까. 이제 지식인의 역할을 다시 생각한다.

절대자본주의 시대의 규정력

근대 학문의 모토는 "아는 것이 힘이다"(프랜시스 베이컨)에서 출발한 지적 자기계몽이었다. 그러나 절대자본주의 시대의 학문의 생태

---

5) 이 문제를 집중적으로 논의한 글로는 다음을 참고하라. 오창은, 「비평과 대안공동체」, 『오늘의 문예비평』(제71호/겨울), 2008.

는 "아는 것이 돈이다"로 규정된다.[6] 이 과정을 자본주의 세계체제의 장기지속이라는 관점에서 탐구한 월러스틴의 지적은 유용하다. 오늘의 대학체제를 1945년에서 2000년에 이르는 기간으로 분절해 해명하고 있는 월러스틴의 주장을 요약해보면 다음과 같다.[7]

1) 1945년 이후 일어난 가장 중요한 일은 적어도 25년에서 30년 동안 지속된 세계경제의 놀라운 확산이다. 서구 지역에 한정됐던 대학이 이 기간 동안 비서구 지역에서 놀랄 만큼 팽창했다.

2) 대학의 수적인 팽창은 교수, 학생, 그리고 박사학위를 가진 사람들의 수적인 증가를 동반했다. 그 결과 대학에 접근할 수 있는 통로는 민주화됐지만, 지구적인 차원에서의 대학의 서열화 역시 구조화됐다.

3) 대학의 확산은 냉전과 세계적인 기술의 확산과도 일치하고 있다. 엄청난 돈이 대학의 과학기술 부문으로 흘러갔으며, 이에 부응해 인문학 역시 정부와 기업이 제공할 수 있는 재원을 얻기 위해 점점 더 과학적인 색채를 띠려고 노력했다.

4) 서구에서는 1968년 혁명기에 '대학의 지배구조'에 대한 논란이 확산됐다. 대학행정가, 학생, 교수들에 대한 질문과 함께, 과학에 대한 관점의 모든 전제들에 의문을 제기하는 다양한 지식운동이 수립됐다.

---

6) 홍성태, 『지식사회 비판』, 문화과학사, 2005.
7) 아래의 내용은 다음의 글 제2절을 요약한 것이다. 이매뉴얼 월러스틴, 「대학의 어제와 오늘, 내일」, 『대동문화연구』(제63집/9월), 성균관대 동아시아학술원 대동문화연구소, 2008.

5) 그러나 1968년 이후 세계경제는 실질소득 및 실질이윤의 하강에 따른 불황기에 직면했고, 그럼에도 불구하고 팽창을 거듭한 대학은 1970년에서 2000년 사이에 허리띠를 졸라매야만 했다.

6) 이를 위해 대학의 민영화가 상당히 증대했고 심지어는 상업화도 증대했다. 예산 감축은 교원 구성에도 변화를 가져왔다. 1970년 이후의 예산 감축은 "교원들을 부수어버렸다." 학생 구성원의 민주화가 종말을 맞이하게 되자 결국 교원의 민주화 역시 종말을 맞이했다.

7) 마지막으로 대학의 '고등학교화'가 구조화됐고, 대학에 대한 국가와 시장 부문의 개입이 노골화됐다. 정치적으로 세계체제의 제도로서 대학이 갖는 중요성은 감소하게 됐다.

자본주의 세계체제의 전지구적 확산과 대학의 변화를 관련지어 설명한 월러스틴의 주장은 명료하다. 현재와 같은 세계체제의 변혁기에는 대학 역시 변혁되든가 아니면 죽든가 두 가지의 길밖에 없다는 것이다. 그런데 월러스틴은 '고등학교화' 한 대학의 죽음에 대해서는 잘 설명하고 있지만, 대학의 변혁에 대해서는 명료한 해법을 우리에게 보여주고 있지 않다. 그 점은 월러스틴의 세계체제론에 지적인 영향을 받아서 한국의 대학과 지식인 문제를 탐구하고 있는 백낙청 교수 역시 마찬가지다.

한국 대학들의 현실을 둘러볼 때 …… 시대적 사명을 수행할 대학이 과연 나올지는 여전히 미지수다. …… 1990년대 중반에 비해 대학의 자율성이 상당 부분 증가했고 정치개혁을 위한 논의가 활발해진 점도 없진 않으나, 실제로 집행된 '개혁'은 주로 "소속 국가나 사회의 단기적인 목표"(본질적으로 반문화적인 내용으로 채워진 목표)에 치중해왔으며 심지어는 '국가목표'도 아니고 대학 경영자들의 단기이익에 맞춘 구조조정의 모습을 띠기 일쑤였다. 이런 상황에서 나는 영국 대학 내에서 자신의 작업이 '기회주의적이고 과외활동적'이었음을 술회한 리비스에게 새삼 공감을 느끼지 않을 수 없다. 우리 대학들이 그나마 갖춘 지적, 제도적, 물적 기반을 활용하지 않고서는 해결책을 기대할 수 없지만, 제도화된 대학에 너무 많은 것을 걸다보면 엔간한 경륜과 역량을 갖춘 인물이나 집단이 아니고서는 기성구조에의 편입을 자초하기 십상이다.[8]

이처럼 오늘날 지식인의 역할을 대학과 연동해 사유하는 일은 대체로 어려워지고 있으며, '기성구조에의 편입'이라는 위험성이 제기되고 있는 실정이다. 아니, 내 판단에는 그런 편입의 과정이 거의 완료되어가고 있는 시점이 바로 오늘날이다. 이명박 정부의 출범 이후 이런 대학의 구조개편은 더욱 빠른 속도로 진행될 확률이 높고, 이것은 전통적인 지식인의 활동 거점을 이루는 여타의 저널리즘 환경 역시 마찬가지다.[9] 사실 오늘의 지식인들이 이런 대학체제의 위기를 모르고 있는 것은 아니다. 오히려 이것을 잘 인식하고

---

8) 백낙청, 「근대 세계체제, 인문정신, 그리고 한국의 대학」, 『대동문화연구』(제63집/9월), 성균관대 동아시아학술원 대동문화연구소, 2008, 32쪽.
9) 대학에 발을 걸친 지식인을 제외하고 유력한 사회적 지식인 그룹이었던 언론인들 역시 신자유주의적 언론환경 속에서 다수가 월급쟁이로 전락했고, 소수의 비판적 언론인 역시 국가와 자본의 파상적인 압박 아래서 긴박한 투쟁을 전개하고 있다. 최근의 KBS, YTN 사태는 이를 잘 보여준다.

있기 때문에, 다음과 같은 '학문정책'에 대한 시각을 피력할 수 있는 것이다.

따라서 학문정책의 관건은 우리 대학체계를 학문재생산이 독자적으로 …… 가능하도록 만들어주는 데 있다. 국가가 직접 개입해 학문을 일으킬 수는 없다는 말이다. 그런데 앞서 지적한 대로 우리의 고등교육체계는 이 점에서 참으로 심각한 문제에 직면해 있다. 봉건적이고 전근대적인 사학관私學觀이 우리 사회를 지배하고 있거니와 특히 사학재단의 이해관계가 대학과 학문의 정상적인 발전을 가로막고 있다. 우리 고등교육의 현실을 보면, 우리 학문이 종속적 근대화를 탈피한다는 것이 퍽 요원해 보인다. 이렇게 보면, 현재 국가가 할 수 있는 최고의 학문지원정책은 대학과 고등교육의 정상적인 발전을 기하는 대학개혁이 아닐 수 없다. 고등교육의 공공성, 대학의 자치, 교육과 연구를 효율적으로 결합시킬 수 있는 대학체제의 구축과 이에 대한 지원, 학문의 자유, 학문후속세대의 양성, 구조조정 등이 핵심적인 주제어들이다.[10]

문제는 연구자들 자신이 이런 문제성을 잘 인식하고 있음에도, 오늘의 국가는 이런 문제제기의 반대 방향으로 그 '구조조정'을 할 것이라는 점이다. 왜 그런가. 지식인들의 전면적인 체제 내화, 전문가 또는 테크노크라트화의 강화야말로 국가와 시장의 동맹체제를

---

10) 최갑수, 「국가학문지원정책의 올바른 방향」, '인문사회과학연구 지원 활성화를 위한 공개토론회' 발표문, 2008년 8월 8일.

매우 강고하게 유지할 수 있는 토대이기 때문에 그렇다. 지식인들
이 대학을 비판적 지식인의 거점으로 사수하려는 의지를 표출하면
할수록, 국가와 시장 부문은 그것의 저항성을 거세시키기 위한, 표
면적으로는 가치중립적이지만 실질적으로는 지적 통제장치인 '지
식생산 판옵티콘 체제'를 더욱 유연하게 구축하려 할 것이다.

이것은 비단 한국만의 문제라기보다는 신자유주의 지식생산체
제가 구조적으로 강제하는 대학과 지식인의 역할 변화 문제라고 할
수 있다. 그런 점에서 이 체제는 '지식인의 죽음'을 제도적으로 강
제하는 방향으로 나아가고 있음이 거의 확실해 보인다.

그러나 모든 것을 이런 차원의 제도적인 문제로 돌리는 일이 생
산적이면서도 윤리적인가 하는 문제는 남는다. 사실 지식인들 그
자신의 자기성찰을 넘어선 비판적 실천행위의 문제도 적극적으로
'자기비판' 해야 하기 때문이다.

먼저 우리는 지식인을 둘러싼 '말의 오용'을 걷어낼 필요가 있
겠다. 대략 범주를 나누자면, 근대의 대문자 지식인은 오늘날 지식
인 〉전문가 〉기술관료(테크노크라트)로 분화됐다는 점을 명료하게
인식해야 한다.

'지식인'은 통합적이면서도 유기적인 지(知)의 생산과 실천을 담
보하는 주체라고 볼 수 있다. 이에 반해 '기술관료'는 국가의 통치
행위나 기업의 경영행위의 근간을 이루는 정책생산 집단이다. '전
문가'란 협소한 자기 영역에 대한 지적 탐구와 응용에 스스로의 역
할을 한정하는 지식생산집단이다. 오늘의 현실 속에서 사회적으로
권유되는 지식인은 '전문가'이다. 국가와 시장이 흡수하고자 하는
지식집단이 '기술관료' 유형이며, '지식인'이라 일컫기에 적당한

사람들은 오늘의 지식생산 환경 속에서 이른바 유력 언론매체의 칼럼니스트들이 '대행' 하고 있는 것이 현실이다.[11]

　　오늘의 한국 대학 현실을 고려해보자면, 통합적 지식인은 실종되고 있는 반면 전문가들이나 기술관료는 구조적으로 양산되고 있는 실정이다. 물론 이는 '지적 스노비즘' 에 빠진 학계가 이런 경향을 추동하는 지와 권력에 대한 거리 조정에 실패하고, 기존의 학술진흥재단(학진) 체제와 업적평가 등의 제도가 '의사-전문화' 에의 강박을 초래한 탓이 크다. 오늘날 지식생산 영역이 의사-전문화되었다는 평가는 당혹스러울 수도 있다. 하지만 전문 영역에서의 연구도 사실은 '전문성' 보다는 '근원적인 심원함' 이 필요하고, 우리 학문은 이를 보여주지 못하고 있다는 점에서 '덜 전문적' 이라 할 수 있다. 누누이 거론되지만 학문의 '외래적' 또는 '식민주의적' 경향을 초극한 주체화된 지식생산 부재가 여전히 한국 학계의 병통이라는 점에서도 이는 확인되는 바이다. 실로 한국의 제도학계가 미국을 정점으로 한 유학파 또는 통역계급의 주무대여서 한국의 정치경

---

11) 2008년 노벨경제학상을 수상한 폴 크루그먼은 학적 업적보다 『뉴욕타임스』의 칼럼니스트로 더 큰 영향력을 발휘하고 있다. 그런데 이런 현상은 매우 보편적인 상황으로 보인다. 김우창 교수의 다음과 같은 발언을 참조해보는 것도 좋을 것이다. "미국에서 영향력을 행사하는 지식인은 칼럼니스트입니다. 대학교수는 공중관계의 통로를 가지지 못하고 사회적 영향력이나 위치에서 매우 좁은 전문적 담론의 세계에 한정되어 있습니다. 정신적 가치는 전문성이 있는 게 아닌 전문성의 영역인데, 미국의 교수는 완전히 지식전달자가 되어버렸습니다. 우리나라도 그럴 가능성이 많습니다. 민주적 사회로 가면서도 그 안에 비민주적 요소로서의 정신적 가치를 옹호하는 집단이 있어야 한다는 말씀을 드리고 싶습니다. 단 이 사람들이 특권적 집단이 되면 안 됩니다. 조선조의 문제는 지식인이 특권을 독점하려고 했기 때문이 생겨났습니다." 김우창 외, 『전환의 모색: 우리는 어디에 있으며, 무엇을 할 것인가』, 생각의나무, 2008, 257쪽.

제학에 대해서 떠드는 대다수의 사람들이 '시카고학파' 일색이라는
아이러니는 참으로 기묘한 현상인 것이다.

지적 상황의 특이점

우리가 지금까지 진지하게 논의하지 못했지만, 사실 '대중'과의 소
통이라는 측면이 간과되고 있는 문제 역시 중요하다. 근대적 지식
인의 탄생은 이런 지의 대중화와 그것을 떠받쳤던 인쇄술의 발전
같은 기술혁신이 매우 중요한 역할을 했다고 볼 수 있다.

이런 문제의식 아래서, 오늘날 대중적인 차원에서 '지식인'의
현 단계 위상을 보여주는 흐름을 생각해보는 것도 무의미한 일이
아닐 것이다.

첫째, 이른바 '강준만 현상'이 있다. 경향신문이 기획한 『민주화
20년, 지식인의 죽음』에 따르면, 오늘의 대중들이 가장 커다란 영향
력을 보여준다고 거론했던 지식인은 리영희, 백낙청, 최장집, 강준
만 순이었다. 특히 2000년대의 지식사회에서 가장 대표적인 지식인
은 누구냐는 설문에 응답자들의 많은 수가 강준만 교수를 꼽았다.
강준만 교수는 『인물과 사상』을 통해 지식의 대중화와 지식인의 자
기성찰 문제를 적극적으로 촉구했던 지식인이다. 강준만은 '화끈한
어법'으로 지식사회의 좌우 스펙트럼과 무관하게 실명비판을 전개
했으며, 이것이 지식의 공공성이라는 관점을 피력한 바 있다. 강준
만의 지적 실천을 어떻게 볼 것인가 하는 문제가 지식인의 역할과
관련해 적극적으로 논의될 필요가 있다.

둘째, 강준만 이외에도 가령 진중권이나 우석훈 등이 보여준 지적 실천의 양상 역시 2000년대 이후 대중들이 적극적으로 반응했던 경우에 속한다. 진중권과 우석훈 역시 학계와 저널리즘 공간을 자유롭게 이동하면서, 현안이 되는 사회적 의제에 대한 자신의 견해를 매우 쉬운 어법으로 풍요롭게 전개하고 있다. '책맹'이 되어가고 있는 대학생들조차 이들의 지적 활약에 깊은 인상을 받고 있을 정도이다. 이들은 미학과 경제학을 제도학문의 수준에서 배울 만큼 배운 사람들이지만, 상대적으로 대학제도 안에서의 '논문 쓰기'와는 거리를 두고 지적 활동을 벌이고 있다. 이들처럼 '독립적 지식인' 유형에 속하는 지식인의 위상에 대한 정교한 검토가 이뤄질 필요가 있다는 생각이 든다.

셋째, '다중지성' 또는 '대중지성'의 출현 역시 지식인의 역할과 관련해 주목할 만한 현상이다. 이른바 '촛불항쟁' 국면을 거치면서 대학에 소속된 제도지식인의 역할에 대한 평가는 매우 부정적인 방향으로 흘러갔다. 대신 인터넷 토론방 '아고라'를 통해서 출현한 익명의 '논객'들은 한국 사회의 현안에 대한 다채로운 견해를 개진하면서 대중들을 결집시켰다. 오늘의 글로벌 금융위기 상황을 보더라도, 현 정부의 경제수장이 했던 발언보다는 인터넷 논객 '미네르바'의 분석과 조언이 훨씬 더 현실적이고 강력한 신뢰감을 형성했다. 이런 현상을 이른바 제도지식인들은 어떻게 이해해야 할까도 우리는 심각하게 고민해야 한다.

넷째, 대학연구소나 국책연구기관을 포함한 전문연구집단의 연구 성과보다는, 삼성경제연구소를 포함한 기업부설연구소가 의제 선점이나 그것의 정책적 실행에 있어 훨씬 더 강력한 영향력을 발휘하고 있다. 반면 시민단체 부설 '참여사회연구소'라든지 독립적인 대안연구기관을 자임하고 있는 '새로운사회를여는연구원' 등은 그 영향력 면에서 기업 부문의 연구집단에 상응하는 위상을 보여주고 있지 못하다. 이런 연구 현실에 따르는 권력의 동력학에 대해서 오늘의 제도지식인들은 어떤 고민을 전개시켜야 하는지에 대한 논의가 있어야 한다. 최근에는 여러 언론에서 일련의 싱크탱크에 대한 기획기사를 연일 생산하고 있는데, 이것은 지의 상황 변화라는 측면에서도 중요한 문제가 아닐 수 없다.

다섯째, 일군의 대중들도 그렇고 지식인들 역시 대학사회에 대한 학문적 비전 및 역량 집중의 한계를 절감하고, 또 다른 대안적 연구공동체를 결성하는 데 열중하고 있다. 수유+너머의 지식생산 바운더리 안에는 대학의 교원들과 박사들을 포함한 전문연구자들이 결합하고 있고, 뉴라이트 경제학의 이론적 근거를 제시하고 있는 '낙성대경제연구소'라든가, 최근의 촛불항쟁 와중에 다중지성의 문제의식을 확산시킨 '다중지성의 정원'의 활동, 이정우 교수가 중심이 된 '철학아카데미'의 활동도 눈에 띈다. 나 자신도 참여하고 있는 '지행네크워크'나 '대안지식연구회'를 포함해, 이런 지적 실험의 유형화에 대한 평가가 필요한 시점이 아닌가 한다.

앞에서 거론한 다섯 가지 사항에서 강조되고 있는 것은 지식인과 대중의 직간접적인 소통의 중요성이다. 현실적으로 오늘날 대학에서의 지식생산은 제도로서 완결됨과 동시에 학회라고 하는 살롱 안에 유폐되어 있다고 보아도 과언이 아니다.

그래서 오늘의 학계에서 집중적인 토론과 논의가 이뤄지고 있는 주제담론은 학계를 넘어 현실과 대중의 장으로 확산되고 있지 못하다. 반면 『창작과 비평』과 『녹색평론』, 그리고 『문화과학』 같은 본연의 저널리즘적 활동에 집중하고 있는 저널들은, 시장의 어려움 속에서도 꾸준히 대중들과 만나 폭발적인 수준은 아니지만 끈질기게 지적 사유의 중요성을 촉구하고 있고, 지식인과 대중의 지적 협동을 촉진하고 있다.

이런 현실 속에서 지식인임을 자임하고 있는 오늘의 연구자들은 어떤 태도로 현실에 반응할 수 있을까. 지난 여름에 있었던 한국사회포럼에서 나는 진보적 학술운동의 위기와 관련해 '비체제와 비협력'의 문제의식을 다음과 같이 피력한 바 있다.

지난 민간정부 시절의 경험과 시행착오를 통해서 체제에의 협력과 저항이라는 이분화된 시각을 벗어나면서도, 동시에 진보적 학술운동의 독립성과 자율성을 확대시킬 수 있는 '비체제 전략'을 모색하려는 시도 역시 사실상 부재했다는 점도 환기될 필요가 있다. 예컨대 오늘의 진보적 학문공동체의 위기 또는 형해화 현상의 이면에는, 국가의 교육정책 또는 학문정책을 대체할 만한 수준의 체계적인 프로그램이 부재한 상황에서, 시스템 내부에서의 개선과 땜질식 처방에 안주한 현실이 있었다는 사실도 지적돼야 한다. 가령 학진의 합리적인 지원정책 모색 같은 문제를 넘어선, 학진을 포함한 국가의 학문정책과 지원시스템이 결과적으로 진보적 학술실천의 가능성과 한계를 제한해버리는 그 구조적 메커니즘의 부정성, 즉 분류체계 자체가 가진 규율적 성격에 대한 근본적 반성이 필요하다는 주장은 학문후속세대에 의해 제기되었다. 진보적 학술운동은 기본적으로 체제 '너머'의 상상력을 가능케 한다는 점에서 비체제적이다. 동시에 진보적 학술운동은 "협력이냐 저항이냐" 라는 식의 단순 이분법을 뛰어넘는 '비협력'의 장구한 부정의 부정을 거듭하는 것을 운명으로 삼고 있다. 혁명이 완료된 순간 시인은 자살한다는 러시아의 시인 마야코프스키의 태도처럼, 그것이 이른바 진보적 지식인이 견지해야 할 학문실천의 존재론인 것이다.[12]

'문제는 학진이다' 라는 수준의 말을 하려는 것은 아니다. 요컨대 지금 중요한 것은 다음과 같은 질문이다. 과연 오늘의 지식인들에게 체제를 상대화할 만한 수준의 '비체제적 사유와 행동'을 감행할 수 있는 의지가 있는가 없는가? 나는 사실 이 점에 있어서 자못 비관적인 생각을 갖고 있다.

그러나 또 한편으로 나는 오늘날 닥쳐온 지적 상황의 위기가 결국 자본주의적 근대문명 자체의 궁극적인 위기임을 자각하고, 이 혼란스런 체제 전환기를 극복하고자 하는 김종철의 견해에서 어떤 가능성을 발견하기도 했다.

정말 필요한 것은 적당한 성장이든 아니든 성장 없이는 존속할 수 없는 근대적 방식에 대한 적응을 말할 게 아니라, 성장논리와 무관한 질적으로 다른 삶, 즉 비근대적인 방식으로 방향 전환하려는 급진성이다.

근대적 삶이란 근본적으로 재앙이며 끔찍하고 잔인한 덫이다. 일

---

12) 이명원, 「진보적 학술운동의 비판적 성찰과 전망」, 2008년 한국사회포럼 학술단체협의회 주최 토론 발제문, 2008년 8월 30일(본서의 4장으로 수정되어 재수록).

찍이 도스토예프스키는 "내가 행복해지기 위해서는 타자의 불행을 당연시해야 하는" 근대적 인간의 숙명에 관해 말했고, 이미 20세기 초의 나쓰메 소세키는 민감한 영혼들에게 근대적 삶이란 그 속에서 "미치거나 종교에 귀의하거나 아니면 자살할 수밖에 없는" 잔혹한 족쇄라는 것을 예리하게 의식하고 있었다. ……

그러니까 지금 시급한 것은 계속적인 생산력 증대를 통한 '진보'의 추구를 포기하고, 인간의 삶을 자연적 과정에 순응하는 순환적인 생활패턴으로 전환시키려는 노력이다. 이런 전환의 문제를 도외시하고 지금까지 해왔던 방식으로 돈과 기술과 에너지를 더 많이, 혹은 더 효율적으로 투입함으로써 어떤 효과를 기대한다는 것은 기껏해야 미봉책에 지나지 않는 부질없는 짓이다.[13]

근대적 지식생산은 '근대적 삶'과 조응해 전개되어왔다. 사실 지식생산 영역에서 연구 업적의 축적이나 '독창적이라면 다 좋다'는 연구 주제의 독창성과 전문화를 강조하는 흐름은 근대적 삶과 문명의 진화가 강제한 것이라고 해도 과언이 아니다. 그렇기 때문에 오늘의 상황에서 지식인의 문제를 고민한다는 것은, 단순히 학계와 대학에서 지식인이 맡은 역할을 논의한다거나 그 역할을 기능주의적으로 바꾸는 것만을 의미하는 것이 아니다. 근대적인 삶과 그것을 지탱했던 지식생산의 근대적 패러다임에 대한 근본적 궁구窮究가 요구되는 매우 엄중한 상황인 것이다.

---

13) 김종철, 「민주주의, 성장논리, 농적 순환사회」, 『창작과 비평』(통권139호/봄), 2008, 83~84쪽.

다분히 피상적인 논의이긴 하지만, 그런 관점에서 나는 최근에 다음과 같은 생각을 피력한 바가 있다.

나는 한국의 지식인들이 지난 산업화와 민주화를 거치면서 '체제적 지식인'의 정체성을 뚜렷하게 강화했고, 이 때문에 체제 내화된 지식생산의 카테고리 안에서 기능했다는 점을 상기시키고 싶다. 요컨대 규범적인 성격으로 구조적인 변화를 이룬 근대적 지식생산의 '외부'가 소실됨으로써, 지식생산이 프로젝트로 불리는 것을 당연시하는 풍토가 구조화됨으로써, 지知의 해방적 또는 예언자적 기능이 대부분 거세됐다고 생각한다.

국가나 시장의 프레임에서 벗어나지 못한 지의 생산 방식은 결국 '고용된 지식'에 불과할 뿐, 지의 변혁적 기초가 되어야 할 '비체제적 상상력'에 입각한 근본적 사유를 보여주지 못했다.

동시에 기능적·실용적 지식의 전사회적 환대는 근대적 지의 출발점에서, 바람직하게 제기된 체제를 상대화하는 능력을 상실하게 만드는 유혹이기도 했다. 근대 이행기에 데카르트가 '이성'에 의해 '신'을 상대화했듯이, 조선 후기의 실학자 박제가가 '한국어'를 통해 '중화주의'를 상대화했듯이, 방법적으로든 아니면 실천적으로든 스스로를 시스템의 '외부'에 위치시키는 일이 지의 변혁적 기초이다.

그런 관점에서 보자면, 오늘날 지의 변혁적 시선 전환에서 가장 중요한 것은 구조적 위기를 통해서 존속할 수밖에 없는 자본제 경제 체제의 '외부'를 상상하는 일이며, 그것이 공산주의건 사회주의건 간에 어쨌든 '국가'라고 하는 터미널을 통해서 강력하게 추진됐던

'발전론적 세계관'의 강력한 자장으로부터 과감하게 벗어나는 일에 있지 않을까.

오히려 작금의 시점에서 우리에게 필요한 것은 국가, 시장, 세계체제의 구조적 압력에 대항해 풀뿌리 민중들의 자율적 결사와 지속 가능한 순환경제, 사람과 자연 모두가 조화적 공생을 이룰 수 있는 가치는 무엇인가에 대한 근본적인 사유의 전환이 아닐까.

동시에 우리는 인문정신을 포함해 지의 변혁에 있어 기초가 되는 인간과 세계에 대한 통합적 비전과 영감을 촉진하는 지적 태도를 확대하고, 지의 변혁 과정에서 체제와 결별함에 따라 파생될 경제적 안정성의 붕괴를 두려워하지 않으면서, 오히려 풍요가 결코 보상할 수 없는 인간의 근원적인 행복의 비가시적인 가치를 재확인하는 작업에 나서야 하는 것이 아닐까.

화폐체제가 우리에게 강요하는 '물신'의 무대에서 퇴장해, 막 태어난 아이가 경이의 눈으로 세계를 바라보듯이, 분노도 두려움도 없는 울음으로 세계를 껴안고 있듯이, 그렇게 말이다.[14]

이렇듯 지식인들이 '근본적인 사유의 전환'을 감행하기 위해서는 우리는 어떤 태도를 취해야 할 것인가. 그것을 획일적으로 명료하게 피력하는 일은 쉽지 않다. 다만 나 자신이 이 문제와 관련해 어떤 고민을 갖고 지식인의 존재론을 모색했는지에 대해서는 소략하게나마 밝힐 수 있을 것 같다.

---

14) 이명원, 「리만브라더스의 무능이 문제인가」, 『레디앙』, 2008년 10월 22일자.

비평가와 사상의 외부성

나는 개인적으로 지식인이라는 표현보다는 '비평가'라는 개념을 활용하는 일이 절대자본주의 시대를 살아가는 지식인의 역할론을 사유하는 데 효과적이라고 생각한다. 앞에서 언급한 대로 오늘의 지식인은 전문가와 기술관료 사이에서 방황하고 있다. 지식인을 말할 때 지의 횡단적·통합적 성격이 환기될 것은 분명한데, 사실 이는 비평가들이 가장 활달하게 수행해온 임무이다.

내가 생각하고 있는 비평가란 일본의 비평가 가라타니 고진의 언명을 빌려오자면, 시스템의 '외부'에 스스로를 위치시키는 자를 일컫는다. 가령 철학자 데카르트는 중세의 교권신학이라는 중력의 외부에서 자신의 사유를 가동시켰고, 프랑스를 떠나 네덜란드에서 자신의 문제적 저작을 완성했다. 데카르트는 사상적으로도 공간적으로도 '외부'에 그 스스로를 위치시켰는데, 이런 외부성의 자각이야말로 학계와 지식인을 둘러싼 아비투스(성향체계)에 대한 근원적인 반성을 낳게 한 동력이었다.

한국의 근대 전환기에 살았던 실학자들 역시 이 점에서는 마찬가지였다. 가령 박제가나 박지원은 조선 성리학의 '국경'을 넘어가는 이동 속에서 실사구시의 사상체계를 완성했다. 중세의 성리학적 체계에 갇혀 있던 정약용조차 '유배의 형식' 속에서 조정의 집권체제를 반성했다. 조선 후기의 서얼들과 유배된 지식인들, 그리고 북학파로 상징되는 몰락 잔반들의 사상적 모색과 고민들이 이후의 근대 전환기 지식인들에게 심원한 영감을 가능케 했던 것은 이처럼 그들의 사상이 '외부'에서 왔기 때문이다.

　그런 반면, 오늘의 지식인들이 처해 있는 상황, 제도, 담론은 이 '외부'에의 자각이 차단된 상태에서 '과잉 제도화' 됨으로써, 제아무리 심원한 주장을 펼친다 할지라도 등재지 속의 창백한 문자들로 고정되어 있다. 그러나 시스템의 외부에 스스로를 위치시킨다는 것이 비평가의 실존적 존재 방식을 제도의 '바깥'으로 밀어 넣는다는 것을 의미하는 것은 아니다. 대학 바깥에 있으면서도 지식생산의 이념과 지향은 과잉 제도적일 수 있으며, 대학 안에 있으면서도 마치 유배자처럼 시스템에 은밀하게 저항할 수 있다. 중요한 것은 인식론적인 혹은 존재론적인 수준에서 '안'의 사유를 상대화할 수 있는 '전환의 시선' 이다.[15]

　이렇게 시선을 전환하기 위해서는 통념적인 수준에서, 혹은 제도적인 수준에서 제기되는 학문과 실천을 둘러싼 '분류체계' 자체를 근원적으로 상대화해야 한다. 가령 오늘날 '통섭' 이라는 유행어에서 제기되고 있는 이른바 '학제간 연구' 라는 것이 과연 근대적 분

---

15) 가령 장회익 교수는 '앎 중심의 학문' 을 지양해 '삶 중심의 학문' 으로 전환해야 한다는 주장을 펼치고 있다. "퇴계는 기본적으로 동양의 학자이자 정치인인데, '학문은 왜 하는가?' 할 때에 우리가 사람답게 살기 위해서라는 것을 기본 모토로 삼았습니다. 저는 그것이 여전히 유효하다고 생각합니다. 학문을 하기 위해서는 먼저 분명히 알아야 하고, 그 앎을 바탕으로 사람답게 이끌어가야 합니다. 동양에서 말하는 '격물치지' 도 앎을 바탕으로 가자는 취지입니다. 그 취지는 여전히 중요하다고 봅니다. 오늘 우리 학문에서는 물질적인 면이 주로 활용되면서 정신적으로 우리가 어떻게 살아가야 하는가에 대해서는 대체로 무관심합니다. 그러나 본래 우리 동양의 기본 학문정신은 삶을 어떻게 살아야 하고, 또 그러기 위해 내 수양을 어떻게 할 것인지에 초점을 맞춥니다. 저는 그것이 정말 중요하다고 생각합니다. 그런데 예전의 학문으로 되돌아갈 것이 아니라, 현재 우리가 밝혀낸 앎을 바탕으로 이에 맞는 삶 중심 학문을 꾸려낼 필요가 있다고 생각합니다." 장회익, 「온생명사상, 과학문화, 삶과 학문의 새로운 방향」, 『전환의 모색』, 생각의 나무, 2008, 71쪽.

과학문체계 자체에 대한 초월론적 비판에서 출발한 것인가를 생각해보면, 사실 그보다는 프로젝트용 분과학문의 기계적 결합에 가깝다. 다시 말해서 말의 진정한 의미에서 융합이나 통섭은 지적 탐구의 과정이 심원해지다 보면 아주 자연스럽게 성취되는 것이고, 또 그렇게 갈 수밖에 없는 것이다.

그러나 오히려 문제가 되는 것은 '통섭'이라는 개념의 기계적 적용이 아니라, 그런 생각을 갖고 있는 연구자들 자신의 그 창백하고 상투적인 '논문형 상투어'에 있다. '문체가 세계관'이라는 말은 인문학자라면 거의 본능적으로 이해할 터인데, 사실 오늘의 지식사회에 수혈되어야 할 지적 변혁은 차라리 '문체혁명'에 있는 것이 아닌가 하는 생각을 나는 종종 해보곤 한다.[16]

마찬가지 차원에서 유폐된 지식의 거점으로서의 대학과 현실을 '박치기' 시키는 지적 모색이 얼마나 광범위하게 연출되고 있는지도 알 수 없다. 앞에서 나는 대학을 지식인의 무덤이라 명명했거니와, 문제는 무덤 바깥의 현실 속에도 '무덤'은 즐비하다는 것이다. 사실 저널리즘 차원에서 제기되는 위험사회에 대한 '처방전'은

---

16) "과학과 예술이 서로 다른 '두 개의 문화'로 분리된 것은 분명 좋지 않다. 과학자들이 문화적 전통에 대한 의무감 없이 일하게 된 것도 좋은 일이 아니다. 예술가들과 인문학자들이 문화적 산물 너머에 존재하는 세계에 대한 의무감 없이 일하게 된 것도 좋지 않다. 이 두 문화 모두가 지역에 대한 애정이나 공동체에 대한 책임감 없이, 그리고 우리 모두가 예속되고 의무감을 느껴야 하는 영원한 질서에 대한 아무런 비전도 없이 '전문가적 기준'에 따라 움직여지고 있다는 것 역시 안 좋은 일이다. 더욱 한심스러운 것은 단순히 '두 개의 문화'가 존재한다는 사실이 아니다. 그보다는 모든 학문 분야들과 전문 영역들에서 각기 다른 사람들은 이해할 수 없는 자기들만의 특수언어로 말하고, 자기 밖의 세계에 대해서는 '그것은 내 전공 분야가 아니'라고 말하고 있다는 사실이 더욱 한심스럽다." 웬델 베리, 박경미 옮김, 『삶은 기적이다』, 녹색평론사, 2006, 137쪽.

많은 경우 일회용이거나 단기 처방에 가까운 것이고, 그런 까닭에 우리 삶의 근거를 이루는 억견doxa이나 담론에 대한 근원적인 시선 변경을 촉구하고 있지 못한 실정이다.

근대적 학문이 누적되고 분과학문별로 전문화되어간 결과이겠지만, 오늘의 생동하는 사회적 장場에서 펼쳐지는 가파른 논의에 대해 학계가 치밀하고 성실하게 응답하고 있는가 하는 점에서는 매우 회의적이다. 이를테면 미국발 금융위기와 잇따른 실물경제 부문의 위기 앞에서 한국의 지식인들은 현상을 진단하는 데 멈춰 있거나, 커다란 위기이긴 하지만 이것이 과연 어디를 향해갈지는 알 수 없다는 '예측 불가능성'만을 피력하고 있을 뿐이다.[17] 도래한 민주주의의 위기에 대해서도, 사실 진보 진영 내부에서는 "이명박이나 노무현이나 다 같은 신자유주의자라는 점에서는 동류"라는 정도의 정서적 규탄 빼고 어떤 심각한 논의가 있었는지 알기 어렵다.

사실 오늘날에도 많은 수의 지식인들이 미디어에 의해 '소비'되고 있으며, 이를 통해 '인용권력'을 획득하는 것이 사실이다. 하지만 '무덤' 혹은 '수도원'에서 업적 평가용 논문 쓰기에 예속된 강단지식인들의 처지와 비교해보면, 그들을 '지식중계상'이라고 매도

---

17) 예컨대 오늘의 정치경제학적 위기에 대한 소회를 담은 다음 글들이 그렇다. 이근, 「감세와 건설뉴딜, 국가부도로 가는 급행열차」, 『프레시안』, 2008년 10월 30일자; 정태인, 「신자유주의 끝, 하지만 그후는 모른다」, 『레디앙』, 2008년 10월 30일자. 위기에 대한 진단은 예리한데, 결론이 "현재의 상황으로 볼 때 최악의 조합은 정치와 경제 면에서 빠르게 우리에게 다가오고 있다"(이근)나 '더 나쁜 것은 새로운 세계의 모습이 충분히 드러나지 않은 채 밑그림조차 흐릿하다는 사실이다"(정태인) 같은 발언에 멈춰 있다. 신자유주의 '이후'에 대한 지식인들의 학문적 모색이 사실 부재했음을 환기해야 한다는 것이다.

할 수만도 없다. 오히려 참된 지식인의 위기는 대중들이 '지식인의 위기'라는 수사에 대해서 사실상 아무런 반응도 보이지 않는 그런 상황 자체에 있다. 이미 오늘의 시스템 속에서 지식인은 '계급'으로 고정됐고, 민주화 시기와 이어지는 반동의 계절을 거치면서 희화화될 만큼 희화화된 것이 사실이다.[18]

그러나 이 모든 사실에도 불구하고 오늘과 같은 역사적 변혁기에 지식인들이 해야 될 일은 매우 다채롭다. 우선적으로 지식인은 앞에서 억견이라고 간주한 명제와 개념에 대한 근본적인 '이반' para- 을 꾀해야 한다. 이것은 일종의 패러독스다. 지식인의 죽음이 운위되는 현실에 직면해, 지의 변혁을 추구해야 하는 것이 지식인 그 자신이라는 점에서 그렇다.

또 하나의 패러독스는 지식인을 둘러싼 제도와 공동체가 일견 완벽한 체제화에 도달한 것처럼 보이는 오늘의 상황이 지식인의 해체를 가중시키고 있다는 점이다. 이런 현실에 대항해 지식인들은 자신이 유착한 지배엘리트 그룹과 '단절'을 감행하는 동시에, 자신이 관심을 닫은 '대중들'을 향해 지적 실천을 개방해야 한다. 이를 위해서는 자신의 논문 쓰기를 제압하고 있는 규범적 체계에서 과감하게 벗어나 붕괴된 지적·사회적 '공론장'을 재건하려는 노력이 필요하다. 지식인의 전문가나 기술관료로의 전환이 결국은 대중과의 과격한 단절을 초래했고, 그것이 다시 지식인의 죽음으로 이어졌다

---

18) 2000년대 이후 지식인을 풍자한 허다한 드라마와 영화, 그리고 픽션을 방불케 하는 '교수 사기극'과 '표절'을 포함한 이완된 연구윤리, 정치권 줄서기 문화 등에 대한 대중들의 냉소는 차라리 지극한 관심에 가깝다.

는 점을 감안하면, 실사구시라는 말이 출현했던 당시의 역동적인 지식인과 대중의 '상호침투'가 필요한 것이다.

사실 학계의 제도화에도 불구하고, 일군의 문학비평가들은 이런 작업들을 얼마간 수행하고자 애썼다. 예를 들어서 백낙청이나 김우창, 도정일과 같은 지식인 역시 대학의 교원이었지만, 이들의 전문화된 학적 업적보다는 대중들과의 상호작용 속에서 써내려간 에세이 또는 비평들이 훨씬 더 생산적이었고 논쟁적이었다. 그것을 가능케 한 것은 이들이 유형화된 자기의 분과학문 자체에 매몰되지 않고, 비평가로서의 실천 양태가 지의 칸막이들을 '횡단'하는 데 있다고 생각했기 때문이다.

반복하건대 중요한 것은 비평가란 '사상의 외부성'을 누구보다도 민감하게 자각하는 존재라는 점이다. 비평가는 그 자신의 학문존재론의 근거라고 할 수 있을 학계와 대학의 살롱화한 규범체계를 상대화하면서, 무엇보다도 현실 및 대중과의 접속을 추구해야 한다. 물론 많은 수의 대중들은 이들의 '비평'에 대해 감정적인 갑론을박을 주고 받는다. 하지만 바로 그 사실이야말로 공론장에서 어떤 지식이 유통되고 있다는 것을 의미한다. 닫힌 학문제도 속에서 '경쟁력'의 증표인 학술논문을 SCI나 KSCI(학진 등재지)에 발표함으로써 얻게 되는 대학경쟁력의 강화, 안전한 신분보장, 급여 인센티브 등등에 휘둘릴 수밖에 없는 현실 자체가 대학의 죽음, 지식인의 죽음을 증거하고 있는 게 아닐까.

지식인이 '월급쟁이'와 다른 것은 사적인 이해관계를 뛰어넘어 공적인 의제들을 대중들보다 앞서 고민하고, 인간다운 삶과 체제의 전망을 설정하는 비전을 제시하는 능력을 갖춰야 한다는 데 있다.

그런데 오늘의 지적 상황은 지식인이나 대중들이나 다들 '이해관계'에 매몰되어 '살아남기 게임'에 열중하고 있는 형국이다. 이런 현실을 상대화할 수 있는 시각이 없다면, 이런 지적은 계속해서 '시대의 우울'만을 강조하는 형식적인 비판의 일부가 될 것이다. 개인적으로 나는 바로 이 사실이 서글프게 느껴져서, 이 원고를 쓰는 내내 무력했다는 점을 부기해둔다. (이명원)

2. 지식인은 촛불과 함께 진화했는가?
김우창·최장집의 합리주의와 시민주체의 직접민주주의

"가난해도 희망이 있는 나라, 넘어져도 다시 일어설 수 있는 나라, 땀 흘려 노력한 국민이면 누구에게나 성공의 기회가 보장되는 나라, 그런 나라를 만들고자 합니다. …… 우리 국민 모두가 농어민의 아들딸입니다. 농업, 농촌, 농민 걱정이 곧 나라 걱정입니다. …… 어떤 경우든 친환경, 친문화적 기조를 유지해 국토의 건강성과 품격을 높여나가겠습니다."

2008년 2월 25일, 이명박 대통령이 대한민국 제17대 대통령에 취임했다. 이명박 대통령은 취임사에서 내가 이 글의 맨 앞에 인용한 내용을 분명한 목소리로 이야기했다. "친환경, 친문화", "농업, 농촌, 농민 걱정", "가난해도 희망이 있는 나라"라는 구절은 그야말로 따스한 온기를 발산한다. 그 중 "가난해도 희망이 있는 나라"라는 구절은 '행복의 조건'에 대한 근본적인 성찰을 자극한다. 성장 위주의 경제발전을 추구해온 한국 사회에서 '가난과 희망'을 이야기할 수 있다는 것은 얼마나 전향적인 태도인가. 그 '희망'이 '부자'가 되기 위한 희망이 아니라, 삶의 방식을 바꾸는 세계관적 희망이라면 더 깊은 울림을 줄 수 있으리라. '경제 대통령'이라고 지칭되는 이명박 대통령의 취임사에 이런 구절이 포함되어 있어 의외였다. 자본의 성장을 통한 행복이 아닌, 친환경·친문화와 더불어 이뤄내는 행복을 이야기하는 듯해 흡족하기까지 하다.

하지만 이 취임사의 문구는 이후 한미FTA를 포함한 일련의 신자유주의적 질서를 강조하면서 현 정부가 보여준 행보와 어울리지 않는다. 기업하기 좋은 나라를 주창하고, 심화되는 빈부의 격차를 시장경쟁의 당연한 산물로 간주하는 정책결정과도 멀리 떨어져 있다. 오로지 건설 경기 부양으로 경제를 살리고자 하는 정부는 '가난에 대한 철학'이 빈곤하다. "저탄소 녹색성장"이라는 아이러니한 언어를 구사하는 정부가 어떻게 "국토의 건강성과 품격"을 지키겠다는 것인지 놀랍기까지 하다. 기후변화와 생태위기마저도 성장의 수단으로 이용하려는 기능주의적 발상은 생태적 관점에서뿐만 아니라 윤리적으로도 온당하지 않다.

미국산 쇠고기 수입 개방 상황에서 발생한 이명박 정부의 일방주의적 태도는 어떠했는가. 취임사의 아름다운 구절구절이 수사적으로 공허한 떨림만을 만들고 있음을 스스로 증명하지 않았는가. 아름다운 말은 묵묵한 행위보다 우월하지 못하다. 그래서 말이 찬란하면, 거기에 현혹되지 말고 오히려 의구심을 먼저 가져야 한다.

취임사의 현란한 언사와 이명박 정부의 국정운영 방식의 괴리를 보면서, 과연 어떻게 이 문안이 작성됐는가에 대해 호기심을 갖게 됐다. 이 고귀한 언어들이 과연 이명박 대통령의 철학을 담은 것인지 의아심이 들기도 했다. 그래서 취임사와 관련해 언론보도 내용을 꼼꼼히 찾아보았다. 8,700자 분량의 대통령 취임사는 류우익 대통령실장과 이동관 청와대 대변인 등 실무진이 작성했다고 한다.

이를 송호근(서울대 교수), 권영빈(전 중앙일보 사장), 김우창(고려대 명예교수), 박세일(서울대 국제대학원 교수), 서지문(고려대 교수), 배규한(국민대 교수), 변희재(인터넷 칼럼니스트), 김범일(가나안농군학교장) 등에게 자문했다. 이명박 대통령의 취임사는 공동의 작품이었다. 이명박 대통령이 자신의 국정철학을 정교한 언어로 피력한 것이라기보다는, 각계에서 추천된 지식인들이 '희망의 언어'를 조탁해낸 형국이다. 이 자문단 소속 인사들이 각자 조금씩은 정치적 입장과 세계관이 달라 모순되는 언어의 향연이 취임사에 포함된 듯하다.

그 중 김우창 교수가 자문단에 포함되어 있는 것이 의외였다. 그간 현실정치와는 어느 정도 거리를 두며, 합리적 지성으로 존경받아왔던 김우창 교수가 아니던가. 취임사를 복기하듯 살펴보면, 김우창 교수의 평소 철학의 편린이 곳곳에서 드러난다. 분명, 이명박 대통령 취임사의 일부에는 김우창 교수의 손길이 강하게 스며있다. 특히 김우창 교수가 최근 '생태친환경적 미래'를 강조한 것과 취임사에 포함되어 있는 "친환경, 친문화적 기조"는 유사한 어조로 읽힌다. 노력한 만큼의 보상이라는 합리적 윤리를 강조한 부분도 김우창 교수의 문학언어와 겹쳐진다. 물론 선거를 통한 국민적 합의에 의해 탄생한 대한민국 제17대 대통령 취임사 기초 작업에 존경받는 지식인이 참여한 것은 문제가 되지 않을 수도 있다. 취임사는 개인의 포부를 밝히는 것이 아니기에, 공동의 언어로 작성되는 것이라고도 할 수 있다. 게다가 이명박 대통령이 시작하는 단계에서 앞으로의 국정운영에 대한 밑그림을 제시하는 것이기에 큰 의미를 부여하는 것이 무리라고도 할 수 있다. 그런데도 합리적 지성으로 존경받던 김우창 교수가 현실정치에 깊이 개입해 들어가는 것은 왠지 섭섭하고, 무언가를 잃어버린 듯한 상실감을 자아낸다.

김우창 교수는 존경받는 문학평론가일 뿐만 아니라, 정치권력의 변화에도 비교적 초연한 채 사회적 발언을 해온 인물이다. 1960년대부터 한국 문학비평이 인문학적 깊이를 확보할 수 있도록 길을 제시해온 김우창 교수의 주목할 만한 평론집 『궁핍한 시대의 시인』(1977)은 시대와 문학의 관계를 일제강점기의 문인들을 포함해 여러 문인들의 작업에 빗대어 탐구한 의미 있는 책이었다. 김우창 교수는 그 필력과 사유의 깊이가 만만치 않은 힘을 발산하는 지식인이며, 지금도 여전히 후학들의 존경을 받고 있다.

그렇기에 김우창 교수의 최근 행보에 대한 후학들의 비판은 더욱 예리해야 한다. 후배 문학평론가의 한 사람으로서 조금은 민감한 태도로 김우창 교수가 표명한 최근의 정치적 입장을 되짚어보고자 한다. 김우창 교수에 대한 비판은 존경의 마음이 전제되어 있기에 더 뼈아플 수밖에 없다.

합리주의의 함정: 김우창 교수 비판

2008년 5월 2일 즈음에 발생한 사건에 대해 다시 생각해보자. 청계광장에서 여고생들을 중심으로 촛불이 하나둘씩 켜질 때, 그것이 2008년을 뒤흔들 사건의 시작이라고는 누구도 예견하지 못했다. 집회를 주도적으로 이끄는 사람도 없는 그날 모임에서 사람들은 구호를 외치는 것에 어색해했고, 조금은 지루해하기도 했다. 그러다 집회가 시작된 지 1~2시간 지난 후 "동아일보 불 꺼라"라고 외치면서부터 사람들은 신명이 났고, 즐거운 흥분에 휩싸였다.

2008년 촛불집회는 그렇게 시작됐다. 5월 24일에는 첫 가두시위가 있었고, 26일에는 블로그에 촛불 켜기가 시작되면서 온라인 촛불집회가 급속히 확산됐다. 지금까지도 몇몇 블로거들은 자신의 블로그에 켜져 있는 촛불을 끄지 않고 있다. 촛불집회의 질적 변화를 보여주는 사건은 5월 30일에 발생한 '조중동 광고 게재 기업 불매운동'이었다. 이는 민의를 대변하지 않는 보수언론에 직접행동을 가함으로써, 미디어정치로 변질되는 대의민주주의에 경종을 울린 셈이다. 경찰의 폭력진압에 맞선 예비군부대와 유모차부대의 등장이나, 유쾌한 형식의 집회문화를 보여주는 '닭장투어'와 '국민MT' 등도 기억할 만하다. 그리고 6월 10일에는 '100만 촛불 대행진'이 촛불집회의 정점을 형성했다.

촛불집회는 2000년대 한국사에서 주목할 만한 정치적이면서도 문화적인 사건이었다. 사건은 '특정 계기를 통해 공동체 내에서 의미가 생산되고 교환되는 것'을 일컫는다. 흔히 사건 개념을 이야기할 때 '사건 발생 전과 후'를 비교하는 경우가 많다. 순간적으로 발생해 일상생활과 의미체계 자체를 변화시키는 것이 사건이다. 촛불집회는 국가와 공권력에 대한 태도 변화, 자발적인 정치참여의 확장, 생명에 대한 사회적 관심의 증가 등 한국인의 감수성을 급격히 변화시켰다. 최근에는 촛불집회가 열정에 사로잡혀 현실을 정확히 바라보지 못한 대중의 집단주의가 작동한 것이라는 비판이 제기되고 있기도 하다. 심지어는 정치적 의도로 사실을 왜곡해 대중을 수단화했다는 공격까지 감행됐다. 이런 논의는 '대중을 객체'로 바라보는 시각일 뿐이다. 또는 대중의 자발적 참여가 만들어낸 사건을 한때의 열정에 불과한 해프닝으로 폄하하려는 의도이다. 앞에서도 밝혔듯이 사건은 '전과 후'의 흐름을 바꾸면서 지속적인 효과를 발산한다. 따라서 지금까지 촛불집회가 지속되지 않는다고 그 의미를 축소해서는 안 된다. 촛불집회에 참여했던 시민주체의 '경험/기억'은 '사건의 효과'와 더불어 지속되고 있다.

바로 촛불집회의 도화선이 불붙고 있던 시기에 지식인들은 어떤 담화를 펼쳤을까. 이 민감한 시기에 한국의 대표적인 지식인의 한 사람인 김우창 교수는 2008년 5월 22일 『경향신문』에 「쇠고기, 국제협정, 정치와 정치 너머」라는 글을 발표했다.

김우창 교수의 글은 이명박 정부의 실정을 비판하는 기조를 유지했다. 김우창 교수는 쇠고기 협상과 관련해 "사회관계, 국제관계의 상식으로 보아 재협상이 쉽지 않을 것"이라고 내다보았다. 김우창 교수의 태도는 합리주의에 입각한 가치중립성을 견지했다. 그래서 이번 정부의 쇠고기 협상을 '이익 교환의 실패'로만 바라보고 있다. 그러면서도 협상을 돌이킬 수 없는 기정사실로 간주한다.

김우창 교수는 쇠고기 문제의 해결책으로 한국 수입업자에 대한 사회적 규제를 제안했다. 즉, 수입업자에게 "원산지나 소의 나이 등을 명시할" 것을 "법적으로 요구"하고, 더불어 "소비자운동 등을 통해" 자율규제를 하자는 것이다. 이런 제안은 이른바 정부가 주장하는 '자율규제'와 너무도 흡사하다.

김우창 교수의 글은 다음 몇 가지 부분에서 비판적 검토가 필요하다. 김우창 교수는 "이루어진 일에 입각해 거기로부터 헤쳐나갈 방도를 생각"해야 한다고 주장하는데, 이는 정부가 잘못된 협상으로 국민의 불안감을 증폭시킨 것에 면죄부를 주는 것이다. 과거의 일은 과거로 묻고, 당면한 문제만을 해결하는 것이 옳은 것일까. 당시의 문제는 정부가 미국산 쇠고기 수입을 잘못된 협상으로 바라보지 않고 있다는 데 있었다. 잘못된 행위에 대해 책임을 묻는 것은 국민의 역할이다. 발생한 행위 자체를 괄호 친 채 시민사회가 책임을 떠안을 수는 없는 일이다. 이런 상황에서 정부의 잘못된 협상은 협상대로 인정하고, 한국 시민사회가 '자율규제나 소비자운동' 등으로 책임만 떠안을 수는 없는 노릇이다. 김우창 교수는 지식인으로서 민의를 올바로 파악하기보다는, 정부의 입장에서 사태 수습에 경도된 태도를 취했다. 마치 국정운영자에게 위기 타개책을 훈수하는 태도를 보인 듯해 안타까울 뿐이다.

　　김우창 교수가 쇠고기 협상을 단지 국가 간 협상으로만 바라본 것도 문제가 있다. 김우창 교수는 "거래나 협상이란 이쪽에도 이익이 있고 저쪽에도 이익이 있"는 것이라면서, 설마 정부가 "국민의 생명과 건강을 희생"하려고 했겠느냐고 옹호한다. 또한 미국도 "인간적 희생을 완전히 무시하고 쇠고기를 강매"하지는 않았을 것이라고 본다. 이는 온정주의적 태도로 정부의 협상을 바라보는 것과 같다. 김우창 교수의 지적은 일견 타당하다. 국가가 국민들에게 그토록 부당한 결과를 강요할 수는 없을 것이다. 그러나 과연 이것이 국가 간의 외교적 협상이었을까. 그 이면에는 국가권력에 개입하는 자본의 힘이 강하게 작용하고 있지는 않았을까. 국가를 둘러싼 권력, 예를 들면 자본은 가치중립적이지도 공익적이지도 않다. 어떤 권력(주권)이 국가기구를 장악하고 있느냐가 문제인데, 국가기구가 자본의 이익을 우선시하면 문제는 더 복잡해진다.

대부분의 시민들은 국가 간 이익의 손익계산 차원에서 한미
FTA와 쇠고기 협상이 이뤄졌다고 보지 않는다. 한미 양국의 정부는
특정 자본의 이익과 밀착된 상황에서 자국 자본의 이익을 계산하며
협상에 임했다. 그 자본의 싸움 와중에는 "생명과 건강"이 희생되기
도 하는 무자비한 면모가 드러나기도 한다. 그래서 신자유주의적
세계질서는 끊임없이 공공성을 희생하는 '자본주의적 극악성'을 드
러내는 것이다. 김우창 교수는 단지 국가의 협상과 협정으로 사태
를 바라보면서 너무도 안이하게 쇠고기 협상을 이해하고 있다.

촛불집회 참가자를 바라보는 김우창 교수의 태도는 더 문제적
이다. 김우창 교수는 촛불집회를 바라보면서 "중·고등학생 또는 더
어린 학생들을 끌어들이는 것이 긍정적인 일일까"라는 미심쩍은 질
문을 던졌다. 이런 질문은 이명박 정부가 제기하는 배후론과 닮아
있다. 김우창 교수는 미성년자의 인간적 능력의 미숙함을 거론하며
"자라나는 세대는 일정한 보호구역에서 정치로부터 거리"를 두게
해야 한다고 주장했다. 어리다는 이유로 자기결정권이 유보돼야 한
다는 태도는 본말이 전도된 보수주의적 시각이다. 잘못된 협상으로
문제를 야기한 정부를 질타하기 이전에, 적극적으로 문제제기에 나
선 중·고등학생에게 의심스러운 시선을 던지는 것이 올바른 것이
었을까. 더군다나 중·고등학생들이 나서서 적극적으로 문제제기를
하지 않았다면, 미국산 쇠고기 수입과 관련된 사안은 일종의 정치
공방으로 끝날 가능성이 많았다. 사회적인 현안을 자신의 문제로
받아들여 적극적으로 의견을 제기하는 데 연령과 세대의 구분이 있
을 수는 없다. 오히려 청소년기의 정치적 자기결정권을 억압하는
것이 청년기의 정치적 무관심을 유발하고 있다는 사실을 직시할 필

요가 있다. 청소년 세대는 잘못된 의사결정을 어떻게 바로잡아야 하는지 현장에서 학습했다. 이들은 민주주의에 관한 세대적 공통감각을 촛불집회를 통해 깨우쳤기에 오히려 한국 민주주의 발전을 위한 '미래의 주체'이기도 하다.

김우창 교수는 "바른 사고思考가 부재不在하는 곳에 의견은 사고를 대신한다"[1]고 말했다. 김우창 교수가 규정한 의견은 '현실과 관계없는 빗나간 사고의 소산'이다. 촛불집회에 대한 김우창 교수의 글은 과연 사고와 의견 중 어디에 속한 것일까. "바른 사고"는 올바른 역사관에 입각해 있을 때 발생한다고 할 때, 김우창 교수의 견해는 정치적일지언정 역사적이지는 않았다. 국가의 위기 국면을 타개하기 위해 조정안을 제시하는 것은 지식인의 역할이 아니다. 내가 보기에, 지식인은 문제의 근원을 힘겹게 지적함으로써 정치적 조정이 아닌 정치적 올바름을 추구해야 하는 존재이다. 한때 김우창 교수의 '근원적 사유'를 진심으로 존경했다. 지금 그 존경심은 '과거 속 김우창'에 한정해야 할 듯해 슬퍼질 따름이다.

대의민주주의만이 촛불을 구원할 수 있는가: 최장집 교수 비판

김우창 교수의 촛불집회 인식만 문제가 있는 것은 아니다. 존경받는 지식인으로 꼽히는 최장집 교수의 논의도 토론이 필요하다. 최

---

1) 김우창, 『궁핍한 시대의 시인』, 민음사, 1978, 337쪽.

장집 교수는 2008년 6월 17일자 『경향신문』에 실린 「한국 민주주의의 과제」라는 글에서 "무책임의 통치권을 행사하는 대통령의 통치 스타일은 촛불정국의 직접적 원인"이라고 현 정부를 강하게 비판했다. 최장집 교수는 촛불집회를 비정상 상태로 바라보았다. 정상적인 상태는 대의민주주의에 기반해 "대표 선출과 통치의 위임"이 이뤄지는 것이고, 이를 통해 선출된 대표가 "책임의 원리"를 구현하는 것을 지칭한다. 최장집 교수는 촛불집회가 이런 책임의 정치가 작동하지 않는 상황에서 "시민사회 의사를 결집하고 항의를 조직해 권위주의적 권력행사·정책결정에 결정적 제약"을 가하고 있기에 민주주의의 구원투수 같은 역할을 하고 있다고 본다. 비판적 지식인으로서 최장집 교수의 진단은 예리하다. 정치학자로서 현재의 상황을 비정상 상태로 규정한 것도 납득할 만하다.

하지만 촛불집회 이후를 생각하는 최장집 교수의 시선은 불안하기만 하다. "현대 민주주의가 대의제민주주의라는 점이 다시 강조될 필요가 있다"면서 최장집 교수는 "시민의 삶의 조건을 반영하는 이익·요구는 정당을 중심으로 한 자율적 결사체들을 통해 최대한 광범하게 정책 과정에 투입되어야 한다"고 주장한다. 이런 주장은 잘못된 정당정치로 인해 파생된 문제를 정당정치로 수렴해 해결하자는 것과 같다. 요컨대 '제도정치의 합리화'만을 지향하기에 문제가 있다. 최장집 교수는 "사회적 갈등이 처리되는 제도가 제대로 작동한다면 운동에 대한 필요는 그만큼 적어진다"고 본다. 대의민주주의 제도만 제대로 작동한다면, 촛불집회와 같은 사회운동은 발생하지 않는다는 것이다. 비정상 상태라는 규정도 이런 현실 인식에서 나온 것으로 보인다. 상대적으로 진보적인 정치학자 그룹에 속하는 최장집 교수가 대의민주주의 제도만이 최선이라고 생각하는 태도를 버리지 못하는 것은 좀처럼 납득이 가지 않는다. 제도는 끊임없는 대중의 요구와 투쟁 과정에서 형성되어왔다. 완전한 제도는 없으며, 항상 불완전한 제도가 시대적 상황에 따른 주권자들의 요구 속에서 변경되어왔을 뿐이다. 민주주의의 비약적 발전을 주도한 것은 주권자인 시민주체들의 직접적이고도 실천적인 저항이었지, 국회로 대표되는 대의민주주의의 야합적 논의체계가 아니었다. 한국 민주주의는 '피를 머금고 성장' 했으며, 시민주체의 직접행동이 파국으로 치닫는 듯하면서도 결국은 제도 자체를 바꿔내는 성과로 이어지곤 했다. 촛불집회를 계기로 한국 민주주의는 다른 국면의 요구, 즉 직접민주주의와 시민행동에 대한 인식이 싹텄다.

마찬가지의 관점에서 바라볼 때, '미친소 사건' 도 정당제도와 같은 제도정치 속에서 해결될 수 없었기에 광장의 정치를 불러온 것이다. 이는 대의민주주의라는 형식적 민주주의가 주권자들의 자발적 의사결정이라는 실질적 민주주의와 충돌해 발생한 사건이다. 그런데 정당제도라는 대의민주주의만을 문제 삼아 상황을 진단하는 것은 문제의 한 측면만을 부각시킨 것일 뿐이다. 제도 자체에는 문제가 없는데, 일시적 오작동 상황에서 '거리의 정치' 가 발생했다는 시각은 과연 온당한가. 시민들의 직접적인 의사표현은 항상 국회를 압박하기 위한 수단에 불과해야 하는가. 주권자인 시민들의 직접적인 정치참여는 기표행위를 통해서만 표출돼야 하는 것일까. 본질은 시민주체들이 자신의 권리를 항상 위임해야 한다는 부조리한 현실에 있다. 직접적 의사결정권이 제도적으로 봉쇄되어 있다면, 그 제도는 바뀌어야 옳다. 광장의 정치가 요구한 것도 바로 현행

대의민주주의 제도의 실질적 변화이다. 이런 변화의 요구에 주목하지 않은 채 광장에서 행해지는 의사표현을 제도정치로의 수렴에 대한 요구로 읽어내는 것은 모순이다. 모름지기 진정한 정치학자라면 광장의 정치인 촛불집회의 요구를 수용할 만한 새로운 제도의 변화가 어떻게 이뤄져야 하는가를 탐구해야 하지 않을까.

　게다가 촛불집회로 일컬어지는 사회운동에 대한 최장집 교수의 시선은 보수적 면모를 내비치고 있어 위태롭다. 최장집 교수는 촛불집회와 같은 운동이 1) 대안 형성이 어렵고, 2) 이슈의 위계질서를 세워 일상적으로 정책을 추구하기 힘들며, 3) 정책 이슈 때마다 거리시위에 나설 수 없는 일이고, 4) 장기적으로 유지될 수 없고, 5) 시민사회 내 갈등을 유발한다고 지적했다. 분석으로서는 올바를 수 있으나, 대의정치로의 수렴을 주장하는 근거로서는 정당하지 않은 논거들이다. 이는 현재의 상태를 '정상에서의 일시적 일탈'로 보느냐, '비상사태'로 보느냐에 따라 발생하는 시각 차이이기도 하다. 정당질서 같은 대의제민주주의로는 비상사태를 수습할 수 없다. 군주제 시절에도 시민의 동의는 실질적이든 형식적이든 요구됐다. 국가는 시민의 동의 없이 운영될 수 없다. 한국 민주주의 발전 과정에서도 이를 확인할 수 있다. 한국 민주주의는 4·19혁명, 부마항쟁, 광주민중항쟁, 6월항쟁 등 주권자들의 직접적인 저항 속에서 성숙해왔다. 그런데 민주주의적 질서 속에서 시민의 동의가 이뤄지지 않은 정책이 강압적으로 추진됐고, 시민의 저항에도 무심했을 뿐이니 민주주의의 기본 원리인 '동의의 원칙'도 무너지고 말았다. 이런 상황에서 대의민주주의의 복원으로 문제를 해결할 수 있다고 주장하는 최장집 교수의 태도는 교과서적 강박일 뿐이다.

한국 사회는 이제 서구 민주주의가 제시하는 교과서적 틀에서 자유로워져야 한다. 서구 민주주의가 선행 모델일 수는 있지만, 그것이 한국 민주주의의 미래일 수는 없다. 한국 민주주의의 길은 전혀 다른 새로운 실험을 해낼 수 있다. 시민의 직접행동과 주권자의 주체적 판단에 따라 정치적 상황이 바뀌고, 한 공동체의 진로가 바뀌는 것에 이제는 익숙해질 필요가 있다. 촛불집회는 한국인들이 가진 풍부한 정치적 역량이 대의민주주의에 기반한 서구 민주주의 질서를 뒤흔들어 놓은 사건이다. 이제 한국적 모델에 대한 급진적 시각을 가질 필요가 있다. 정당정치를 강조하는 최장집 교수의 입장에서는 진보의 상한선이 '진보정당이 실질적인 집권능력을 갖추는 것' 정도일 것이다. 최장집 교수가 정당정치를 강조했던 1980~90년대의 억압적 상황과 시민민주주의의 다양한 실험이 가능해진 2000년대의 상황은 질적으로 다르다. 이제 대의정치·정당정치로는 해결할 수 없는 정치적 사건이 발생할 경우, 시민의 직접행동과 자치 요구는 직접민주주의의 형태로 제기될 수밖에 없다. 정당정치와 의회정치에 대한 실망감으로 인해, 시민의 직접적 의사표현 욕구가 강해졌다. 한국 민주주의의 맥락적 측면에서 볼 때, 촛불집회는 대의제의 오작동 상태에서 발생한 것이 아니라, 대의제가 비상사태에 직면한 것이라고 할 수 있다. 이런 비상사태는 권력을 위임받은 정치세력이 시민의 생명권을 위협할 정도로 주권자의 요구와 무관하게 행동하기 때문에 발생한 것이다.

더 큰 문제는 최장집 교수의 시각이 상황을 오로지 정치 영역만의 문제로만 봤다는 데 있다. 미국산 쇠고기 수입 문제는 정치질서에 대한 반대 표시가 아니라, 생명의 문제를 중시하는 일상인의 저항이라고 할 수 있다. 검역주권을 포함해 건강권·생명권을 요구하는 시민의 저항을 단지 정치투쟁으로만 수렴할 수 없는 이유가 여기에 있다. 광범위한 영역에서 생명의 정치, 일상의 정치, 광장의 문화정치가 싹트고 있다. 그런데도 이런 가능성을 제도정치라는 온실 속으로만 옮기려는 것이 온당한 것인지 반성해야 한다.

문화정치·생활정치라는 측면에서 보았을 때, 촛불집회는 2002년 월드컵 거리응원전이 생명과 연관된 생활·문화적 현안을 만나 진화한 것이다. 즐거운 10대, 아이의 미래를 걱정하는 유모차부대, 패션동호회 여성들, 직장인, 네티즌 등 광범위한 시민들이 직접행동에 나섰다. 이렇다 보니 축제의 형식을 띤 '광장의 민주주의'가 도심 한복판에서 활짝 꽃을 피웠다. 의사표현의 방식도 유희적이었다. 경찰 간부의 집회 해산 요구에 "노래해, 노래해"로 맞서고, 이명박 정부를 향해 "공약 지킬까 봐 겁나는 건 니가 처음이다" 같은 풍자와 유머가 넘치는 구호도 만발했다. 또한 디지털문화와 사회정치적 현안이 결합되면서 의사소통의 방식이 변한 것도 주요한 변화였다. 집단지성의 토론장인 아고라에서는 "간섭은 사절 연대는 환영, 지도는 사절 지혜는 환영, 계몽은 사절 토론은 환영"을 내세우며 자발적인 인터넷 토론문화를 활성화했다. 집회에 참여한 개인들이 스스로 미디어가 되어 자발적 언론 활동을 했고, 디지털카메라와 캠코더, 노트북과 와이브로를 갖춘 개인이 현장에서 촛불집회를 중계하면서 스트리트 저널리즘이 등장했다. 특히 아프리카와 같은 사이트는 BJ^{Broadcasting Jackey} 개념을 확산시켰고, 라쿤과 같은 스타 BJ를 탄생시키기도 했다. 온라인과 오프라인을 넘나드는 이런 토론문화와 활발한 개인미디어 활동은 '온라인민주주의와 직접민주주의의 결합'에 관한 상상을 가능케 했다. 촛불집회는 생활의 영역과 문화의 영역을 포함하는 일상혁명이었기에, 단지 정치 영역으로만 국한시킬 수는 없는 것이었다.

희망은 원래 낯선 것이었다

지식인사회에서 촛불집회를 평가할 때면 그 의미를 과장하지 말자는 의견이 자주 제시되곤 했다. "중산층 엘리트 지식인 사이에서 촛불시위의 새로움을 과장하고 있다"(박상훈)는 의견도 있고, "촛불집회는 자연발생적으로 태동한 현상인 만큼 자연스럽게 마무리될 수 있도록 하는 것이 좋겠다"(정해구)는 견해도 제시되고 있다.

사태를 미봉책으로 수습하기에 바빴던 정부는 한미 쇠고기 추가협상에 따른 결과를 2008년 6월 21일에 발표했다. 쟁점이 됐던 30개월 이상 쇠고기 수입금지 조치는 '미 농무부의 품질시스템평가 프로그램'에 내맡겨졌고, 일부 쇠고기의 위험 부위 수입이 차단됐으며, 한국 정부의 검역권한이 상대적으로 강화되는 선에서 추가협상은 마무리됐다. 추가협상 결과를 이명박 정부 스스로 자화자찬하는 우스운 상황이 연출되기도 했다.

2009년에 이르러서는 정치권력의 광범위한 보복이 시작됐다. 한국 시민민주주의는 정치권력의 역공에 수난을 당하고 있다. 이명박 정부는 미디어에 대한 통제 작업에 들어갔고, 예비군부대·유모차부대 참가자에 대한 수사에 착수했으며, 촛불집회 참가자에게 벌금을 부과해 삶에 실질적인 타격을 가했다. 인터넷 논객 미네르바가 구속 수감됐다가 무죄로 석방됐고, MBC 『PD수첩』의 PD들이 연행되기도 했다. 현 정권은 촛불집회를 국가기구에 대한 도전행위로 간주하고, 자발적 의사표현에 나선 시민들을 구속 수감하는 등 국가폭력을 공공연하게 자행하고 있는 것이다. 이는 "진정하라, 광우병 쇠고기 공포는 과장됐다, 배후가 있다"라고 윽박지르며 공포정치를 자행하는 것과 같다.

한미 쇠고기 협상과 같은 정치권력의 잘못된 정책결정이나, 시민사회의 직접적인 의사표현을 무시하는 국가기구의 시스템적 오류에 대해서는 회피하면서, 이명박 정부는 모든 책임을 촛불집회 참가자들에게 떠넘기고 있다. 권력의 역공은 시민사회를 민주적으로 단련시킬 뿐이다. 이제 정치권력과 국가폭력에 대응해 시민사회는 올바른 국가와 정치란 무엇인가에 대한 근본적인 질문을 던질 필요가 있다. 그 질문 속에 한국 민주주의의 미래가 있음을 촛불집회는 보여줬다.

이런 상황에서 젊은 지식인들은 촛불집회를 통해 일상의 생활정치가 변할 수 있는가에 대해 성찰하고(김원), 제도정치의 종언을 통한 삶의 정치의 가능성을 발견하기도 하며(이명원), 직접 민주주의에 대한 진지한 탐색의 필요성(하승우)을 제기하기도 했다. 한국 민주주의에 대한 근본적이면서도 진취적인 이들 젊은 세대의 고민은 김우창·최장집 교수의 일면 보수적인 태도와 대비된다.

결론적으로 말해서, 촛불집회에 나선 시민들은 일상 속에서 자신과 가족의 생명권·건강권을 확대해나가기를 희망했다. 이는 그간 공공성을 구현할 수 있으리라고 기대했던 국가기구들이 오히려 '주권자의 저항'을 무시하고 있는 현실에 대한 새로운 자각이기도 하다. 촛불집회는 '정치적 저항'이라기보다는 새로운 패러다임에 입각한 '시민연대'이다. 이 고귀한 실천행위가 이성적 질서로 귀환하지 않는 '감성의 교감과 연대'로 이어질 때, 이전까지 경험하지 못한 새로운 민주적 질서가 창출될 수 있으리라고 본다. 지식인사회는 진화하는 촛불집회에 덜 진화한 학습노트를 들이대고 있는 것은 아닌지 반성해야 한다.

촛불집회의 현장에서 구현됐던 다양한 정치적·문화적 실험들은 제도정치가 새로운 제도로 변신할 수 있기를 요구한다. 애당초 "친환경, 친문화," "농업, 농촌, 농민 걱정," 그리고 "가난해도 희망이 있는 나라"와 같은 청사진은 대통령 취임사에 어울리는 문구가 아니었다. 희망은 촛불집회와 같은 광장의 직접행동을 통해 시민의 힘으로 만들어질 때, 그 언어에 찬란한 후광이 씌일 수 있다. 희망은 원래 이전까지 없었던 낯선 것에 대한 미래의 이미지 만들기인 것이다. (오창은)

3. 문학 너머의 문학
김종철과 가라타니 고진 비평의 특이점

오늘의 한국 문학은 닫힌 체계다. 아이러니하게도 한국 문학은 닫힌 것과 동시에 체제로부터 미끈한 자율성을 획득했다. 닫힌 문학의 바깥에는 현실이 있다. 그러나 그 현실이 문학과 대화를 나누고 있다는 증거는 어디에도 없다. 가령 전국적인 '촛불항쟁'의 와중에 한국 문학은 기억할 만한 풍경을 전혀 보여주지 않았다. 물론 많은 문인들이 이 사태에 대한 자신의 견해를 개진했고 광장의 대중으로 녹아들어간 것은 사실이지만, 급박한 상황 변화 속에서 어떤 특이점도 보여주지 못했다. 소설가 방현석은 이런 사태에 "문학은 문학 바깥에 있었다"라는 말로 뾰족하게 응수한 바 있다.

과연 사정은 그렇다. 참으로 진지하게 오늘의 문학에서 영감을 찾는 대중들은 희소하다. 대중들이 국방부의 금서목록을 들여다보거나, 한 젊은 작가의 표절 여부에 잠깐 관심을 기울이는 일은 그런 점에서 차라리 이례적이다. 오늘의 한국 문학은 과거의 영광에 기대어 간신히 지탱되고 있으며, 스스로를 '원로작가'로 명명하는 한 작가의 연예 프로그램 출연에서 알 수 있듯이 그렇게 한없이 가벼워지고 있다. 문제는 이런 모습을 연출한 작가가 한국 문학에 걸고 있는 도도한 자부심과 어리둥절한 예찬의 어조다. 정치적 대중과 소통하지 못하는 문학이 상업적 대중과 간통하는 일이 자연스러워지면서 근대문학의 죽음은 거의 완성된 듯하다.

그러나 이런 현실을 두고 과거에 진행됐던 '문학권력 논쟁'을 재연하는 일은 솔직히 소모적이라는 생각이 든다. 그래서 나는 최근 『가라타니 고진과 한국문학』을 출간한 평론가 조영일이 '근대문학의 종언'이라는 고진의 명제를 새로운 버전의 문학권력 논쟁으로 이끌고 가는 듯한 태도에 대해, 이해 못할 바는 아니지만 과거의 '차이 없는 반복'에 빠질 가능성이 높다는 생각을 해보았다. 이제 문학권력은 '낡은 풍차' 이상의 의미를 갖지 못한다. 사정이 이렇게 된 이유는 문학권력의 힘과 영향력과 상징자본이 무력해졌기 때문이 아니라, 이 시대의 한국 문학이 뜻있는 대중들에게는 사실상 무시해도 좋을 만한 것으로 간주되고 있는 현실 때문이다. 현실에 등 돌린 문학에 이제는 대중들이 등을 돌려버림으로써, 싸늘한 무관심의 복수를 가하고 있는 것이다.

참으로 오늘의 현실에 대해 진지한 관심을 피력하고 있는 문인이 있다면, 그는 지금 거리에 있거나 아니면 문학이라고 간주되던 담론장의 바깥에 있다. 가령 시인 송경동은 남들이 다 말리는 기륭전자 비정규직투쟁 농성장에 있고, 레토릭의 차원에서는 낡았음에 분명한 투쟁시를 파업의 현장에서 옹골지게 발표하고 있다. 세련된 문학비평가들은 그 문학을 일컬어 '낡은 양식'이라고 말하지만, 낡은 형태로나마 송경동은 참다운 문학이 우리가 문학이라고 간주하는 것의 너머에 있다는 것을 힘겹게 상기시키고 있다. 소설가 최성각 역시 우리가 문학이라고 간주하는 문단의 너머에 있다. 최성각은 십여 년이 넘는 길다면 긴 시간 동안 생명평화운동의 현장에 있다. 그런 최성각을 일컬어 문단의 지인들은 아마도 "소설을 접었다," 이렇게 말할 수 있을 것이다.

그러나 내 판단에 최성각이야말로 지난 10년의 세월 동안 문학 너머의 문학에 가장 충실한 작가였다. 한국 문단에서도 1990년에 이르러 무슨 유행처럼 생태시를 쓰던 시절이 있었지만, 최성각처럼 예리한 시적 언어와 행동으로 문학의 진의를 피력한 작가를 찾아보기는 어렵다. 가령 최성각은 최근의 문학에 대한 자신의 견해를 피력하는 자리에서 "저는 '녹색성장'과 '친환경폭탄'이라는 말보다 더 도착된 말의 오용에 대해 명쾌한 어조로 우려했던 적이 있습니다"라고 말한 바 있다. 최성각이 풀꽃평화연구소 등을 통해 실천하고 있는 것이 동료 문인들에게는 사회운동으로 보이겠지만, 산업화에 기반한 근대적 언어의 오용과 폭력성을 풍부한 감수성과 섬세한 언어의식에 걸맞은 생태운동의 방식으로 근본부터 성찰하고 있다는 점에서, 그것은 문학 너머에 있되 문학의 깊이와 넓이를 확장하는 매우 의미 있는 작업으로 평가할 수 있다.

물론 우리는 문학의 내부에서도 이런 작가적 실천의 '육화된 언어'를 발견하기를 기대한다. 동시에 그 언어를 문학 너머로 증폭시키는 일에 투신하는 것은 필요한 일이다. 나는 최근에 실천문학사에서 발간된 김사이의 『반성하다 그만둔 날』을 읽다가 그런 기대를 품었다. 그 시집에는 구로동과 가리봉동 같은 장소에 대한 교착된 시간의식과 거기에 깃든 기억, 그리고 뿌리 뽑히고, 능멸당하고, 희망을 품었다가, 체념도 열망도 아닌 복합감정에 노출된 시적 자아의 '육화된 언어'가 밀도 높은 언어로 문학 너머의 세계에 긴급

통화를 시도하고 있었다. 그 시집을 읽던 날, 우연히 지금은 구로디지털단지로 개명된 아파트형 공장의 화려한 외관을 바라보면서, 미끈하게 방부 처리된 것은 문학의 안팎에서 우리들이 추구했던 열망과 절망의 착잡한 악수였다는 것을 느낄 수 있었다.

문제는 이런 작품이 지극히 희소하다는 사실이고, 작가들조차 그런 언어를 낡아빠진 스타일로 간주하는 것을 자연스럽게 생각한다는 것이다. 근대 전환기 유럽의 댄디들은 부르주아적 속물성에 대항해 '예술을 위한 예술'이라는 기발한 형태의 심미적·정치적 도발이라도 했건만, 오늘날 한국의 젊은 모더니스트들은 판타스틱한 상업문화의 화려한 외관에 압도된 채 전위적인 포즈만을 잔뜩 취하며 웅얼거림을 멈추지 않는다. 체제에 전혀 위협이 되지 않는 모더니스트들이 언어를 단말마의 비명으로 또는 우원迂遠한 환유로 조소彫塑한다고 한들, 그 언어들은 시집의 닫힌 장정 안에서만, 그렇게 뱅뱅 돌고 있을 뿐이다.

그렇다면 종언 이후의 문학은 어디에 있는가. 문학이라고 간주되는 담론의 너머에 있다. 이런 주장을 펼친 것은 김종철이었고, 그것을 의미화해 '근대문학의 종언'이라는 테제를 만든 것은 고진이었다. 그런데 오늘의 문학평론가들은 그것을 단순한 문학론으로 이해하는 오해를 자주 범한다. 하지만 내가 생각하기에, 이들의 주장은 단순한 문학론의 범주를 뛰어넘어 일종의 '문명론'의 양식을 보여주고 있다. 이 사실을 예리하게 검토하지 않는 한 한국의 문학은 결코 '문학 너머의 문학'을 이해할 수 없을 것이다. 특히 변혁기에 처한 자본주의 근대체제 또는 신자유주의의 상황 앞에서 이들의 비평적 탐구는 적극적으로 검토될 필요가 있다고 생각된다.

고진은 한국에서나 일본에서 사상가로 인식되고 있다. 그러나 그 자신은 스스로를 비평가로 간주하고 있다는 점에 우리는 주목할 필요가 있다. 고진은 비평집 『트랜스크리틱』을 통해서 자신에게 사상적으로 깊은 영향력을 끼친 나카가미 겐지를 거론하며 "비평가란 사유하는 자"라고 말한다. 『일본 근대문학의 기원』을 통해서도 우리가 일찍이 확인한 바 있지만, 고진이 사유하는 것은 '기원의 도착'이다. 예를 들어서 고진은 오늘날 우리가 아주 당연시하고 있는 근대문학 개념은 역사의 어떤 시점에 이르러 '고안' 또는 '창안'된 것이라고 말한다. 이것은 누구나 다 알고 있는 사항이다. 중요한 것은 시간이 흐름에 따라 창안되고 고안된 이 개념이 마치 '자명한' 것처럼 인식됨으로써, 이른바 지적 '전도'顚倒가 발생한다는 것이다. 고진은 마치 데리다가 칸트의 철학을 칸트의 입론을 활용해 (해체가 아니라) '탈구축' 하듯이, 자명한 사상의 기원을 '재전도' 시킨다. 이런 지적 작업을 고진은 '초월론적 비판' 이라고 말하기도 하고, '트랜스크리틱' 이라 말하기도 하며, 어떤 저작에서는 '교통' 이라고 언명하기도 하지만, 고진이 말하고자 하는 참뜻은 이런 언술적 실천이야말로 '비평' 이라는 것이다.

고진은 가장 근대적인 담론의 언술 방식으로 근대적 담론을 둘러싸고 있는 억견에 대한 이반, 즉 패러독스를 실현한다. 그런 작업을 통해서 고진이 개진하고 있는 것은 근대문학의 종언이나 자본주의 근대체제의 종언은 역전 불가능한 상태에 있다는 주장이 아니다. 고진은 그 주장 너머의 비평을 지금부터 시작할 필요가 있다며 다분히 아이러니컬한 어조로 말한다.

이런 고진에게 근대적 민족국가nation-state와 민족문학은 지양되어야 하는 것이 아니라 이미 지양되는 단계에 있기 때문에, 고진의 저서에는 새로운 체제 구성에의 지적 사유를 발휘해야 할 필요성에 대한 논의가 빈번하게 등장한다. 체제의 차원에서 근대국가의 형성을 가능케 한 인식론적 토대는 정치철학자 홉스의 '자연상태'라는 개념일 것이다. 이 이론에 따르면 국가 출현 이전의 인민들은 상충하는 이해관계의 소유자인 까닭에 끝없는 '전쟁상태'에 직면할 수밖에 없다. 홉스가 "인간에 대해 인간이 늑대"라거나 "만인에 대한 만인의 투쟁"이라고 말하는 상태가 그것이다. 이런 '국가 없는 상태'의 혼란을 종식시키기 위해서, '법'의 이름 아래 국가가 인민들의 주권을 회수하고 폭력을 독점함으로써, 인민들의 평화공존이 가능해진다는 것이다. 그러나 고진은 이런 주장을 뒤집어, 실상은 '만인에 대한 만인의 투쟁'을 전지구적으로 확대시킨 것이 민족국가에 기반한 '근대국가'의 본질적인 속성이라고 말한다. 이것은 마치 프로이트가 『토템과 터부』를 통해서, 살인이라는 행위가 죄의식을 만들어내는 것이 아니라 죄의식이 살인이라는 행동을 초래한다고 주장한 것과 같은 사유의 전도와 유사하다.

이와 비슷한 논법으로 고진은 '화폐경제'에 기반하고 있는 자본주의의 항구적인 위기와 노동자의 대응에 대해서도 기왕의 통념적인 생산력 중심주의를 전도시키고 있다. 고진은 맑스의 '화폐-상품' 관계를 자못 성실하게 재진술하는 듯한 논법을 끌고 가다가, 자본주의 시스템에 대한 근본적인 저항을 말하는 부분에 이르러서는, 속류 맑스주의자부터 오늘날 한국의 민주노총까지 중요한 전략으로 활용하고 있는 생산 영역에서의 '파업'이 실상 크게 유효한 전략일 수 없음을 논의한다. 고진은 자본주의의 주기적인 공황이나 위기는 '생산' 의 영역에서 오는 것이 아니라 '소비' 의 영역, 그러니까 '상품' 이 '화폐' 에 의해 교환되지 못하는 상황에서 오는 것이기 때문에, 자본주의의 야만성에 저항하는 유력한 투쟁은 '소비' 에 저항하는 것이라고 말한다.

마치 헤겔의 주인과 노예의 변증법을 연상시키는 어조로 고진은 생산의 영역에서 노동자는 '노예' 와 같은 상황에 종속되어 있지만, 자본주의 체제는 아이러니컬하게도 '소비' 의 영역에서 그들을 '주인' 으로 변모시킨다고 말한다. 바꿔 말하면 진정한 의미에서의 노동해방은 노예적 상태에 대한 거부로서의 '파업' 에 있는 것처럼 보이지만, 실상 더욱 중요한 투쟁은 '소비' 의 영역에서 주인으로서의 '거부' 를 분명히 하는 일에 있다고 고진은 말하고 있는 것이다. 이렇게 되면 고진을 속류적으로 이해하는 사람들은 그것이 부르주아 시민운동의 일환인 '소비자운동' 과 무엇이 다른가 하고 반문할 수 있다. 고진 역시 이 사실을 잘 알고 있는 듯 보이는데, 그래서 고진은 보다 급진적인 운동의 방향 전환을 모색한다.

한국에도 출간된 『세계공화국으로』를 잘못 읽으면 고진이 모색하고 있는 것은 칸트적 의미에서 가감 없는 '세계공화국' 으로 생각되기 십상이다. 어떤 사람은 오늘날 지구적인 차원에서 우리들이 처해 있는 미국 중심의 '제국' 체제와 비슷하긴 하지만, 중무장한 무력은 '방기' 되어 있는 어떤 체제로 오독할 수도 있다. 더 나이브하게 오독하자면, 세계공화국을 괴테적 의미의 '세계문학' 과 비슷한 '세계시민' 들의 지구적 공동체로 오해할 수도 있다.

그러나 고진의 참뜻은 그런 '근대적 모델' 과는 무관한 것이다. 고진의 사상을 참으로 진지하게 이해하는 사람들이 발견하는 것은 오히려 '비근대적' 공동체, 고진의 말을 빌리자면 '어소시에이션 (자유로운 사람들의 연합체)의 어소시에이션'이란 유기체의 망상조 직과 유사한 무엇이다. 고진은 '중심' 없는 세계의 무정부적인, 그 러나 조화로운 세계를 꿈꾼다. 고진의 지적 모색을 비근대적이라고 할 수 있는 것은 고진이 근대문학의 종언을 이야기하면서 표나게 강조하고 있는 '감정의 공동체'라든가 프루동을 인용하면서 논의하 고 있는 '제4교환형태'로서의 어소시에이션이란 것이 실질적으로 는 '국가' 출현 이전의 농촌공동체와 같은 상호의존적 관계 안에서 의 가치를 강조하고 있기 때문이다.

물론 고진은 오늘의 자본제 질서가 지구화된 현실 속에서, 또는 국민국가체제가 글로벌한 모델로 자리잡고 있는 현실 속에서, 당장 에 그것이 복원되거나 실현될 수 있다고 믿고 있지는 않다. 동시에 고진이 말하는 '어소시에이션의 어소시에이션'이라는 비근대적 연 합체가 무엇을 의미하는지도 명료하지 않다. 물론 고진은 일본뿐만 아니라 여러 비근대적 연합을 모색하는 풀뿌리 공동체에서 실험하 고 있는 '잉여가치'와 무관한 대안적 화폐체제(레츠)를 제안한다거 나, 이반 일리치를 언급하면서 '자본제 경제'로부터 상대적으로 자 유로운 교환경제를 상상하고 있기는 하다. 그러나 김종철 식으로 농민공동체의 문제를 진지하게 사유하고 있는 것으로 보이지는 않 는다는 점에서, 고진은 근대주의자다.

한편 일리치는 농업공동체에서는 남녀의 분업이 상보적인 것으로 증대했고, 그것을 파괴한 것은 자본제 경제라고 했다. 그러나 자본 제 경제가 동시에 농업공동체의 공동체적 구속을 해체하고 사람들을 개인으로 존재하게 하기에 이른 계기를 인정하지 않으면 안 된다. 단지 농업공동체로 회귀함으로써는 가면을 쓴 가부장제를 극복할 수 없다. 그것은 개개인의 어소시에이션으로서 교환경제를 실현함으로써만 초극할 수 있다.[1]

'개개인의 어소시에이션' 이란 무엇일까. 고진은 그것을 '생산-소비 공동체' 로 명명하고 있다. 이런 관점에 서면, 우리는 도시 안에서도 충분히 어소시에이션을 구성할 수 있다는 '환상' 을 품어봄 직하다. 그러나 도시의 노동자들이 '생산의 공동체' 를 구성할 수 있을까. '소비의 공동체' 를 구성할 수 있을지도 의문이다. 고진의 비평이야말로 근대적이다. 고진이 '자유로운 개인들의 연합' 이라는 가장 근대적인 맑스의 견해를, 근원적으로 또는 고진 자신의 말을 빌리면 '초월론적 시각' 으로 비판하고 있지 못하기 때문이다.

그런 점에서 보자면, 국가와 자본에 대한 유사한 시각을 보여주면서도 '땅의 옹호' 를 제창하고 있는 김종철의 비평이 '비근대적 실천' 이라는 관점에서 보다 근원적인 문제의식을 우리에게 보여주고 있다고 판단된다.

고진 역시 월러스틴의 자본주의 세계체제론에서 많은 시사점을 얻고 있고, 자본제 체제의 근본적인 지양을 모색했던 맑스의 주장에서 영감을 얻고 있다. 게다가 고진은 데카르트주의자이면서 동시에 칸트주의자다. 반복하지만 고진은 근대주의자다. 다른 것이 있다면 그 스스로를 '최후의 근대주의자' 로 간주하는 성향이 강하

---

1) 가라타니 고진, 송태욱 옮김, 『트랜스크리틱』, 한길사, 2005, 488쪽.

다는 것인데, 김종철은 이로부터 완전히 이동해 스스로를 '비근대주의자'로 규정하고 있다는 점이 획기적이다.

비근대주의자로서의 김종철은 '전근대', '근대', '탈근대'라는 개념의 카테고리가 내포하고 있는 위험성을 꾸준히 경고해왔다. '근대'의 너머에는 탈근대가 있는 것이 아니다. 김종철은 인류사가 시작된 이래 가장 항구적인 규정력으로 작동한 것은 '비근대체제'라고 말하는 듯하다.

김종철이 말하는 비근대의 함의에 대해서는 다른 지면에서 보다 섬세하게 검토되어야 하겠지만, 중요한 것은 김종철이 '자연상태'를 조망하는 시각이다. 김종철은 근대 전환기에 '창안'된 홉스식 자연상태의 폭력성을 예민하게 의식하고 있다. 오히려 김종철이 조망하고 있는 '자연상태'는 루소 식의 목가적 황금시대와 유사해 보인다. 그러나 김종철의 사상이 루소와 비슷하면서도 다른 것은 루소와는 달리 김종철이 '땅의 옹호'를 논의하고 있다는 것이다.

루소 역시 근대적 소유권의 개념에 대한 상상을 진행해가면서 '땅'의 문제를 매우 중요하게 언급한다. 오늘날 우리들이 체험하고 있는 폭력을 동반한 자본제 질서가 등장한 것은 수렵경제 단계에서 조화롭게 동거하던 인류가 인구수의 급격한 증대에 따라 '완전한 공유지'였던 '땅'을 사적 소유함으로써 발생했을 것이라고 루소는 지적한다. 애초에 인류에게는 '소유권'이라는 개념이 없었다. 루소는 소유권 개념의 발생이 '말뚝'을 박음으로써 가능했다고 말하고 있다. 말뚝이 먼저 생기고, 그 다음에 소유권 개념이 고안됐다는 것이 루소의 주장인데, 이 말뚝은 근대에 이르러 교환의 낙차를 가능케 하는 '국경' 개념의 원형을 이룬다.

이에 반해 김종철은 땅과 인간의 상호작용이라고 하는 것은 매우 근원적인 것이어서, 소유권의 출현보다 더 큰 위기는 인간과 땅의 관계가 분리된 데서 온다고 생각하는 듯하다. 특히 '농민'에 대한 김종철의 시각은 매우 개성적이면서도 탁월하다. 속류 맑스주의자들은 땅에 대한 농민들의 애착을 소자본가(프티부르주아)적인 근성의 발로로 해석하는 것을 아주 당연시했으며, 때문에 혁명을 준비하는 단계에서는 농민들과의 동맹이 일시적으로 가능하지만, 혁명의 전위는 역시 프롤레타리아트이고 혁명이 완수된 순간 농민들이 소유한 토지는 국가가 관리해야 한다는 시각을 펼쳤다. 실제로 소비에트혁명 이후의 사회주의 국가는 농민들에게 '경작권'만 제공했을 뿐, 그것의 사적 소유를 금지했다.

그러나 땅에 대한 '사적 소유'가 철폐된 사회주의 체제 아래서의 농민이란 실상 프롤레타리아트와 별다른 차이를 보일 수가 없었다. 그들은 프롤레타리아트가 국가독점자본 아래 '고용'된 것과 마찬가지로, 국가의 산업화된 '공동농장'에 고용된 노동자일 뿐이었다는 것이 김종철의 시각이다.

여기서 주의할 것은 김종철이 사적 소유를 옹호하거나, 적어도 농민에 관한 한 그것이 필수적이라고 말하고 있는 것이 아니라는 사실이다. 진실로 김종철이 말하고자 하는 바는 농민에게 있어서 땅이라고 하는 것은 소유권의 문제로는 결코 설명될 수 없는 '근원적 관계'를 의미한다는 것이다. 김종철이 「민주주의, 성장논리, 농적農的 순환사회」[2]에서 발본적으로 문제 삼고 있는 것은 "민중이 주체적인 삶을 영위할 수 있는 자립과 자치의 조건"이다. 어떤 이는 농민공동체에 대한 김종철의 강조가 이제는 회복할 수 없는 '안빈론'安貧論에 대한 시대착오적 회상이 아닌가 하고 묻기도 하지만(백낙청), 김종철이 땅과 인간의 관계 안에서 발견하는 것은 인간과 자연의 성숙한 생태적 평형 상태를 가능케 하는 '순환적 질서' 다.

가령 김종철은 맑스의 『자본』을 언급하면서 "인간과 자연 사이의 순환적인 대사代謝"를 환기시키고 있으며, 특히 소농小農에 입각한 '합리적인' 농업이야말로 자연의 법칙에 순응해 순환적인 생활 패턴을 지속적으로 강구할 수 있는 거의 유일한 생존 방식이라고 말하고 있다. 이런 진단을 가능케 하는 근거는, 자연과 인간의 상호 의존 관계뿐만 아니라 인간 상호 간의 호혜적 관계를 가능케 하는 기본조건이 '농촌공동체'로 명명되는 '소생산자 연합체의 연대'에서 출발해왔음을 상기하는 것으로 충분하다. 이것은 어소시에이션 개념과 비슷하지만, 고진이 '농촌공동체'의 문제에 대한 예리한 문제의식을 뚜렷하게 보이지 않고 있다는 점을 고려해 보면, 매우 차별적이고 의미 있는 담론이라고 할 수 있다.

이것이 '순환경제'라고 하는 것인데, 사실상 근대 자본주의 체제는 '순환'이 아닌 '한계 없는 발전' 개념을 도입함으로써, 실질적으로 소모되고 있는 '생태비용'을 애초에 없는 것으로 간주했다는 점에서 '약탈경제'였다는 것이 김종철의 시각이다. 고진 역시 이런 근대 자본제 체제에 대한 문제의식을 공유하고 있는 것이 사실이다. 그러나 고진은 여기에서 더 나아가지 못하고, 이를 경제학적인 차원에서의 '비용의 내부화', 그러니까 자연의 약탈을 경제학적 비

---

2) 김종철, 「민주주의, 성장논리, 농적(農的) 순환사회」, 『땅의 옹호』, 녹색평론사, 2008, 244~266쪽.

용의 요소에 편입함으로써 그것을 합리적으로 제어하자는 수준에 멈춰 있다.

　이것이 김종철의 시각과 다른 점이다. 어떤 이는 김종철의 사유에서 '묵시록'을 읽고, 또 다른 이는 김종철의 사유에서 '영성'을 발견하기도 한다. 하지만 정작 김종철의 사유로부터 '근원적 민주주의'와 공빈공락共貧共樂과 공생공락共生共樂의 심원한 사상의 의미를 읽어내지는 못하고 있는 것 같다. 실제로 김종철이 자본주의 근대에 대해서 묵시록적인 어조로 파국을 경고하고 있는 것은 사실이다. 또한 마치 고대의 샤먼과 비슷한 어조로 초월주의에 대해 말하고 있는 것 역시 사실이다. 그러나 김종철의 사상을 피상적으로 읽는 자들의 눈에는 '오래된 혁명'의 원형을 이루고 있는 '근원적 민주주의'에 대한 추구가 읽힐 수 없다. 예를 들어 다음과 같은 김종철의 주장을 당신은 어떻게 독해하고 있는가.

우리가 소농과 그 공동체를 기반으로 한 생태적 순환사회를 지향하지 않으면 안 될 이유는 많다. 그러나 그 모든 이유는 '대량살육'에 기초한 문명을 우리가 더는 옹호해서는 안 된다는 데로 집약될 수 있다. 모든 징조로 보아 상황은 낙관적인 전망을 조금도 허용하지 않는다. 아마도 한참은 더 자본주의 근대의 폭력적인 독주가 계속될 것이다. 그러나 이 독주에 맞서서 '비근대적'인 삶의 양식을 보존, 확보하려는 세계 전역에 걸친 풀뿌리 저항운동이 바로 이 시각에도 다양한 형태로 끈질기게 조직되고 있다는 것을 우리는 기억할 필요가 있다. 우리는 모든 노력을 다해 그런 저항운동에 합류하는 데서 희망의 길을 발견해내는 수밖에 없다.[3]

오늘의 근대문명이 '대량살육'을 기반으로 하고 있다는 사실을 '근대인'들은 의식하지 못한다. 지난해 광우병 쇠고기 문제를 둘러싼 촛불항쟁의 초기에도, 사람들의 최초의 문제의식은 '먹거리'가 인간 자신을 끔찍한 죽음으로 몰아넣을 수 있다는 사실에 대한 공포와 분노에 불과했다. 그러나 정작 그런 분노를 피력하고 있는 시민들이 오로지 인간의 '육식'과 과시적인 '탐욕' 탓에 다채로운 생명들이 '대량살육' 되어왔다는 끔찍한 사실을 자각한 것은 시간이 한참 지난 후의 일이었다. 오늘의 근대를 무통문명無痛文明으로 일컫는 논자도 있거니와, "모두 병들었는데 아무도 아프지 않았다"는 한 시인의 경구야말로, 예언적으로 오늘의 자본주의가 처해 있는 위기의 증상을 뚜렷하게 보여준다.

'근대문학의 종언'을 주장한 고진을 읽어 내려가는 문인들이 왜 고진이 '공감'과 '이해관계'의 문제를 그토록 중요하게 강조하고 있는가에 대해 골똘하게 고민했다고 보기는 어렵다. 고진은 근대문학, 그 가운데서도 소설이야말로 '감정의 공동체'를 가능케 했다고 말하고 있는데, 여기서 우리가 사고실험을 해야 될 필요가 있는 것은 소설이라는 미디어가 없이도 '감정의 공동체'가 가능했던 소통 방식을 '근대 미디어로서의 소설'이 '대행' 했다는 점이다.

대행/대표representative하지 않고도 '공감의 공동체'를 이뤘던 역사적 기억과 함께, '미디어의 매개' 없이도 활달하게 '내적 교류'가 가능했던 '비근대'에 대해 우리는 더욱 주목해야 한다. 이것이 고진이 말하는 어소시에이션의 근원적 형태이며, 김종철이 말하고 있는

---

3) 김종철, 「민주주의, 성장논리, 농적(農的) 순환사회」, 266쪽.

농민공동체의 근원적 존재 방식이다. 우리가 말하는 역사적 근대는 이런 '기억'을 방부 처리했는데, 김종철과 고진이 공히 강조하고 있는 것은 이제 그것을 복원해야 한다는 주장이다.

가령 민주주의에 대해서 생각해보면 어떨까. 고진은 오늘의 제도민주주의가 결국은 '국가와 시장의 결혼' 이후 그것의 동맹체적 본질을 은폐하기 위한 제도적 장치로서 도입되었다고 말하고 있다. 이런 민주주의는 데모스demos가 부재한 민주주의라는 점에서 사실상 '국가주의' 또는 '시장주의'라 말하는 것이 사실에 더욱 가깝다. 사정이 그렇다고 한다면 고진은 오히려 오늘의 민주주의는 '기표소'가 아니라 차라리 상품을 구입하는 '시장'에 있다고 보고, 가능한 민주주의를 실현하기 위해서는 '정치적 소비/불매'를 해야 될 것이라고 말한다. 그것이 고진이 말하는 '근원적 민주주의'이며, 자본주의에 대한 근본적 저항에 이르는 우회로라는 것이다. 이런 우회로를 관통한, 각성한 개인들의 연합(어소시에이션)은 급기야 생산-소비 양면에서의 협동조합을 건설함으로써, 국가와 시장을 지탱하는 '화폐경제'의 외부로 나아갈 수 있다고 말한다.

물론 김종철 역시 이런 고진의 주장을 경청하고 있다. 그러나 김종철은 훨씬 급진적인 '비근대적 민주주의'를 모색한다. 그것이 간디 식의 스와라지(마을공화국)의 이념이며, 우리의 '두레'를 포함해 비서구 지역에서 여전히 강력한 힘을 발휘하고 있는 '진짜 민주주의'라는 것이다. 이 진짜 민주주의는 '대의'를 거부한다. 그것이 가능한 것은 이들이 시간적·공간적으로 미디어를 공유하지 않고도 가능한 '공감의 자기장' 안에 있는 공동체이기 때문이다. 이른바 풀뿌리민주주의는 고진이 주장하는 생산-소비 협동조합의 아주 오래

된 형태로서 농민민주주의를 실천해왔다. 자유인(시민) 계급으로
제한되어 있기는 하지만, 그리스의 고대 민주주의 역시 실상은 농
촌공동체에 기반한 농민민주주의였다. 아고라에서 민주적 토론이
끝없이 이어질 수 있었던 것은, 이 시민구성원들이 농촌공동체에
필연적으로 깃들기 마련인 상호부조적 관계 아래서의 호혜적 협동
을 필연적인 존재 조건으로 간주했으며, 당연히 그 관계의 형식이
애증이 교차하는 '공감의 자기장' 안에 있었기 때문이다.

근대문학의 종언을 논의하면서 고진이 '공감능력'의 결핍, 이
에 따른 사회의 스노비즘 경향의 일반화, 이해관계에 입각한 계약
적 관계의 전면화를 말하고 있는 것은 이런 까닭이다. 고진의 입장
에서 역사적 근대가 자본의 대량살상에 입각한 대단히 폭력적인 체
제라는 사실 속에서도, 그나마 희미한 형태로서 '윤리'가 가능했다
고 믿는 근거는 타자에 대한 최소한의 '공감능력' 때문이었다. 주체
와 타자가 소통(교통)하는 일이 악무한적으로 어려운 일이라고 할
지라도, 적어도 우리들이 인간이라는 공동체 안에서 동일하게 '감
정'을 갖고 있으며, 그것은 '이성' 못지않게 매우 유력한 사람다움
의 표지標識라는 사실에 대한 동의가 문학을 통해서 매우 활발하게
진행됐고, 이런 '감정 교육'이야말로 근대문학의 존재근거였다는
것이 고진의 주장인 것이다.

이에 반해 '종언'에 이른 근대문학(그리고 근대문학을 포함한
문명사적 변화)은 '냉담함'으로 특징지어진다. 냉담한 인간은 나르
시시스트일 확률이 높은데, 이런 인물은 '원한도 고통도 없는' 미끈
한 인간이다. 그것을 구조화한 용어가 이른바 '스펙터클의 사회'(기
드보르)일 터인데, 이런 인간들이 문학에서 위안을 찾을 이유는 없

고, 또 그런 문학이 사회적 환대를 받을 수 있는 가능성도 희미하다. 그것은 '이해관계 공동체'란 상품을 화폐로 교환하듯이, 사람의 내면이라는 것 역시 '화폐'를 통해 표시할 수 있다고 믿는 체제를 의미한다. 그러니까 고진이나 김종철이 말하고 있는 그 근대문학의 종언은, 근대문명이 인간이 상상할 수 있는 가장 끔찍한 형국으로 변혁되어가는 와중에, 그것을 '윤리적으로' 성찰할 수 있는 '초월론적 장소'마저도 괴멸적 타격에 직면했다는 경보음이라 볼 수 있다. 이런 참의미를 곰곰 생각하다 보면, "그래도 나는 쓸 것이다" 하는 식의 문인들의 천박한 나르시시즘이 얼마나 빗나간 진단인지, 오히려 한국 문학의 황금기가 도래했다는 농담을 강호동과 유쾌하게 주고받은 '자칭 원로작가'의 파안대소가 얼마나 어처구니없는 것인지를 확인할 수 있다.

근대문학은 국가에 대항함으로써 국가를 형성했고, 민족에 대항함으로써 민족을 강화했다. 그런 근대문학은 체제에 협력하기도 했고 그것에 저항하기도 했지만, 체제를 근본적으로 상대화하고 발본적으로 비판하는 '비체제'의 심원함에 이르지 못했다. 협력과 저항의 프레임 안에 갇힌 근대문학은 그런 점에서 '국가-문학'의 범주를 뛰어넘을 수 있었음에도 불구하고 막판에 가서 그 상태로 폐쇄됐던 것이다. 그래서 어떤 비전도, 영감도, 또 정념도 촉진할 수 없는 '미라 상태'로 전락했다. 붕대를 풀어도 나오는 것은 썩지 않는 시체에 불과할 것이니, 오늘의 작가와 평론가들은 그 미라가 된 과거를 탐사하는 데 열심이고, 죽은 자식 불알 만지듯 과거를 복기하고 있을 뿐이다. 그런 가운데 고진과 김종철은 '비근대적 저항'이라는 새로운 문제의식을 여러 지면에서 발신하고 있다. 물론 고진과 김종철이 부친 편지의 수신자들은 소수에 불과하고, 그마저도 오해와 동어반복에 갇혀 있으며, 문학장에서 획득된 '영역본능'을 발산하면서 이전투구에 열심일 뿐이다.

　원한도 없고 그렇다고 사랑도 없는 사람들로 가득 찬 세계에서 '희망'을 말하고 '저항'을 기획하는 일은 고고학자의 작업과 유사하다. 그러나 우리 시대의 문학은 작가의 작업실이나 지성의 수도원에 감금되어 있지 않다. 사실 '비근대적인 문학'은 이미 도처에 널려 있지만, 오직 소수의 눈에만 간신히 발견되는 것일 터이다.

　고진이 아룬다티 로이를 말하자 한국 문학 역시 크게 요동쳤던 적이 있다. 그런데 생각해 보면, 우리 주변에는 이미 수많은 아룬다티 로이가 있었다. 다만 그들은 잊혀졌을 뿐이고, 희소해졌을 뿐이고, 대중들이 추억하지 않을 뿐이다. 그럼에도 불구하고 이런 지적 풍향계를 거슬러 작가들의 펜은 끈질기게 움직여야 한다. 그의 발도 움직여야 한다. 오랫동안 잊고 있었지만, 기어이 눈을 들어 하늘을 봐야 한다. '별'을 보라는 이야기가 아니다. 성좌를 이루고 있는 하늘을 보라는 말이다. 문학이 아니라 문학 너머의 문학, 문학 바깥의 문학을 보라는 것이다. (이명원)

4. 진보적 학술운동의 비판적 성찰과 전망

진보적 학술운동을 전개하는 데 필요한 학술실천의 구도를 느슨하게나마 설정하기 위해 무엇보다 선행돼야 할 것은, 지식생산을 둘러싼 오늘의 거시적인 구조적 환경을 명확하게 인식하는 것이다. 그것이 저널리즘 차원에서의 진단이건 연구자들 자신의 심각한 위기의식의 산물이건 간에, 우리들이 부정하기 어려운 것은 오늘의 시대가 진보적 지식인들에게는 그 어느 시기보다 심각한 위기로 인식되고 있다는 점이다. 요컨대 이른바 '87년체제'에 대한 백가쟁명의 성찰이 진행되는 와중에 『경향신문』이 기획하고 출간한 『민주화 20년, 지식인의 죽음』의 제목은 다소 과장된 느낌으로 받아들일 수도 있겠지만, 오늘의 사회적 담론장 안에서의 지식인의 표상을 비교적 명료하게 지적하고 있음을 부인하기는 힘들다.

이 책의 서문에서 편집자는 지식인의 죽음과 관련해 다음과 같은 네 가지 현상을 지적하고 있다.

1) 군사정권의 소멸과 현실 사회주의권의 동시 몰락으로 선악이분법의 전선이 사라졌다. 이에 따라 '반체제'로 상징되는 저

항적 지식인 역시 역사의 물결에 휩쓸려 사라졌다.

2) 지식인은 민주화 과정을 통해 공고하게 구축된 지배질서를 전복하려 하지 않고, 오히려 이 체제를 지탱하는 가장 강력한 보루가 됐다.

3) 지식인은 그들의 어깨를 짓눌렀던 시대적 소명의식 혹은 도덕적 의무감으로부터 벗어나 '지식의 해방'을 만끽하고 있다.

4) 아이러니컬한 것은 지식인의 죽음조차도 이제는 사회적 논란거리가 아니라는 점이다. 지식인의 자기배반, 혹은 자기모멸 행위는 한국에서 일상적으로 일어나는 일이기 때문이다.[1]

물론 이와 같은 진단은 '지식인 일반'에 대한 편집자의 주관적 견해를 표출한 것으로, 진보적 지식인 모두가 이런 견해에 완전히 동의하지는 않을 것이다. 오히려 이와 같은 일반론에 대해 적극적으로 거스르려는 의지를 갖고 있거나, 비판적인 견해를 갖고 있는 사람도 많을 것이다.

그럼에도 불구하고 '지식인의 죽음'이 단순한 수사적 카피에 그치는 것이 아니라, 이 시대 지식인의 지배적인 표상이라는 점을 부정하기는 어렵다. 이렇게 과거의 진보적 학술운동을 비판적으로 설정하는 이유는, 무려 20여 년 동안 지속됐다고 상상되는 이른바 '87년체제'의 결과가, 오늘의 처연한 민주주의에서 나타나는 것처럼 구조적 차원에서의 '공세적 반동'으로 귀결되는 현실에 대한 심

---

1) 이대근, 「서문」, 경향신문 특별취재팀 엮음, 『민주화 20년, 지식인의 죽음』, 후마니타스, 2008, 11~13쪽.

각한 문제의식 때문일 것이다. 만일 진보적 학술운동에 대한 근원적 성찰이 필요하다고 한다면, 이런 반동적 상황의 구조적 조건에 대해 문제를 제기해야 할 뿐만 아니라, 지식인들의 통렬한 '자기비판'의 태도 역시 견지해야 할 필요가 있다. 그런 목적을 달성하기 위해 나는 기왕의 진보적 지식인의 '타자'임을 자처하고자 한다. 나 자신이 이른바 1980년대를 기점으로 집단화한 진보적 학술운동의 주체가 아니기도 하지만, 다른 측면에서 보자면 이전 세대의 진보적 지식인이 처해 있었던 연구실천의 맥락과는 다소 상이한 환경과 조건에서 연구를 진행하고 있는 이른바 '학문후속세대'와 문제의식을 공유하고 있기 때문에, 이는 '방법적인' 동시에 '실존적인' 선택이기도 하다.

진보적 학술운동 제도화와 정체성 약화

이른바 진보적 학술운동이 개별적인 단위를 뛰어넘어 집단화한 계기를 마련해준 것이 대체로 1987년 6월항쟁의 결과로 획득된 불완전한 민주적 개혁이었다는 점은 많은 사람들이 동의하는 바다. 학술단체협의회(학단협)가 결성된 것이 1988년인데, 바로 전 해에 진보적 교수들의 직능공동체라 할 수 있는 민주화를 위한 교수협의회(민교협)가 설립된다. 학단협이 진보적 연구실천의 지향을 보여줬던 연구회 및 재야 연구소가 주축이 된 단체였다면, 민교협은 사회 민주화에 대한 열망이 드높았던 진보적 교수들의 공동체였다. 학단협의 회원들은 당시로서는 대학에 진입한 지 얼마 안 됐거나 학위

과정에 있던 소장 연구자들이었고, 민교협은 직능단체였던 만큼 그 회원들이 모두 기존 교수들이었다.

그러나 학단협이건 민교협이건 간에, 이 연구자들은 기존 학문실천의 태도에 대한 비판의식이나 한국 사회의 민주화에 대한 문제의식에 있어서는, 연구자들 내부에 스펙트럼의 차이는 있었지만 공통의 문제의식을 공유하고 있었다. 지식생산의 유형에 있어 이들은 그 지향을 '민족 또는 민중'의 관점에서 사유하고, 이를 통해 현실의 직접적 변화에 학문실천이 가담하기를 원했다. 한국사회구성체론으로 상징되는 한국 자본주의의 성격 규명 및 이에 대한 변혁적 전망을 모색하기 위한 뜨거운 논쟁은 이 연구자들에게도 상이한 이념적 스펙트럼을 제공해준 것이 사실이고, 그것이 운동사회 내부에 존재했던 정파적 분화를 초래한 것도 사실이었다. 하지만 적어도 이들은 존재하는 현실의 비판적 재구성을 위한 학문적 연대의 필요성을 자각하고 있었다.

이들이 펼친 논쟁의 수준 역시 지극히 관념적이었다는 평가가 있지만, 어쨌든 자신이 학문실천을 벼려나가고 있는 한국 사회의 총체적 해명과 변혁을 위한 근거로 그간 차단됐던 좌파 이론의 역사를 복기하고 자신의 견해 속에 적극적으로 '용해'시키기 위한 노력을 펼쳤다는 점은 긍정적으로 인정될 수 있는 부분이다. 그러나 적어도 두 가지 상황의 변화 때문에 진보적 학문실천의 장은 형성되자마자 분해되는 결과를 맞는다.

첫 번째 상황 변화는 일종의 '내부적' 요인에 해당한다. 요컨대 형식적인 민주화라는 정치사회적 변화와 함께, 공업화의 성숙에 따른 한국 자본주의의 '발전'에 대한 이론적 입장을 어떻게 정리할 것인가라는 문제가 대두된 것이다. 진보적 학술운동 진영에서는 여전히 한국사회 변혁론이 주류적 관점으로 견지되고 있었다. 1990년대 초반에 이르기까지는 한국 자본주의의 변혁 및 구조변화에 대한 열망이 뚜렷했던 것이다. 그러나 독재정권 시기에는 변혁이론으로서 맥락적으로 유효해 보였던 국가자본주의론(민중)이나 신식민지국가자본주의론(민족)은 1990년대의 공업화가 심화된 한국 자본주의의 국제적 성격을 분석할 문제설정으로서는 역부족이었다. 종래의 문제설정에서 급격하게 우회전하는 이론적 전회를 시도한 안병직 교수 등은 한국 자본주의를 '중진자본주의'로 규정하기도 했다. 이 '중진자본주의론'은 오늘날 '뉴라이트'의 이론적 근거가 됐는데, 반대로 진보적 학술운동 진영에서는 이 난제에 적극적으로 응답하지 못했다. 그것은 진보적 학술운동 진영의 자본주의 성격 이론 모델이 '낡은 과거'(20세기 초반의 소비에트)에서 온 것이었거나, 일국 수준으로 고립된 '특수한 민족경제' 모델(북한의 주체사회주의)을 여과 없이 현실에 적용한 것이었기 때문이다.[2]

두 번째 상황 변화는 '외생적' 요인이기는 하지만 오히려 근본적인 문제였다. 1991년 소비에트 및 동구권의 몰락이 한국의 진보적 지식인들에게 끼친 정신적 충격, 이에 따른 진보적 학술운동 진영의 분화 및 대거 침묵의 상황이 그것이다. 한국사회변혁 모델의 유효한 참조점이던 동구 사회주의권의 몰락은, 명백한 이론적·변혁적 사회모델의 원상原象이 사라지자 '그림자' 역시 소멸하는 결과

---

2) 김동춘, 「21세기에 돌아보는 1980년대 한국사회 성격논쟁」, 『1997년 이후 한국사회의 성찰』, 길, 2006.

를 낳듯, 한국의 진보적 지식인들을 자못 히스테릭한 공황 상태로 몰아넣었다. 일군의 맑스주의자들은 기나긴 침묵에 들어가거나 '포스트'라는 접두사를 단 새로운 맑스주의에 입각한 이론적 전환을 모색했고, '인간의 얼굴을 한 자본주의'라는 화두가 한동안 유행어가 됐으며, 진보적 지식인의 침묵의 틈새를 일군의 포스트모더니스트들이 장악해가는가 하면, 심지어는 프랜시스 후쿠야마의 『역사의 종말』 같은 자본주의와 자유민주주의의 최종적인 승리를 선언하는 경쾌한 묵시적 사고가 사회를 우경화했다. 민중과 민족 개념을 정초했던 집단적 운동에서 '신사회론'에 입각한 NGO 시민운동으로 사회운동의 주축이 변한 것 역시 1990년대 초였다.

내가 속해 있는 문학계만 보아도 1990년대 초반은 침묵과 전향의 시기였다. 1987년을 기점으로 해서 급진적으로 분화됐던 진보적 민족문학론(백낙청), 민중적 민족문학론(채광석, 김명인), 민족해방 민족문학론(김형수, 백진기), 민주주의 민족문학론(조정환), 노동해방론(조정환, 박노해) 등이 소비에트 동구권의 몰락 이후에는 침묵하는 대신, 포스트모더니즘과 모더니즘에 입각한 다원주의 문학의 기묘한 활기가 이를 대체한 것이다. 동시에 앞선 시기의 진보적 문학 이론을 정초했던 소장 이론가 및 문학비평가들은 10여 년에 걸친 기나긴 침묵이나 은둔에 들어가며, 변화된 현실 속에서 대개는 문단을 떠나 월급쟁이로, 그 일부는 대학교수로 이데올로기적으로가 아니라 직업적으로 자기의 존재를 확정하게 된다.

이런 진술을 통해서 말하고자 하는 요지는 '아이러니'다.

첫 번째 아이러니는 진보적 학술운동이 자체의 이론적 근거를 현실과의 고통스런 교호작용을 통해서 성숙하고 예리하게 모색하지 못했다는 점이 보여준 학술실천 동력의 허약함이다. 이것을 간단하게 한국 학계의 고질인 '이론의 식민성' 탓이라고 말하는 것은 겸연쩍은 일이지만, 사실이 그러하니 부정하기는 어렵다.

두 번째 아이러니는 한국의 진보적 학술운동이 조직화와 체계화에 도달하는 시점이 실질적인 차원에서 학술운동의 하강기와 배를 맞대고 있었다는 점이다. 1987년의 민주화를 관통하면서 성립된 진보적 학술운동은 그 집단적인 내용의 체계화가 시작될 시점에서, 연구자들의 내적 분열과 이론적 패퇴라는 현실에 직면하게 된다. 물론 현상적으로는 학단협이나 민교협 등의 연구단체 및 민주적 직능그룹이 현재까지 지속되고 있는 것이 사실이지만, 학술운동의 의제나 한국 자본주의와 민주주의의 성격 규명에 있어 뚜렷한 의제와 지식생산 전략을 보여준다고 보기는 어렵다.

현재의 진보적 학문공동체는 좋게 말하면 '느슨한 연합체'의 성격을 띤 조직으로서 유지된다. 잊을 만하면 나타나는 퇴행적인 이데올로기적 공세에 대항하는 일은 지금도 지속하고 있지만,[3] 한국 사회의 구조적 변화와 이데올로기적 대공세에 이론적으로 예리하게 대응하는 큰 틀에서의 학술정책 및 미래전망을 사실상 내놓지 못하는 상황이며 연구 동력 또한 낮은 수준에 있다.

특히 여러 논자에 의해 지적되는 것처럼 1990년대 이른바 민간정부의 출현 이후 역설적으로 나타난 진보적 학술공동체의 약화는

---

3) 『조선일보』에 의한 최장집 교수 사상 검증이나 송두율 교수 사건에 대한 국가보안법 기소, 강정구 교수에 대한 국가보안법 기소, 황우석 사태에 대한 의견 표명 등이 그런 예일 것이다.

우리에게 많은 고민을 안겨주고 있다. 이에 대해서는 김원이 「1987년 이후 진보적 지식생산의 변화」라는 논문에서 간명하게 제시한 바 있다.[4] 김원은 민간정부, 특히 김대중 정부의 출범을 기점으로 진보적 학술공동체가 '국가'에 대한 전략·전술적 태도를 둘러싼 분화와 생존 방안에 대한 문제제기를 시작했다고 주장한다. 특히 결정적인 변화는 1998년에 등장한 김대중 정권의 지식정책 변화에 조응하는 진보적 학술공동체의 태도였다. 김영삼, 김대중 정부를 거치면서 정부의 고등교육정책은 '시장화'와 '경쟁력'이라는 구호 아래 재편됐으며, 특히 노무현 정부에 들어서서는 '지식기반경제'라는 개념 아래 지식생산을 직접적으로 경제적 자본의 효용성 및 희소성의 문제로 과격하게 연결시키는 사유를 일반화했다.

그렇다면 민간정부의 출현 이후 한국의 진보적 지식공동체에는 구체적으로 어떤 변화가 일어나게 됐을까. 김원은 다음 두 가지 사항을 거론하고 있다.

첫 번째, 진보적 지식인을 포함하는 지식인의 정권참여가 가시화됐다. 김영삼 정권 이후 김대중, 노무현 정권하에서 지식인, 특히 대학교수의 정치참여가 대폭 확대됐다. 구조적 수준에서 정당정치의 비제도화라는 현실, 즉 정당 내부에 전문가와 정책집단이 없는 상황에서 전문성과 명망성을 지닌 지식인은 정당의 일차적 충원의 대상이 됐기 때문이다. 하지만 문제는 지식인의 정치참여 자체라

---

4) 김원, 「1987년 이후 진보적 지식생산의 변화」, 『경제와 사회』(통권77호/봄), 2008.

기보다 지식과 권력 간의 '관계설정'이었다. ……

두 번째 변화는 진보적 지식공동체의 약화였다. 이런 변화를 반영하듯이, 진보적 학술단체 내 구성원의 변화가 나타났다. 구성원이 점차 제도권 학계에 자리 잡게 되자 '전문성' 혹은 '전문적인 연구'가 강조되는 경향이 나타나기 시작했다. 이 시기부터 진보적 단체 구성원의 대학 내 제도권 진입은 어쩔 수 없다는 '현실론'이 제기됐고, 1994년을 기점으로 특히 진보성과 전문성의 결합이라는 문제의식이 가시화됐다. 또한 진보적 지식공동체가 발간하던 잡지의 변화도 빼놓을 수 없다. 변화의 핵심은 학진의 등재학술지라는 현실을 수용한 것이다. 이 저널들은 1990년대 후반기부터 정세적·실천적 과제보다 심사에 따른 '투고논문'을 중심으로 편집되고 있으며, 그 결과 이 잡지들의 '복합적인 성격의 분화'는 피할 수 없는 문제라는 자기 평가도 제기되고 있다.[5]

첫 번째 지적의 연장선상에서 거론할 점은 연구실천상의 '지식생산 속성'의 변화다. 물론 진보적 지식인이 정권에 다수 참여한 것은 아닐 것이다. 그러나 민간정부를 거치면서 진보적 지식인의 직접적인 정권참여나 각종 국가위원회의 위원 및 자문위원으로의 참여는 그간의 '대항지식'의 면모를 '정책지식'의 형태로 일정하게 변모시켰다. 동시에 민관협치라는 매우 아름다운 구호에 입각한 거버넌스의 확대에 진보적 지식인들이 대거 동원됨으로써, 국가 및

---

5) 김원, 「1987년 이후 진보적 지식생산의 변화」, 39~40쪽.

시장논리에 대한 상대화와 외부적 비판의 태도가 약화된 대신, 그
것을 진보적인 방식으로 변환시킬 수 있다는 과장되고 낭만화된 관
점이 확대됐다. 하지만 이는 결과적으로 통치에 적합한 지식생산구
조의 신자유주의적인 재편에 진보적 지식인 자신이 내부적으로 협
력하게 만드는 메커니즘을 강화했다. 이 구조적 메커니즘은 동시에
진보적 학술운동의 급진적이면서도 대항적인 연구실천을 은밀하게
간섭하고 규율하는 기능을 하기도 했다.

두 번째 문제 역시 이것의 연장선상에서 나타난 문제다. 진보적
지식인들 자신이 큰 틀에서는 연구실천상의 규율 메커니즘을 강화
하는 제도화된 지식생산 메커니즘에 수동적으로 함몰되거나, 반대
로 이런 시스템의 구축에 적극적인 행위자로 등장하게 됨으로써,
결과적으로 진보적 학문공동체의 지식생산 근거는 궤멸적 타격을
입었다. 실제로 상당수 연구자들은 '학술진흥재단' (학진)의 연구정
책이 연구자들의 자율성을 침해하는 가장 근원적 문제라고 지적하
고 있다. 진보적 학술공동체의 입장에서도 학진체제는 현장 대중과
의 '소통'을 통해서 가능할, 대중적 매체 및 규범적 언어를 탈피한
구어적 공동체를 제도 외부로 추방하는 효과를 낳았다.

사실 진보적 연구공동체는 김영삼 정부부터 추진된 '교육개혁'
이라는 왜곡된 프레임에 맞서 전면적인 '비협력'의 태도를 보여줬
어야 하며, 연구자들의 연구 방향·행위를 제도관리하는 학진의 연
구정책 자체를 근본적으로 비판해야 했다. 학진이라는 학문 심의체
계(분류체계) 자체를 문제 삼지 않고, 체계 안에서의 시행세칙과 같
은 연구비 지원 확충 등의 미시적 문제틀 안에 매몰되다 보니, 결국
진보적 학문실천의 독립성이 상실되어버린 셈이다.

제도관리 시대와 진보적 연구실천의 위기

오늘의 진보적 학문공동체는 사실상 '형해화' 되어 있다는 것이 나의 판단이다. 그 원인에는 앞에서 거론한 여러 문제가 개입되어 있지만, 이 절에서는 그것을 특히 지식생산 메커니즘과 진보적 연구자의 재생산 및 세대단절 문제와 관련해 논의하고자 한다.

1) 제도관리 시스템과 규율권력에의 종속

오늘의 진보적 학문공동체가 처해 있는 위기를 지적하기 위해서는 결코 학진의 문제를 피해갈 수 없다. 물론 최근(2009년 6월 26일)에는 정부 입법에 의해 학진보다 더욱 커다란 문제를 야기할 것이 분명한 한국연구재단이 출범됨으로써 논란을 빚고 있지만,[6] 현재의 학문 현실을 규명하기 위해서는 현행 학진을 중심으로 논의를 진행하는 것이 여전히 필요하다.

학진이 지식생산의 지형 안에서 막대한 영향력을 확보하기 시작한 것은 대략 1990년대 후반, 김대중 정부의 출범 이후였다. 학진의 설립 당시 입법 취지는 학자금 융자 및 연구 지원에 있었지만, 이 시기에 이르면 지식공동체의 연구실천 및 지식생산을 총체적으로 규율하는 제도관리 시스템으로 그 성격이 변화한다. 이런 성격 변화를 가능케 한 것은 두 부분에서의 메커니즘에 힘입은 것으로 판

---

6) 2008년 8월 8일 학술단체협의회, 인문과학연구소협의회, 사회과학분야중점연구소협의회가 공동 주최한 '인문사회과학연구 지원 활성화를 위한 공개토론회' 에서는 한국연구재단에 대한 문제점이 심도 깊게 논의된 바 있다.

단된다. 첫째는 표준화된 정량적 연구업적 평가 시스템으로 등재학술지 제도를 도입한 것이며, 둘째는 이와 연동해 거액의 연구비 지원체계를 정비하고 지역학 연구를 포함해 거액의 정책예산을 집행하는 시스템을 구조화한 것이다.

표준화된 연구업적 판단의 분류체계를 학진이 '위로부터' 설정함으로써, 학계는 요동쳤다는 표현에 걸맞은 변화에 직면하게 된다. 단적으로 말하면 이 변화는 전국 규모의 학회 차원으로의 대전환, 연구기능의 전문화, 이에 따른 외부 현실에 대한 관심 배제, 학회라는 자율적이지만 동시에 폐쇄적인 장場 또는 제도의 인위적인 조성 등과 같은 결과를 낳았다.

진보적 학술공동체의 입장에서 보면, 기존의 연구회나 비제도권 연구소의 제도학회로의 시스템 변화는 일차적으로 연구단체의 정체성을 약화시키는 결과를 초래했다. 비교적 유사한 '문제설정' problematic 속에서, 비교적 소수의 연구자들이 오랜 시간 동안 고통스러운 연구실천의 목표를 공유해왔던 집단의 규모가 급속히 확대되면서, 초기의 문제의식이 하나의 모토 형태로만 남는 결과가 빚어진 것이다. 동시에 등재학술지로 인증받은 학회지는 1990년대 중후반을 경과하면서 인문사회학계에서 불거져 나온 '논문중심주의'에 대한 가열한 성찰의 촉구에도 불구하고[7] 규범적인 학계의 레토릭 안에 갇히게 됐다. 그에 따라 지식의 생산, 매개, 수용조건 모두가 반反 대중적인 '전문가'의 세계로 축소됐다.

---

7) 김영민, 『탈식민성과 우리 인문학의 글쓰기』, 민음사, 1996.

다른 한편으로, 연구업적의 경쟁적인 축적이 현실적 문제의식을 논하기 전에 목전의 과제가 되어버린 탓에 연구자들은 그간 인문사회과학 분야에서는 그 용어조차 낯설었던 '프로젝트'의 수행자로 자기 스스로의 정체성을 고정시키게 된다. 제도학계에 운 좋게 안착한 연구자들에게는 교수라는 신분 보장의 필요성 때문에, 제도와 비제도의 경계선에서 여전히 열악한 연구실천의 문제 및 생활의 난경에 빠져 있는 연구자들에게는 학계 진입을 위한 사다리이자 일시적인 경제적 안정감의 근거로서, 사실상 학진의 연구 시스템은 불가피하게 수용된 측면이 짙다.[8] 표면적으로는 '연구전문대학원' 제도의 정착 및 연구역량 강화라는 모토 아래 시작됐던 BK21 제도 역시, 현실적으로는 제도의 외부에서 현실에 대한 잠재적인 불만을 표출할 가능성이 높은 잠재적 여론주도층에게 일종의 '안정제' 같은 역할을 해줄 것이라는 정부 당국의 기대를 반영하고 있다고 보는 것이 타당하다. 실제 이 시기부터 이른바 젊은 연구자들조차 등재지에 올해는 몇 편의 논문을 실었다고 희희낙락하는 어처구니없는 풍경도 목격되기 시작했다.

그러나 학진체제의 가장 큰 문제점은 연구실천의 문제설정을 연구자 자신이 아니라 거대 국가기구가 앞장서 의제화하고, 연구자

---

8) "국책사업인 BK21은 '돈'이 중심이 되다 보니, 교수와 대학원생 사이의 '주종관계'는 더욱 강화되고 있는 실정이다. 동시에 연구자들은 자신이 생각하는 연구주제를 과제로 삼는다기보다는 교수 중심, 성과물 중심, 돈 중심으로 주제를 선정하게 된다. 연구자로서 경제적 풍요는 얻었을지언정 학문연구의 치열성과 비판성은 어느 새 사라지고 없는 셈이다." 권경우, 「지식인과 지식생산」, 『모색』(3호), 갈무리, 2002, 12쪽.

들로 하여금 이미 학진에 의해 조형화된 프레임 안에서 기계화된 논문 쓰기를 자동적으로 수행하게 만들어, 연구실천과 현실과의 연관관계를 고민해야 할 필요성을 사실상 약화시키거나 차단시킨다는 점에 있다. 또한 정책 연구, 지역학 연구, 학제간 연구 등 은밀한 통치이데올로기가 개입되어 있는 집단연구를 구조화함으로써 연구자의 독립성은 물론이고 체제에 대한 대항담론의 출현을 구조적으로 약화시키는 현실을 초래하고 있다.[9]

결국 학진에 의해 시스템화된 연구업적 및 연구비 지원 시스템은 학문에 대한 국가제도 시스템에 의해 진보적 학문공동체조차 종속되게 만드는 규율체계를 미끈하게 완성했다.

2) 제도학계의 보수화와 진보적 지식인의 위축

1990년대 이후 진보적 연구실천 경향이 패퇴를 거듭한 데는 제도학계의 보수화 역시 중요한 요인이 되고 있다. 지금까지는 주로 학진에 의한 규율권력 시스템의 문제를 살펴봤지만, 이와 동시에 그런 시스템을 추동해낸 국가의 고등교육정책 방향 전환 역시 이런 부정적 변화에 중요한 영향을 끼쳤다. 김영삼 정부가 세계화를 선언한 이후, 국가의 학문정책은 김대중 정부를 관통하면서 '신지식인 담론'의 창출을 포함해, 지식생산에 있어서 교환가치를 중시하는 태도

---

9) 미국의 작가 웬델 베리는 미국의 지식인을 일컬어 제도와 자본에 '매수' 됐다고 냉혹하게 비꼰 바 있다(박경미 옮김, 『삶은 기적이다』, 녹색평론, 2006). 대규모 연구비를 빌미로 한 민간기업과 국가연구기관의 연구비 지원 시스템이 실질적으로 제도학계의 규율체계를 확립한 사례에 대해서는 다음을 참조하라. 브루스 커밍스, 한영옥 옮김, 『대학과 제국: 학문과 돈, 권력의 은밀한 거래』, 당대, 1998.

를 취하게 된다. '지식기반경제'라는 모토 역시 이 시기에 집중적으로 제시되면서, 기존 인문사회과학의 비판적 문제의식이 발 딛고 있던 존재근거 자체가 흔들리게 된다.

IMF 사태 이후 한국 사회의 전반이 악무한적인 신자유주의의 소용돌이 속으로 빨려 들어감에 따라, 대학 역시 극단화된 경쟁의 아수라장으로 전락한다. '특성화'에 따른 승자독식의 대학예산 지원 등을 통해 국가는 대학의 구조개혁을 강제하고, 이 경쟁의 소용돌이 속에서 기업 부문 역시 대학에 막대한 영향력을 발휘하면서, 대학의 기업화를 노골적으로 천명하기에 이른다. 한국 사회에서 이렇게 격렬한 '기업사회'로의 구조변동이 이루어지는 가운데,[10] 대학은 기업 부문의 노동인력 재생산기지로 전락하고, 이와 동시에 연구비 지원과 학교발전기금, 재단이사회 장악 등의 형태로 대학에 대한 기업의 영향력과 장악력은 더욱 높아진다.

특히 기업의 존립근거이자 이데올로기인 '자유기업 자본주의'와 신자유주의 이데올로기에 대한 이론적 저항 및 대항지식의 창출을 가능케 할 진보적 지식생산의 창구로서의 대학을 보수화하는 동시에, 진보적 성향의 연구자들의 대학 진입장벽 자체를 엄격하게 차단·통제하는 것이 현실적인 수단이 될 수 있다는 게 문제이다. 진보적 연구공동체의 단결력을 희석시키는 방편으로 그 연구자들을 고립·분산·원자화하기 위한 기제로서 극단적인 연구 경쟁을 활용하는 방법이 있을 수 있고, 교수의 정치참여 및 이데올로기적 신

---

10) 김동춘, 「민주화 이후의 한국사회」, 『1997년 이후 한국사회의 성찰: 기업사회로의 변환과 과제』, 길, 2006.

념을 사회적으로 개진하는 과정에서 나타날 수 있는 고유한 책임 문제를 교수 신분상의 문제와 연동시키거나,[11) 교수계약제를 통해 확보된 통제수단을 활용해 각각의 대학에 고립되어 있는 진보적 교수들을 분리통제하는 방법이 유력한 수단으로 활용될 수 있다. 실제로 지난 10년 동안의 대학 현실을 보면 이런 추론이 과장이 아닌 것을 알 수 있다. 교육과 연구에 있어서도 학생들의 교육적 수요에 부응한다는 미명 아래, 교양과 전공을 가리지 않고 비판적인 커리큘럼을 대거 축소시키는 한편, 진보적인 성향의 교수들이 담당했던 강좌의 경우는 해당 교수의 정년퇴임과 동시에 해소시키는 방식을 대학은 지속적으로 관철시켜나갈 확률이 높다.

대학의 객관적인 상황이 이러하다면 구조적인 문제의 개혁에 나서야 하는 것은 교수들 그 자신이지만, 실상 이들이 체계적인 고등교육 및 학술정책의 대안을 제시한 바는 없다. 지금까지의 진보적 학술공동체는 특정한 사안이 발생할 때마다 즉흥적으로 이런 문제에 대응해왔을 따름이다.

또한 대학에 이미 진입한 진보적 학문공동체가 거시적인 정치사회적 문제에 대한 활달한 발언 외에, 자신이 속해 있는 대학 내부에서 진보적 학문조건의 개선에 실질적인 힘을 발휘했다고 보기에도 어렵다. 1980년대를 경과하면서 당시의 소장 연구자들이 대거 대학사회에 진입했고, 민교협이나 교수노조와 같은 직능공동체가

---

11) 가령 동국대 강정구 교수의 사례에서 볼 수 있듯이, 대한상의와 같은 민간기업 부문이 대학 당국에 해당 교수의 강의 자체를 문제 삼는 식의 비상식적인 행태가 지극히 노골적으로 자행된 것은 1990년대에 이르러서였다.

대학의 내부 민주화에 얼마간 노력을 기울인 것은 사실이지만, 이들 역시 전체 교수사회에서는 비교적 소수에 속한 탓에, 또 다른 측면에서는 기왕의 관행적인 교수사회의 문화가 내면화된 탓에 대학의 구조적인 보수화는 거스를 수 없는 상황에 있다.

관행이라고 하는 차원에서 보면, 소위 진보적 성향의 교수들이 과연 대학사회의 일반화된 관행과 편견으로부터 자유로운가 하는 점도 지적될 필요가 있다. 단적으로, 자신들과는 직접적인 이해관계가 없다고 볼 수 있는 '시간강사' 문제에 교수들은 여전히 요지부동의 태도를 보인다. 게다가 진보적 지식인 그룹이 '학연주의' 나 '학벌주의' 의 그 끈끈한 관성으로부터 상대적으로 자유로운지도 결코 알기 쉽지 않다. 또 다른 한편으로 기형적이라고밖에 할 수 없는 교수 채용 시의 '국내박사' 에 대한 차별 등의 문제는 이른바 학문후속세대에게도 불신의 벽으로 작용하고 있다.

마지막으로, 기존의 진보적 학문공동체가 일종의 비제도적 실천이라고 할 수 있을 대중들과의 학문적 소통의 장에서 얼마나 고민어린 대안을 내놓았는가 생각해보면, 이 점도 회의적이다. 기왕의 제도적 지식생산 메커니즘이 대학이라는 제도 안에서 진보의 위축을 낳는 것이 불가피한 측면이 있다면, 진보적 지식인들은 대중들과의 직간접적인 소통의 통로를 마련할 필요가 있다. 이를 위해서는 학회나 대학 내 연구소의 차원과는 다르면서도 시민단체의 부설 연구기관과도 그 성격이 다른 비제도적 연구소나 교육기관을 통해 대중들과 직접적으로 소통하는 한편, 현안이 되는 사회적 의제들에 관한 대중들과의 수평적인 의사소통을 가능케 하는 대안적 매체 등의 창출을 고려할 필요가 있다.

3) '학문후속세대'와의 세대단절 문제

현재와 같은 이른바 학문후속세대와 이전 세대와의 '단절' 역시 진보적 학술운동의 위기의 한 원인이라고 볼 수 있다. 1980년대 후반에서 1990년대 초반에 대학에 입학해, 2000년대 중반을 전후로 박사학위를 취득한 이들 소장 연구자들은 스스로를 '학문후속세대'로 일찍부터 명명해왔지만,[12] 현재의 시점에서 보자면 오히려 '학문절망세대'라는 말이 사실에 가까운 것으로 보인다.

이들은 이른바 87항쟁 직후 진보적 열망이 채 가시지 않은 시대의 세례를 받았으며, 1990년대를 관통하면서 이른바 신자유주의 세계화의 경쟁논리에 동화할 수 없었던, 그러면서도 전 세대 연구자들이 견지하고 있었던 다소 관념적인 이데올로기적 신념에 비해서는 유연화된 사고를 갖고 있는 젊은 연구자들이다.

문제는 이들이 연구를 진행해가는 와중에 점점 깨닫게 되는 현실이란 것이, 자신들이 견지하고 있는 진보적 신념과 연구자로서의 연구실천 조건을 보장하기에는 대체로 가망 없어 보인다는 점에 있다. 거기에는 여러 가지 원인이 있을 수 있겠지만, 가장 큰 문제는 갈수록 진입장벽이 높아만 가는 대학의 현실이다.

특히 현실과의 대중적 접속이 그나마 활성화되어 있는 인문학 분야에 비해서 사회과학 분야의 젊은 연구자들의 고민은 훨씬 더 깊고 심각한 수준에 있는 것 같다. 이들 역시 학단협에 속해 있는 여

---

12) 2001년 창간된 『모색』 창간호에는 "새로운 학문을 위한 권리선언: 학문후속세대론"이라는 기획 아래 염정민, 김상철, 오창은 등이 쓴 세 편의 논문이 게재되어 있다. 당시 대학원 박사과정을 수료한 상태에 있었던 이들의 문제의식은 오늘의 시점에서 읽어봐도 유효한 것으로 보인다.

러 학회의 회원이고, 개별적으로는 자신이 속해 있는 대학에서 연구 활동과 강의를 진행하고 있는 것이 사실이나, 과연 언제까지 이런 불안정한 연구자 환경을 견딜 수 있을지 불안해하고 있다.

1990년대 중반을 지나면서 대학원 중심 대학 교육정책에 따라 석·박사 정원은 폭넓게 늘어났으며, 그 결과로 이른바 박사급 연구자들은 대학과 같은 제도기관의 수요를 과잉하고 있는 상황이다. 그리고 앞에서 지적한 대학의 보수화와 오랫동안 지적됐지만 결코 교정될 가능성이 보이지 않는 대학의 교원인사 관행 탓에, 진보적 성향의 학문후속세대는 현재 매우 암담한 상황에 처해 있다.

그런데 이런 상황은 단순히 학문후속세대의 지체라는 현상에 그치지 않고, 1980년대를 경과하면서 그나마 집단적으로 형성됐던 진보적 학술운동 및 학문공동체의 약화와 자연소멸이라는 미래를 예시하고 있다는 점에서, 개별적 구직 문제라는 소박한 차원을 뛰어넘어 진보적 학술공동체가 진지하게 고민해야 될 문제이다.

사회적으로 적극 권유될 뿐 아니라 대학의 입장에서도 기꺼이 수혈하기에 부담이 없는 보수적 학문공동체의 경우, 대학에서 환대받는 미국 유학파 연구자들이 있는 것은 물론이고, 굳이 대학제도가 아니더라도 자신의 연구를 지속할 만한 지원 인프라가 상당히 투입되고 있다. 사실 1990년대를 관통하면서 한국의 보수적 지배블록은 언론, 학계, NGO, 정치, 기업 부문에서의 후속세대 양성에 체계적으로 대응해왔다. 1990년대 후반을 거치면서 등장한 '뉴라이트'를 자처하고 있는 보수적 지식인 그룹의 전면화는 이런 인프라의 창출을 통한 체계적인 기획의 결과로 보는 것이 옳다.

그러나 적어도 진보적 지식인 그룹에서는 이런 후속세대와의 연대와 연구 인프라의 구축이라는 측면에서 사실 별다른 대응을 할 만한 여유도 없었고, 문제의식도 없었다고 보는 것이 타당할 듯하다. 사석에서 앞선 세대에 속하는 지식인들과 이야기를 해보면 그럴 만한 정치적 능력도 경제적 자원도 없을 뿐만 아니라, 실상은 정신없이 돌아가는 현실 탓에 스스로의 생존도 보장하기 어렵다는 것이 앙상한 반문의 전부다.

이것은 비단 학계의 문제에 한정되기보다는 진보 진영 전체에 해당하는 문제다. 오늘의 진보 진영을 지켜보다 보면, 이 후속세대와의 연대가 현재와 같이 이격되는 것이 구조화될 경우, 소수의 특별한 케이스를 제외한 진보적 학문공동체나 연구실천 자체가 사실상 소멸할 정도는 아니더라도, 지금과 같은 최소한의 영향력조차 확보하기 어려울지 모른다는 우려마저 든다.

그런 점에서 기성세대 연구자들과 후속세대 연구자들의 진보적 학술실천의 공유가 '프로젝트'가 아닌 실천적 문제의식의 공유로 이어질 수 있는 방식에 대한 제도적·현실적 고민과 함께, 이들 후속세대 연구자들이 대학제도 안에 안착할 수 있는 방법에 대한 전략적인 고민도 이제는 필요한 단계라고 생각된다. 이와 동시에 학문후속세대 역시 열악하기 짝이 없는 현재의 상황에서 학진을 포함한 제도적 '구휼기관'에 대한 의존도를 낮추고, 독자적인 연구실천을 가능케 할 인프라를 구축하는 자구적 전략을 마련할 필요가 있다. 사실 오늘의 대학 자체가 변화해가는 양상을 거시적인 관점에서 조망해보자면, 경제적이거나 상징적인 이해관계를 제외하고, 과연 대학이 연구실천의 자유와 독립성을 보장할 수 있는 제도인지 회의적일 때가 많기 때문이다.

비체제와 비협력: 진보적 학술운동의 재정립 가능성

오늘의 현실에서 과거와 같은 인텔리겐치아, 즉 저항적 지식인의 초상이 지식인의 유효한 현실 개입 전략이라고 보기는 어렵다. 반대로 국가 부문의 기술관료화된 지식인이나 시장 부문의 대변인적 성격을 띠는 지식인이란 참다운 의미에서의 진보적 지식인과는 거리가 멀다. 요즘 들어 '대중지성' 또는 '집단지성' 이라는 말이 유력한 유행어로 떠돌고 있지만, 오늘의 세계사적 현실과 한국 사회의 전반적인 진행을 고려하면, 진보적 문제의식을 내포하면서도 동시에 자기 분야의 '전문성' 을 거시적인 전망의 차원에서뿐만 아니라 미시적인 차원에서의 현실적 사안과 결합시켜, 그것을 대중적으로 소통 가능한 언어로 조직·전달·실천할 수 있는 지식인이 필요한 것은 분명해 보인다. 한편에서 보자면 지식인의 죽음은 제도 내에서의 자율성을 상실한 주체에 대한 '애도' 의 호칭이기도 하지만, 냉정하게 보면 현실 대중과의 소통을 닫아버린 특권계급에 대한 대중들의 '냉소' 의 표현이기도 하다.

　　진보적 지식인의 입장에서도 반성할 측면이 없는 것이 아니다. 크게 보면 지난 1990년대를 관통하면서 진보적 학술공동체가 신자유주의 '반대' 를 넘어선 한국 사회의 성격과 미래 전망에 대해 얼마나 '생성적인' 이론적 대응을 학계의 내외부에서 체계적으로 펼쳐 왔는가 하는 반성을 하지 않을 수 없다. 지극히 관념적인 논쟁이었다는 세간의 혹평도 있지만, 적어도 1980년대의 한국사회구성체론과 같은 거시적인 차원에서의 체계적인 담론의 충돌이 진보적 학술운동에서 제기되지 못한 것은 분명해 보인다.

그것이 체계적인 프리즘으로 모아질 수는 없겠지만, 진보적 지식인들이 진보적인 관점에서 국가와 시장, 그리고 민주주의 문제에 대한 이론적 기획과 전망을 학계와 대중에게 제출할 수 있었는지도 이제는 근본적으로 숙고해볼 필요가 있다. 신자유주의 극복이란 말을 뱉어내는 것은 쉽다. 그러나 그렇다면 한국 사회가 지향해야 될 국가와 시장, 민주주의의 가능한 모델, 또는 불가능할지라도 사유의 수준에서 대중적 호소력을 발휘할 수 있는 형식의 기본형은 어떤 것일 수 있을까를 고민했어야 한다. 개별적인 수준에서는 갑론을박이 있을 수 있지만, 가령 학단협 수준이나 민교협 수준에서 제안한 모델은 현재까지 부재했다.

지난 민간정부 시절의 경험과 시행착오를 통해서 체제에의 협력과 저항이라는 이분화된 시각을 벗어나면서도, 동시에 진보적 학술운동의 독립성과 자율성을 확대시킬 수 있는 '비체제 전략'을 모색하려는 시도 역시 사실상 부재했다는 점도 환기될 필요가 있다. 예컨대 오늘의 진보적 학문공동체의 위기 또는 형해화 현상의 이면에는, 국가의 교육정책 또는 학문정책을 대체할 만한 수준의 체계적인 프로그램이 부재한 상황에서 시스템 내부에서의 개선과 땜질식 처방에 안주한 현실이 낳은 부정적 결과가 있다는 점 역시 지적될 필요가 있다. 가령 학진의 합리적인 지원정책 모색 같은 문제를 넘어선, 학진을 포함한 국가의 학문정책과 지원시스템이 결과적으로 진보적 학술실천의 가능성과 한계를 제안해버리는 그 구조적 메커니즘의 부정성, 요컨대 분류체계 자체가 가진 규율적 성격에 대한 근본적 반성은 실제로 학문후속세대에 의해 제기됨으로써 논점을 형성하게 됐다.

진보적 학술운동은 기본적으로 체제 '너머'의 상상력을 가능케
한다는 점에서 비체제적이다. 동시에 진보적 학술운동은 "협력이냐
저항이냐"라는 식의 단순 이분법을 뛰어넘는 '비협력'의 장구한 부
정의 부정을 거듭하는 것을 운명으로 삼고 있다. 혁명이 완료된 순
간 시인은 자살한다는 러시아의 시인 마야코프스키의 태도처럼, 그
것이 이른바 진보적 지식인이 견지해야 할 학문실천의 존재론인 것
이다. (이명원)

2부

공감능력과 청년세대

5. 전지구적 자본주의와 약소자들

1990년 중반 이후, 민중은 존재하되 민중 담론은 해체됐다. 한때 민중은 '소수자'나 '집단지성' 혹은 '다중'으로 호명되기도 했지만, 물리적 힘을 획득하지는 못했다. '개인'의 개별성은 강화됐고, 연대를 통한 '공통감각의 주체'는 좀처럼 의미화하기 힘들어졌다. 자본주의 시스템의 공습 속에서 개인은 소비에 민감하고, 자본에 매혹된 '투자자'로서 계급성을 탈각했다. 담론화되지 못한 민중은 '실현되지 못한 집단주체'로 남겨졌다.

담론은 경험된 형식으로서의 언술체계이다. 그것은 의미를 만들어내고 재생산하는 사회적 과정이기도 하다. 따라서 담론은 사회적·역사적·제도적 투쟁의 산물이고, 사회적 관계를 언어로 직조해낸 것이기도 하다. 물론 담론만으로 세계를 구성하지는 못한다. 하지만 특정 담론이 헤게모니를 장악하면 반복적인 사고 형식을 만들어내 물질성을 획득한다. 그 적절한 예를 민중 담론의 해체 과정에서 확인할 수 있다. 한때 민중은 권위주의적 국가질서에 복속된 '국민'이었고(1970년대), 독재에 저항하는 '시민'이었으며(1980년대), 소비자본주의의 명민한 욕망덩어리인 '대중'이었다(1990년대). 그 주체들이 IMF 같은 경제적 위기 속에서 해체되고 파편화되어 '수렴하지 못하는 개인'으로 남겨졌다(2000년대).

김남주는 「민중」이라는 시에서 "싸워서 그대가 잃을 것이라고는 아무것도 없다 쇠사슬 말고는"이라고 외친 바 있다. 민중의 저항성은 현재의 상황에 공모하기를 거부하면서, 혹은 현재의 상황에 대한 대항적 의식을 형성하면서 발생한다. 근본적인 변화 없이는 다른 삶이 가능하지 않다는 부정의 정신이 저항성을 낳는다. 김남주는 그 상황을 은유적으로 '잃을 것이 쇠사슬 말고는 없는 상황'이라고 표현한 것이다. 철저한 예속과 착취 아래에서, 민중은 저항을 통해서 희망을 발견하려 했다. 저항이 없으면, 지배관계도 유지될 수 없다. 지배계층은 저항에 대한 억압 과정에서 자신의 권력을 행사하고, 피지배계층은 폭력적 저항의 와중에 자신의 정체성을 형성해간다. 억압은 스스로 존재하는 것이 아니라, 저항의 과정에서 구체적 실체로 구성된다.

격변의 연대였던 1990년대에 들어서면서 '억압과 저항'의 경계선은 모호해지고 말았다. 대외적으로는 현실 사회주의가 붕괴했고, 대내적으로 문민정부·국민의 정부·참여정부 등에 의해 형식적 민주주의가 확산됐다. 그렇지만 실질적 민주주의가 구현됐다고는 할 수 없다. 오히려 민중은 보호막 안의 온순한 존재이기를 요구받았고, 사회적 합리성이 민중의 저항성을 길들일 수 있다는 믿음이 확산되기도 했다. 무엇보다 민중은 스스로를 예속과 착취의 피해자라고 생각하지 않게 됐다. 아니, 민중은 스스로를 민중이라고도 생각하지 않게 됐다. 자본주의 사회에서 예속의 산물 중 하나가 가난이다. 가난은 구조적 모순의 증거물이다. 신자유주의의 물결 속에서 한국 사회복지체제는 흔들리고 있으며, 가난한 사람들은 자신의 존재를 드러내지 않기 위해 쪽방과 같은 음지로 숨어들었다. 가난을 자본주의적 모순으로 바라보며 착취구조에 분노했던 때가 있었다. 이제 가난한 자가 사라지고 있다. 가난한 자들에게 부끄러움을 강요하는 메커니즘 속에서 스스로를 은폐시키는 비참한 세계가 도래한 것이다. 그들은 사회적 관계 속에 자신을 위치하기를 거부하고, 유대와 연대를 향한 타자의 손짓에서 스스로를 퇴각시켰으며, 자신만의 공간에 틀어박혀버리고 말았다.

이렇게 가난한 자들이 증가하고 있는데도 불구하고, 그들의 모습은 좀처럼 발견되지 않는 역설적 상황은 어디서 유래하는 것일까. 이는 사회시스템이 가난한 사람들을 은폐시키기 때문이다. 관료적 사회복지시스템과 광범위한 소비자본주의가 이들을 스스로 '부끄러운 도태자'로 규정하게 한다. 그래서 이들은 사회공동체가 보내는 무언의 야유와 동정, 그리고 상상적 위협으로부터 도피하는 것이다. 민중의 형상은 변화하고 있는데, 그 변화된 모습이 '형상적 실체'로 담론화되지는 못하고 있다.

소수자 담론은 타당한가

1990년대 중반, '민중 담론'을 대체하며 '소수자 담론'이 등장했다. 민중이 광범위한 연대를 전제로 한 피지배계층이라면, 소수자는 체계에서 배제된 자들이다. 어떤 의미에서 보자면, 소수자는 지배계층과 민중의 대립전선에서마저 배제된 존재였다. 가난한 자들

중에서 가장 가난한 자들이 소수자였다. 최소한의 인간적 권리마저
도 누리지 못했던 성적 소수자, 장애인, 성매매여성, 수형자, 정신질
환자, 이주민 등은 체계 밖에서 유령처럼 떠돌았다.

자본주의 체제의 바깥에 있음으로써 존재마저도 무시되던 이
들이 소수자였다. 민중 담론의 해체로 계급적 대립전선이 희미해진
상황에서 소수자 담론은 각별한 의미를 지녔다. 소수자는 자본주의
체제의 바깥에서 자본주의의 모순을 증언했다. 이들은 한국의 자본
주의적 생산력 향상 과정에서 '스스로 발언하는 주체'가 됐고, 자본
주의의 전일화가 숙명이라고 간주되는 체념적 상황에서 '저항의 동
력'을 형성했다.

한국 사회에서 소수자운동의 핵심적 전환점은 2001년의 국가
인권위원회법 제정이다. 그간의 저항의 성과가 국가기구의 법적 틀
내에서 용인되기 시작한 것이다. 하지만 법제도적 틀 내에서 소수
자에 대한 법적 차별 금지가 이뤄졌다고, 소수자들이 온몸으로 증
언하는 체계의 모순이 해소되지는 않는다. 그래서 다시 소수자 담
론의 전환을 고민하지 않을 수 없다.

민중 담론의 해체 과정에서 부상한 소수자 담론은 긍정적 효과
에도 불구하고 몇 가지 문제점을 내장하고 있다. 우선, 소수자少數者
는 다수자多數者와 대립하는 개념이라는 데 문제가 있다. 이 용어는
수적으로 소수이기에 다수의 폭력 앞에 방치되어 있다는 의미를 내
포한다. 현대 민주주의가 다수결의 원칙을 의제 결정의 주요 형식
으로 채택하고 있기 때문에 다수자의 합의를 이끌어내는 자는 지배
의 위치를 점한다. 수적 다소의 문제로 소수자 담론을 이해할 경우,
소수자는 양적 팽창을 통해 다수자로 급격히 변환될 수도 있다. 소

수자는 그저 권력을 획득하지 못한 일시적 존재가 되고 만다.

소수자 개념은 수적으로 다수임에도 전지구적 자본주의 시스템에서 배제되고 있는 주체들이 존재한다는 사실에서도 문제점이 드러난다. 한국 사회에서 비정규직 노동자는 수적으로 다수이지만 약자의 위치를 점하고 있다. 통계청의 '2008년 8월 경제활동인구 부가조사'에 따라 정부는 한국 사회의 비정규직 노동자 수를 5백44만5천 명으로 보았다. 이는 정규직 노동자 수 1천65만8천 명의 33.8%에 해당하는 비율이다. 정부의 공식 입장과는 달리, '민주사회를 위한 변호사 모임'(민변)은 『2008 한국 인권보고서』에서 통계청의 같은 자료를 분석해 비정규직 노동자 수가 8백40만 명에 달한다고 보았다. 이에 따르면 임금노동자 중 비정규직 비율이 52.1%로, 비정규직 노동자가 수적으로 다수이다.

한국 사회의 비정규직 노동자는 노동권 해체 과정에서 전지구적 자본주의의 폭력을 온몸으로 감내하고 있다. 신자유주의의 전지구적 폭풍으로 인해 노동자가 감당해야 할 고통의 강도는 높아져가고 있다. 복지국가정책의 실패를 시장의 복권으로 해결하려 하는 신자유주의는 규제 완화, 민영화, 시장개방, 정부의 역할 축소, 노동시장 유연화를 특징으로 한다. 이명박 정부 들어 시장의 자유를 특권화하는 신자유주의 정책이 더 강화되어 노동시장 유연화에 따른 고용불안과 실업 증가가 심화됐다.

신자유주의적 자본주의 시스템은 더욱 정교하고 세련되어지고 있지만, 그 시스템의 이면에는 끊임없는 착취구조가 연동하고 있다. 자본의 급속한 이동 속도를 제어하지 못하면, 주체는 자신의 삶을 둘러싸고 있는 현실의 속도감을 느끼지 못하고 만다. 지속적으로 체제와 시스템에 대해 사고해야 하고 저항해야 한다. 그렇지 않으면 주체는 억압적 환경마저도 감지하지 못하고 만다. 스스로 깨어 있지 못할 때, 주체는 무의식적 다수자일 뿐인 것이다.

이와 더불어 수적으로 소수이면서 자본을 쥐고서 강자로서의 권력을 독점하고 있는 경우도 있다. 자본가들은 수적으로 소수이지만, 자본주의 사회의 최강자들이다. 이른바 '강남계급'으로 일컬어지는 부동산 자본의 소유자들도 수적으로는 소수지만, 한국 사회에서 막강한 영향력을 행사하고 있다. 그래서 최근에는 현대 사회를 이른바 '두 국민two nations 사회'라고 일컫기도 한다. 자본주의 최강자들과 최약자들의 간극이 벌어지고, 한 국가에 전혀 다른 두 국민이 존재하게 된다는 것이다. 이런 상황에서 소수자들은 점점 고립되어갈 수밖에 없다. 혹은, 신자유주의적 자본주의 질서 속에서 억압받는 자신의 처지를 이데올로기적으로 망각하기도 한다. '투자자'의 정체성을 갖고 주식과 부동산의 가격 변동에 민감하게 반응하는가 하면, 강남계급을 위한 금융정책이나 부동산정책을 옹호하는 아이러니한 상황이 발생하기도 하는 것이다.

이런 상황에서 소수자운동은 사회적 연대의 가능성이 미약하다는 약점을 안고 있다는 사실을 분명히 인식할 필요가 있다. 1990년대 소수자운동은 '성정치/정체성의 정치'에 기반해 영향력을 확장해나갔다. 성적 소수자운동에서 시작한 성정치운동은 페미니즘 운동과 결합해 급진주의적 성격을 띠었다. 더불어 정체성의 정치는 장애인·청소년·성매매 여성·수형자 집단과 같은 인권의 사각지대에 놓인 '사회적 잉여들'과 실천적으로 결합했다. 성정치/정체성의 정치에 입각한 소수자의 권리선언은 최소한의 인권마저 짓밟힌 현실을 적절히 폭로했다. 그런데 문제는 이런 인정투쟁이 다수자의 관용에 의존하는 방향으로 전개됐다는 데 있다. 스스로를 소수자로 규정한 개별적 주체는 '보편적 인간'으로 인정받기를 원했다. 대大 자아에 자신을 동일시하는 이런 투쟁은 결국 권력을 지닌 지배계층의 관용이 허용하는 범위에서만 성공할 수 있을 뿐이다. 이런 인정투쟁은 일종의 권력 배분에 국한되는 양상을 보이며 왜곡됐다. 분배할 수 있는 권력의 양을 한정함으로써 권력을 지닌 지배계층이 소수자들 간의 투쟁을 유도하는 양상을 보이기도 했다.

약소자와 유력자

나는 소수자보다는 약소자弱小者/minority라는 개념이 대안적 담론으로서 역할을 할 수 있다고 본다. 약소자는 유력자有力者/majority에 대응한다. 약소자/유력자론은 과천연구실의 윤소영 교수가 처음 제안한 개념이다. 약소자는 '소수자와 사회적 약자'를 통합한 개념이다. 전지구적 자본주의 시스템 하에서 인간적 권리가 '배제되거나 박탈된' 이들이 약소자다. 시·공간을 초월해 존재하는 정체성이란 없다. 그런 의미에서 약소자는 역사적·사회적 상황에 따라 다른 이름으로 호명됐다고도 할 수 있다. 그것은 농민·노동자일 수도 있고, 민중일 수도 있다. '백인 부르주아 남성'에 대항하는 식민지 여성일 수도 있고, 지배적 이데올로기에 포섭되지 않은 실천적 지식인일 수도 있다. 문제는 자신의 위치를 사회적 관계에서 어떤 감수성으로 규정해내느냐이다. 유력자를 욕망하는 이들은 분열적 정체성을 당연한 것으로 받아들인다. 농민·노동자이면서도 도시 소비자와 부르주아지의 과잉 소비를 욕망한다면, 그 사람은 유력자일 뿐이다. 사회적·계급적 위치로 인해 누군가가 당연히 약소자가 되는 것은 아니다. 또는 이성적이고 지적인 노력을 통해 사회적·계급적 관계를 꿰뚫고 있다고 해서 약소자인 것도 아니다. 허위적 이데올로기에 사로잡혀 있거나 지식의 문제로만 세계를 바라본다면, 그 사람은 결코 약소자의 감수성을 이해할 수 없다. 문제는 세계를 바라보는 태도로서 감수성을 변화시키는 것이고, 온몸으로 세계의 모순을 느끼며 감각하는 것이다. 그런 의미에서 약소자의 정체성은 사회적·계급적 위치를 지적이면서 감성적으로 느끼는 일상생활의 정치 속에서 이뤄지는 것이라고 볼 수 있다.

내가 제안하는 약소자는 유력자의 권력을 배분받기 위해 투쟁하는 존재가 아니다. 이들은 유력자의 권력이 작동하는 방식을 드러내지만, 유력자의 권력을 욕망하지는 않는다. 그런 예는 제국과 식민의 관계에서도 살펴볼 수 있다. 일제강점기 친일에 가담했던 이들 중 일부는 처음에는 저항적 태도로 제국주의와 대결했다. 이들이 식민주의와 파시즘을 옹호하게 되는 경로에는 '저항에서 동일시에 이르는 과정'이 자리 잡고 있다. 민족의 생존을 위한 선택이었다는 논리를 내세운 이광수의 경우도 일제의 '국민화 프로젝트'에 가담한 경우이다. 경쟁과 약육강식의 이데올로기에 기반한 제국주의 논리를 수락하는 순간, 식민지의 약소자는 제국주의의 유력자에게 포섭되고 만다. 강한 것만을 숭배하는 순간, 식민지는 제국주의에 복속할 때만 생존을 유지할 수 있는 것처럼 보인다. 이렇듯 민족을 서열화하는 제국주의적 방식에 포섭되면, 그 당사자는 비록 식민지의 약소자일지라도 유력자의 권력을 욕망하는 이가 되고 만다. 따라서 약소자는 유력자의 권력을 욕망하지 않는 방식으로 욕망의 배치 방식을 바꿔내야 한다.

마치 짝패처럼 유력자의 권력을 욕망하는 순간 약소자는 유력자의 권력에 포박된 존재가 되기 쉽다. 따라서 다른 방식의 삶을 기획하고, 유력자와는 다른 욕망의 구조를 생성할 필요가 있다. 유력자는 지배시스템을 형성하면서 갱신하지만, 약소자는 유력자의 관용에 의존하지 않고 체계 밖으로 튀어나가야 한다. 시장의 자유를 특권화한 신자유주의의 폭력은 일상 속에서도 광범위한 영향력을 행사한다. 입시에서 경쟁을 최우선시한다거나, 대형 유통마트의 경쟁 속에서 동네 슈퍼마켓이 문을 닫는다거나, 한미FTA 등으로 인해 한국인의 식탁이 교란되는 것이 그 예일 수 있다. 하지만 신자유주의에 반대하는 것만으로는 지배적인 세계질서를 궁극적으로 바꿔낼 수 없다. 반대를 넘어서는 새로운 삶의 감수성을 만들어내고 몸으로 실천해내는 것이 중요하다.

이를 위해서는 유력자의 지배질서 내에서 반대를 통해 자기주장을 펼칠 것이 아니라, 약소자의 감성으로 지배시스템을 교란하고 일탈할 필요가 있다. 더 나아가 윤리적 감각으로 신자유주의적 자본주의가 폭력을 가하는 현장을 보존하기 위해 적극적으로 투쟁할 수 있다. 그 한 예로 생태주의적 세계관으로 '우주의 생명의 일부로서 나의 생명'을 사유하고, 산업주의적 생활 방식이 생명에 가하는 폭력성을 예민하게 느끼는 것을 들 수 있다. 생태주의적 삶의 방식은 유력자의 지배시스템 바깥으로 튀쳐나감으로써, 오히려 유력자의 폭력성을 더욱 적나라하게 드러낸다. 경쟁이 아닌 '상호 보살핌의 원리'를 통해 삶을 영위하고, 소규모 협동공동체 속에서 가난한 삶의 가치를 자각하는 것만큼 반자본주의적인 것은 없다. 그런 의미에서 『녹색평론』 1992년 11~12월호에 인용된 미국의 문명비평가 루이스 멈포드의 이야기는 귀담아들을 만하다. 멈포드는 "모든 수준에서 또 온갖 종류의 공동체에서 권력의 강화가 아니라 상부상조와 애정 어린 연대와 생명의식의 강화를 통해서 이 행성이 생명을 위해 존재한다는 것을 재천명하는 방향으로 살려는 의식적인 노력"이 당장 이뤄져야 한다고 주장한 바 있다.

요약하자면 이렇다. 유력자에 대응하는 약소자는 1) 유력자의 권력을 드러내면서도 2) 유력자의 '관용'에 의존하지 않고 체계의 밖에서 체계의 부정성을 증언한다. 3) 이를 통한 윤리적 반성 과정에서 새로운 주체성을 획득하며, 4) 그 윤리성에 입각해 새로운 연대의 틀을 구성해 현대 정치의 중요한 특징인 '상징조작'에 저항한다. 이런 약소자 담론은 보다 근본주의적 세계관과 만날 때 그 의미가 더욱 살아날 수 있으리라고 본다.

약소자론을 향한 문제 설정

약소자론은 다음 몇 가지 문제 설정에 기반해 있다.

첫째, 전지구적 자본주의의 전일화는 체계 밖에 대해 상상하는 것마저 억압한다. 자본주의 체제의 유력자인 자본가는 '저항의 가능성'마저도 상품화해 체제 내로 포섭하고 만다. 예컨대 1990년대 소수자운동의 핵심적 주체였던 성적 소수자는 이제 광고의 상품 이미지로 포장되어 소비시장에서 팔리고 있으며, 장애인·혼혈인·이주노동자 등도 미디어를 통해 과잉 이미지화되면서 소모되어가고 있다. 이미지의 과잉은 '상투화'로 연결되어 '배제의 체계' 자체를 은폐시킨다. 그에 따라 소수자는 어느 순간 관용을 펼쳐야 할 대상으로 의미가 축소되고 있으며, 내가 속해 있는 중심과는 다른 특별한 존재로 규정되고 있다. 소수자들은 스스로 소수자의 정체성을 갖기보다는 주체 바깥의 타자로 규정되고 있는 것이다. 이런 상황에서 약소자론은 저항의 최소강령일 수 있다는 것이다. 약소자는 '반성하는 주체'를 포함해 의미화가 이뤄져야 한다. 주체 바깥의 타자가 아니라, 주체까지도 포괄하는 개념으로서의 약소자여야 의미가 있다는 것이다. 그런 측면에서 약소자는 체제에서 배제됨으로써 체제의 부정성을 새롭게 재인식하는 존재들이다.

둘째, 현실 사회주의 붕괴 이후 구심력을 잃고 흩어졌던 저항적 주체들이 새로운 정체성을 획득하며 급격히 부상하고 있다. 비정규직 노동이 보편화되고, 이주노동자가 전지구적으로 증가하고, 혼혈과 문화적 충돌이 일상화되고, 양극화에 따라 경제적 약소자가 확산되고, 남북문제 등 세계체제의 모순이 곳곳에서 갈등을 유발하고 있다. "자본주의 밖은 없다"라는 비관적 인식이 확산되고 있는 상황에서, 자본주의 체제 밖에 새로운 주체들이 형성되고 있는 것이다. 이들 새로운 정체성은 억압당하고 있다는 이유 때문에 저절로 윤리적 주체가 되는 것도, 스스로 저항적 주체가 되는 것도 아니다. 하지만 자신의 몸에 새겨진 자본주의 체계의 억압적 흔적들은 '자기표현의 의지'와 결합하는 순간, 윤리적이면서도 실천적인 주체성으로 재생산될 수 있다.

셋째, 전지구적 차원에서 자본의 세계화가 가속화됨에 따라 계급 문제가 새롭게 부상하고 있다. 약소자는 국민국가의 경계를 넘어선 노동계급의 새로운 연대 가능성을 포함한 개념이다. 잘 알려져 있다시피 다국적·초국적기업의 활동은 '전지구적 계급으로서의 자본가계급'을 강화하고 있다. 하지만 노동계급은 여전히 국민국가의 경계에 갇혀 착취당하고 있을 뿐만 아니라 광범위한 이주노동으로 정체성의 위기를 맞고 있기까지 하다. 시장의 탈규제화가 공공 영역을 급격히 와해시키고 있는 상황에서 전지구적 노동계급의 새로운 연대의 틀 모색은 시급하다. 약소자론은 지역적으로 국한된 사고틀을 벗어나 전지구적 차원에서 이뤄지는 계급투쟁·권력투쟁에 개입하기 위한 노력의 일환이다.

넷째, 미국이 주도하는 세계체제 변화 속에서 북한은 동북아 평화에 있어 폭풍의 눈이 됐다. 북핵 문제와 인공위성 발사는 세계체제와 불화하는 북한의 현재 상황을 어림짐작할 수 있는 가늠자이다. 북한이 세계체제와 갈등하고 있다는 것 자체 때문에 한반도는 불안의 진앙지로 간주된다. 심지어 남한 내에서도 대북 협력 문제는 정치적 쟁점이자 사회 갈등의 요인이다. 북한은 중국·쿠바·베트남 등과 더불어 지구상에 얼마 남지 않은 사회주의 체제를 유지하고 있다. 그 중 북한과 쿠바는 현실 사회주의의 붕괴 이후 그 어떤 국제적 지원도 기대할 수 없는 세계체제의 약소자라고 할 수 있다. 북한은 "우리 민족끼리"를 6·15공동선언의 핵심 담론으로 규정하며 약소자적 외로움을 남한 사회에 정서적으로 호소하고 있다. 약소자적 관점에서 북한의 상황을 바라볼 때, 북핵·인공위성·인권 등의 문제를 새롭게 인식할 수 있을 것이다.

윤리적 실천의 가능성

우리 사회는 '지구화/세계화'를 거스를 수 없는 숙명적 흐름으로 규정한다. 유력자는 지구적 경쟁체제를 강요하면서 약소자에게 일상적 폭력을 가한다. 이런 상황 속에서 공동선 혹은 공익에 대한 국가기구의 책임은 방기되고, 사회적 모순에서 발생한 고통마저도 개인에게 책임이 전가된다. 비정규직 노동자의 수는 정규직 노동자의 수를 압도하고, 장애인·혼혈인·이주노동자 등은 배제를 전제로 한 관용의 대상으로 규정되고 있다. 무엇보다 신자유주의적 세계질서 속에서 경쟁에 기반한 개인의 가치는 인간을 끊임없이 사적인 존재로 전락시키고 있다. 협동과 상호부조를 통한 '더불어 사는 공동체'의 가치는 부정되고 있으며, 공동체에 대한 개인의 윤리적 의무는 너무나 쉽게 무시되고 있다.

숙명적 상황으로 간주되는 게임의 논리 속에서는 그 어떤 윤리적 갈등도 생겨날 여지가 없다. 시장주의·성장주의 지배담론 속에서 지구 생태환경은 그 누구의 책임도 아닌 듯이 훼손되고 있다. 인간이 본능적으로 간직하고 있는 생명에 대한 경외심은 지구의 모든 생명에 대한 존중으로 나아가지 못하고 있으며, 평등과 민주주의에 대한 오랜 역사적 훈련이 유력자들의 권력에 의해 모욕당하고 있고, 소규모 공동체를 통한 자치와 자립의 가능성은 시장주의·성장주의 논리 속에서 훼손당하고 있다.

경쟁의 논리로 무장한 유력자의 폭력에 저항하기 위해서는 약소자들의 광범위한 이념적·윤리적 연대가 필요하다. 약소자의 감수성을 받아들일 때, 우리는 지구의 생명에 가해지는 폭력을 바로 우리 자신을 위협하는 폭력으로 인식할 수 있다. 자본가들이 끊임없이 노동을 유연화함으로써 노동자의 생명을 파괴하는 행위에 대해서도 근본적으로 저항할 수 있다. 이주노동자를 바라보는 시선 또한 '다름을 전제로 한 포용'이 아니라, 다른 맥락에서 존재하는 '나의 정체성의 일부'로 변화할 수 있다. 그렇기에 약소자들 스스로 '배제와 차별의 근원'을 인식하고, 실천적이면서도 윤리적인 준칙들을 새롭게 구성할 필요가 있다.

우리 시대에 '전지구적 자본주의'가 끝장날 기미는 좀처럼 보이지 않는다. 그래서인지 자본주의가 지닌 야만성을 이야기하는 것은 이제 상투적 언술로 간주되기도 한다. 따라서 현재에 구획되어 있는 중심과 주변, 유력자와 약소자의 관계에는 좀처럼 균열을 발견할 수가 없는 듯하다. 하지만 곳곳에서 새롭게 구성되고 있는 약소자들은 지배이데올로기에 포섭되어 있는 듯하면서도, 기존의 가치체계 자체를 부정하는 급진성을 지니고 있다. 약소자를 통해 윤리적 실천 가능성을 모색할 때, 연민의 확산이 아니라 변혁의 가능성을 발견할 수 있으리라. 문제는 정세 분석이 아니라, 현재의 상황에 균열을 가할 수 있는 힘의 발견이다. 눈을 부릅뜬다고 현실의 균열이 발견되는 것은 아니다. 체계 안에서 체계 밖을 상상할 수 있을 때, 삶의 전망도 발견된다. 그런 의미에서 지적·예술적 상상력은 더욱더 열심히 '약소자적'일 필요가 있다. (오창은)

6. 나는 88만원세대인가?
청년세대의 비애를 넘어 희망의 전주자로

소설가 김애란은 단편소설 「침이 고인다」(2007)에서 오늘날의 청년세대가 갖고 있는 불안의 정서를 문학적 언어로 포착해냈다. 소설 속 '그녀'는 학원강사이며, 항상 잠이 모자라 피곤해 한다. 그녀는 일상이 우울하고, 목마르고, 짜증스럽다. 이런 상태는 피곤한 일상이 만들어낸 심리적 반응일 뿐, 그녀의 본성은 아니다. 이 소설은 젊은 세대의 '불안'에 관해 이야기하기에 사건의 극적 굴곡이 없다. 「침이 고인다」는 소설적 플롯에 의존하지 않고, 소소한 일상을 통해 불안을 감각화한다. 이 소설 속 이야기의 주요 골격은 두 여성(그녀와 후배)의 한집살이 과정에서 발생하는 일상적이고 감성적인 갈등으로 구축되어 있다.

중심인물인 그녀는 매일 아침 학원을 그만둘까 생각하면서도 계속 일에 매달린다. 그녀는 피곤에 지쳐 있고, 직장에서 쫓겨날까 봐 전전긍긍하며 불안해한다. 그녀에게 얹혀사는 후배는 더욱 곤란한 상황에 처해 있다. 등록금을 벌기 위해 선배의 집에 빈대붙은 후배는 변변치 않은 아르바이트에 자신의 삶을 내건다. 그녀와 후배의 동거가 파국에 이르게 된 것은 학원 부장이 맡긴 논술 채점을 후배가 제대로 하지 못했기 때문이다. 후배의 무능에 그녀의 염증은 배가되고, 그 불편한 감정의 굴곡을 견디지 못하고 후배는 짐을 싼다. 이 소설의 마지막은 후배가 남긴 인삼껌 반 조각을 그녀가 씹으며, 애잔한 슬픔에 잠기는 장면으로 설정되어 있다. 작가가 보여주려 한 것은 젊은 여성의 불안한, 그래서 스스로의 감정마저 주체할 수 없는 내면 풍경이다. 우리 시대 20대 여성의 일상은 불안하다. 게다가 그 내면세계는 애잔한 슬픔으로 점철되어 있다.

소설가 박민규는 「그렇습니까? 기린입니다」(2005)에서 10대 아르바이트 생활의 참상을 밑바닥까지 훑어냈다. "좀 노는 편"이었던 승일의 성장소설로도 읽힐 수 있는 이 소설은 IMF 이후 한국 사회가 감내해야 했던 고통에 관해 이야기한다. 승일은 어머니가 쓰러지고 아버지가 사라진 이후, 10대 가장의 역할을 감당해야 했다. 승일은 아르바이트를 전전하며 냉혹한 현실을 배워나간다. 승일이 인식한 세계는 "인간은 누구나 자신만의 산수"를 가져야 하는 곳이고, "언젠가는 그것을 발견하게 마련"이라는 것이다. 인생 산수법의 발견에 이르는 승일의 여정은 험난하다.

이 소설의 압권은 편의점 사장이 동료 여자 알바생의 허벅지를 만지는 성추행에 관해 이야기하는 장면이다. 코치 형이 사장의 행위를 비난하자, 승일은 "만지는 게 나쁜 게 아니다. 그리고 고작, 천 원을 주는 게 나쁜 짓이다"라면서, "허벅질 만진다면 시간당 만 원은 줘야 되는 게 아닌가"라고 일갈한다. 승일의 이런 비극적이며 수동적인 세계인식은 '세상의 산수법'을 너무 일찍 알아버린 10대 가장의 생존본능에 기댄다. 승일은 아침에는 신도림역 푸시맨, 오전에는 주유소 주유원, 밤에는 편의점 아르바이트를 하면서 "삶의 안

전선"을 넘으려는 힘겨운 투쟁을 해나간다. 우리 시대 10대 알바들의 불안한 삶은 세계를 바라보는 태도마저도 비극적으로 변화시켰다. 박민규는 이 소설에서 'IMF 효과'가 보수적인 삶의 태도를 내면화시킨 현장을 그려냈고, 현실에서 우주적 도약을 꿈꾸는 보통 사람의 모습을 'IMF적 상상력'으로 형상화해냈다.

우리 사회는 '불안 코드'나 '피로 증후군'이 일반적 정서로 확산된 지 오래이다. 김애란·박민규뿐만 아니라, 1980년대생 작가로 주목받고 있는 윤고은의 『무중력 증후군』(2008)이나 염승숙의 『채플린, 채플린』(2008) 등에서도 불안의 감각이 주요한 소설적 형상화의 대상이 됐다. IMF 이후 이 불안의 정서는 병적으로 심화됐고, 모든 세대를 아우르는 트라우마(내상)를 안겨줬다. 기성세대는 공적 사회안전망을 불신하고, 암보험이니 종신보험이니 하는 각양각색의 사적 자본이 보증하는 보험체계에 자신을 내맡긴다. 세상이 언제 어떻게 될지 모른다는 심리 때문에 자기 자신과 가족을 챙기기에 바쁜 것이다. 2000년대 이후 젊은 층을 지칭해 방콕이니 오타쿠니 신백수니 하는 말들이 쏟아져 나온 것도, 이와 관련해 '개입하는 것이 귀찮다'는 '귀차니즘'의 발로로 볼 수 있다.

어떤 의미에서 불안감은 존재한다는 데 문제가 있는 것이 아니라, 그 불안감을 이용하려는 권위주의적 세력이 있다는 데 문제가 있다. 불안감은 어디에서 오는 걸까? 그것은 인식할 수 없는 것, 실체를 확인할 수 없는 것에서 유래한다. 불안은 불확실성과 연결되어 있다. 그것은 도래하지 않은 미래에서 오는 것이며, 현실을 보수적 시선으로 재편하는 심리적 기제에서 연유하는 것이기도 하다. 또 어떤 이들에게 불안은 내 손에 쥐고 있는 것이 사라질 것이라는

예감에서 오기도 한다. 언젠가 올 것만 같은 파국에 대해 걱정하는
이들은 현재에 만족하는 사람들이고, 지켜야 할 것이 많은 사람들
이다. 혹은 가진 것이 없으면서도 지키려고 발버둥치는 허위의식에
사로잡힌 사람들일 것이다.

88만원세대, 비애를 담아낸 호명법

청년세대의 불안을 사회과학적 언어로 파헤친 책이 『88만원세대』
(2007)이다. 이 책은 정규직 혹은 기존 질서에 안정적으로 자리 잡
으려는 20대 대학생을 전제로 쓰여졌다. 그렇다 보니, 저자 우석훈
과 박권일은 청년세대에게 "토플책을 덮고 바리케이드를 치고 짱돌
을 들어라"라고 선동한다. 분명 20대 한국 청년세대에게 필요한 것
은 주체적 자기결단이다. 그러나 그 자기결단이 어디로 향하는가에
대해서는 진지한 성찰이 필요하다. 그런 의미에서 『88만원세대』에
대한 냉정하면서도 비판적인 검토가 필요하다.
　　88만원세대 담론이 충격적이었던 건 대학이라는 울타리 안에
서 상대적으로 덜 불안하다고 생각했던 이들에게 울타리 밖 사회에
존재하는 불안한 요소들의 실체를 제기했기 때문이다. 우석훈과 박
권일은 『88만원세대』에서 충격적 이야기를 제기했다. 유럽의 1000
유로세대에서 따온 88만원세대는 위협적인 숫자를 제기한다. 비정
규직의 평균임금이 1백19만 원이고, 20대 급여의 평균비율이 74%
라고 했을 때, 1백19만 원에 74%를 곱하면 나오는 금액이 88만 원
이다. 저자들은 분명한 목소리로 '분배의 필요성'을 이야기한다. 그

러면서 한국의 40~50대가 얼마만큼 20대를 착취하고 있는지를, 20대가 자신의 처지를 비관하는 이면에는 한국 사회의 전반적인 착취 메커니즘이 작동하고 있음을 폭로한다.

우리는 이런 질문을 던져볼 필요가 있다. 『88만원세대』의 저자들이 이야기하듯 '수치화된 임금지표'의 극복이 20대의 희망일 수 없을까? 눈길을 보다 먼 곳을 향해 던져보자. 물질적으로 안정된 정규직 삶을 위해, 높은 임금만을 목표로 대학 캠퍼스에서 공부하고 토론하고 사색하는 것은 아니지 않는가? 모두들 '최소 월 2백만 원의 정규직'을 향해 자신의 인생을 온전히 내던지고 있다고는 말할 수 없다. 이 책은 '근본적 가치'에 대한 비판적 사유를 가능케 하는 '성찰적 힘'이 결여되어 있다.

『88만원세대』가 이야기하는 디스토피아적 세계에 청년세대는 비판적 시각을 가질 필요가 있다. 이 논의가 기본적으로 세대론 담론에 포박되어 있다는 사실이 우선 지적되어야 한다. 40~50대가 20대를 착취하고 있다는 세대갈등론은 일종의 지분 싸움을 조장한다. 문화혁명 당시의 홍위병처럼 20대가 40~50대를 전복한다고 더 나은 세상이 되는 것은 아니다.

젊은 세대는 과거부터 현재까지 늘 기성세대와 대립하면서, 새로운 미래를 개척해왔다. 그 과정에서 이전과는 다른 삶의 방식이 창출됐다. 이런 투쟁이 일종의 경제적 투쟁인 좋은 임금과 안정된 직장을 얻기 위한 것으로 국한되어서는 안 된다. 예를 들면, 유럽의 68혁명은 교육투쟁에서 출발해 서구 사회 전체를 뒤흔드는 혁명적 변화를 가져왔다. 세대 간의 문제로 출발한 것이라 할지라도, 세대를 벗어난 연대가 없으면 진정한 혁명과 개혁에 도달할 수 없다. 문화·사회적인 측면에서도 마찬가지다. 청년세대 역시 자신이 처한 사회경제적 상황을 객관적으로 성찰하고, 더 나아가 사회적 약소자에 대한 진지한 관심에 도달할 필요가 있다. 자신을 '억압당하는 20대'가 아니라 '고통받는 약소자'로 인식하는 것이 그 출발점이다. 20대의 생존권 확보를 위해 사회구조를 개혁한답시고 일자리를 만들어 달라고 요구하기보다는, 고통받는 약소자를 끊임없이 만들어내는 이 사회를 바꾸기 위한 창조적 실천을 고민해야 한다. 청년세대의 비정규직 문제를 고민한다면, 노동운동과 비정규직의 관계에 관심을 갖는 건 당연하다. 세대의 소외와 배제를 자신의 문제로 바라본다면, 사회적 약소자들인 장애인·혼혈인·외국인 노동자와 같은 타자들의 고통에 감응할 수 있을 것이다.

다음으로 이런 질문도 던져볼 필요가 있다. 과연 한국의 20대에게는 정규직만이 희망인가?

사회체제 내에서 만들어진 직업관에 순응하지 않고 새로운 가치를 만들어내는 이들도 있다. 보다 근본주의적인 사고 속에서 윤리적 실천, 보살핌의 철학을 위해 '나눔의 가치' 실현을 실천적으로 모색하는 20대도 있다. 체제 속에 자신을 종속시키는 것이 아니라, 새로운 체제를 만들려고 고투하는 것이 훨씬 아름다운 삶이다. 예를 들면 시민사회단체에서 한 달에 88만 원 이하의 급여를 받고 자기가치의 실현뿐만 아니라, 공동체의 선을 위해 고군분투하는 이들의 삶은 어떠한가? 골방에서 라면을 끓여먹으며, 책을 읽거나, 글을 쓰거나, 그림이나 악보를 그리면서 창조적 자아실현을 위해 몰입하는 이들의 삶은 또 어떠한가? 직업 전선에서는 비참한 알바지만, 그곳을 벗어나서는 주체적이고 건강한 자아실현을 위해 고투하는 이들을 단지 자본주의에 포박된 '소비기계'라고만 호명할 수는 없을 것이다.

또한 『88만원세대』는 88만 원이라는 상식 밖의 임금을 강요하는 사회체계를 비판하면서, 한편에서는 오히려 성장주의·경쟁주의 등을 내적 맥락 속에서 묵인하는 태도를 취하고 있다. 다른 가치의 삶을 통해 전지구적 자본주의에 저항하고, 지구 생태환경의 위기를 자신의 문제로 받아들이는 전환적 사고가 이 책에는 결여되어 있다. 경쟁주의나 성장주의는 사회적 통념이 일반화된 것일 뿐이고, 다양한 가치의 존재를 인정하려 하지 않으려는 '다수자의 시선'일 뿐이다. 그 다수자의 시선에 어느 정도 침윤되어 20대를 88만원세대로 호명하고 있다는 데 이 책의 문제점이 있다.

외부에서 20대를 비참하게 호명한다고 해서 지금의 청년세대가 비참해지는 것은 아니다. 때때로 청년세대는 기존 사회시스템에 대한 교란자이며 이탈자이고, 새로운 대안체제의 생산자이기도 했다. 20대의 청년세대가 그런 가능성에 주목할 때, 다양한 가치 속에서 새로운 대안체제의 역능이 생겨난다고 본다. 그 역능 속에서 절망이 아닌 희망의 전주前奏가 가능하다.

대학문화·청년문화에 대해서도 마찬가지로 생각할 수 있다. 주류 대중문화가 대학문화에 고스란히 옮겨오면 대학생만의 정체성은 모호해진다. '나'가 '우리'로 존재할 수 있는, 그래서 스스로의 결정으로 만들어가는 건강한 사회는 '불만의 적극적인 표출'과 '실천력과 물리력을 동반한 직접행동'을 통해 도달할 수 있다. 일자리투쟁 같은 경제적 문제도 중요하지만, 이기적이지 않고 자신의 계급적 한계를 극복하는 대자적 존재가 되는 것이 지금 20대에게 요구되는 절실한 과제이다. 이런 대자적 존재로 변이했을 때만 자신의 운명을 바꿀 수 있을 뿐만 아니라, 자신을 둘러싼 사회의 운명을 바꿀 수 있다는 것은 역사적 진실이기도 하다.

88만원세대는 쿨한가?

그럼에도 불구하고, 왜 우리는 88만원세대 담론에 민감하게 반응할 수밖에 없는가? 그에 관해서는 '쿨한 정서'와 연결해 이야기를 할 수 있을 듯하다.

2000년 이후 세계적으로 '쿨'cool 담론이 유행하고 있다. 쿨은 나르시시즘, 역설적 태도, 그리고 쾌락주의와 연관된 정서적 개념이다. 딕 파운틴과 데이비드 로빈스는 이 개념에 대해 다음과 같이 설명하고 있다. "쿨은 심오하게 쾌락적이지만, 종종 죽음의 유희(사고, 오토바이 충돌이나 자기발정적인 교살 같은 자살과 다름없는 사고사)에 빠져든다는 점에서 자기파괴적인 성향을 지닌다. 쿨은 반역자나 희생자—노예, 수감자, 정치적 반체제주의자—가 만들어낸 태도이기 때문이다. 이 태도 때문에 공개처형이 이뤄지기도 한다. 그래서 쿨은 역설적 초연함 뒤에 반항심을 숨기고, 권위와 직접 대면하기보다는 권위의 원천과 거리를 두려 한다."[1] IMF를 겪은 한국 사회에서 쿨이 일종의 세련된 문화적 감성으로 유행하는 것은 역설

---

1) 딕 파운틴·데이비드 로빈스, 이동연 옮김, 『세대를 가로지르는 반역의 정신 Cool』, 사람과책, 2003, 33쪽.

적이다. 쿨은 때로는 상업적으로 호명되기도 하고, 때로는 세대를 호명하는 감성적 언어로 변하기도 했다.

그런데 과연 쿨은 홀로 독야청청한 것인가? 쿨로 호명되는 한국적 아이콘의 이면은 외롭고 고독하며, 그래서 불안심리를 표출하는 공격성을 내포하는 경우가 많다. 타인의 시신에 노출됐을 때는 쿨한 듯하지만, 혼자 있을 때는 스스로를 방기한다.

개인플레이가 좋고, 혼자 있어서 편하다는 생각은 자신을 둘러싸고 있는 상황이 자신을 억압하고 있다는 사실을 간과한 데서 기인한다. 모두 혼자 결정하고 혼자 살아가면 언뜻 독립적인 것처럼 보일 수도 있을 것이다. 하지만 결국 사회라는 것은 공동체에 참여하는 사람들의 결정에 의해 움직일 수밖에 없다. 88만원세대라는 담론의 관점에서 볼 때, 현재의 젊은 세대는 그 어느 곳에도 끼지 못한 채 마냥 불안해하며 사회가 제시한 것을 그대로 따르는 것처럼 보인다. 그런 일반적 흐름에 청년세대가 몸을 바쳐 저항했을 때 사회가 건강성을 회복했다. 그것은 청년세대의 지배권 확립을 의미하지 않는다. 청년세대의 주체적인 판단과 행동의 강화가 결국 사회 공동체 내에서 긍정적 역능으로 작용했다는 것을 의미한다. 주체적인 운명의 자기결정권, 그것은 결단의 소산이다. 88만원세대 담론 같은 것도 청년세대의 성찰적 자기 인식의 산물이기보다는 윗세대인 우석훈·박권일의 '우정 어린 충고'에 가깝다. 요컨대 중요한 것은 이것다. 즉, 『거침없이 하이킥』 같은 시트콤에 나오는 피상적인 대학생이 아니라 주체적인 대학생 상이 만들어져야 한다는 것 말이다. 표상되는 것이 아니라 스스로를 표상하는 주체, 그것이 자기 운명의 결정권을 가진 주체이다.

쿨의 감각은 외부로부터 호명된 측면도 강하다. 그 단적인 예를 세대 호명에서 찾아볼 수 있다. 1993년 무렵 20대를 호명했던 '신세대'라는 명칭은 소비 지향, 개인 지향, 탈권위 지향이라는 의미를 담고 있었다. 이후 그것은 'X세대', 'N세대' 등으로 호명됐다. 심지어 2000년대에는 광고기획사인 제일기획이 세대명을 만들어 유포하기도 했다. 그 예가 P세대, WINE세대, MOSAIC세대, 디지털 소비자 2.0 등이다.

다른 한편으로, '은둔형 외톨이'(히키코모리)라는 전혀 다른 호명법도 존재한다. 자기만의 방 등 좁은 공간에서 사회적 접촉을 부정한 채 살아가는 이들이 바로 은둔형 외톨이라고 할 수 있다. 이들은 때로는 '사회부적응자'로, 때로는 '문화의존증후군'으로, 혹은 정신질환자로 분류되기도 한다. 사회와 개인의 관계에서 통합적 자아를 형성하지 못하고, 자기 은폐를 통해 삶을 영위한다는 측면에서 이들은 '닫힌 자아'이기도 하다. 하지만 이들을 바라보는 사회적 시선은 '개인의 성격장애' 혹은 '폐인' 등 부정적이기만 하다. 사회시스템 속에서 자아의 존재근거를 찾지 못한 은둔형 외톨이는 그 부정성 때문에 병적 존재로 은폐되고 있다는 점을 주목해야 한다. 사회시스템이 산출한 부정적 요소를 개인의 문제로 국한시킴으로써 시스템의 위기를 무마하고 있는 것이다.

여기에서 유념해야 할 것은 사회시스템 내에서 소비하는 세대는 '강한 세대'로 의미부여되고 있다는 점이다. 자신만의 스타일에 따라 자유롭게 소비하는 20대는 '강한 주체'로 호명되지만, 무력한 소비자는 '은둔형 외톨이'처럼 병적인 존재로 규정된다. 즉, 이들을 소비능력이 없고 사회적으로 배제되어 있다는 이유로 '질병 보유자'라고 간주한다. 자본주의 시스템 내에서 생활하는 이들은 긍정적이면서 '강한 소비자'로 호명되고, 자본주의 시스템 바깥에서 생활하는 이들은 '병적 존재'로 규정하는 호명법은 부조리하다. 그렇다면 경제적 독립 없이는 주체적 자아가 형성될 수 없는 걸까? 경제적 비독립이 젊은 세대의 문화적 자율성을 훼손하는 것은 사실이지만, 경제적 어려움 속에서도 어느 정도 문화적 자율성을 이뤄낼 수 있는 길은 분명히 있다.

그런 의미에서, 마츠모토 하지메의 『가난뱅이의 역습』(2009)은 사회시스템을 교란한다는 측면에서 흥미롭다. 자본주의적 삶을 당연시하지 않는 태도로 삶을 영위하고 있는 하지메는 즐겁게 축제하듯 집회하고, 물건을 소중히 여기는 마음 자세로 재활용가게인 '아마추어의 반란'을 운영한다. 그의 집회 방법은 2008년의 한국 촛불집회를 연상시키고, 그의 생활 방식은 유쾌한 반란자들을 상상케 한다. 돈으로부터 자유로운 비자본주의적 삶은 일상에서 소규모 공동체를 만드는 데서부터 시작된다. 『가난뱅이의 역습』에는 그런 다양한 실험들이 담겨 있어 『88만원세대』의 선언과 좋은 대비를 이룬다. 하지메의 주장 중 강한 울림을 주는 대목은 "반대운동보다 새로운 삶의 방식을"이라는 부분이다. 우리는 대항적 입장에서 반응하지 말고, 스스로 생산자가 되어야 한다. 그래서 부정적 인식을 긍정적 대안 창출로 연결시켜야 한다.

하지메처럼 다른 삶을 상상하고 실천하거나, 독서 마니아로서 지식 소비와 생산에 개입하거나, 독립영화를 제작하거나, 언더그라운드에서 활동하는 많은 이들은 기존의 사회·경제적 가치와는 다른 가치의 가능성을 탐색하고 있다. 그것은 문화적 가치일 수도 있고, 윤리적 가치일 수도 있으며, 자기실현을 위한 고투일 수도 있다. 그러면서도 이들은 자율적 자기결정권을 위해 필요에 따라 알바를 하기도 하고, 캥거루족이 되기도 하고, 사회의 일탈적 주체가 되기도 한다. 돈을 버는 것만이 전부가 아니라, 문화적 가치 실현과 공공선을 위한 역할에 충실한 이들도 있다.

사회적 상식이 다른 삶을 꿈꾸는 이들을 비참하게 호명한다고 해서, 이런 독립적 자아들이 비참해지는 것은 아니다. 이들은 기존 사회시스템에 대한 반란자들이고, 다른 삶의 가능성을 구현하는 대안적 존재일 수 있다.

문화와 연대의 윤리

우리가 노력해야 할 것들 중 하나가 대중문화 코드를 20대적 감성으로 급격히 전환시킬 수 있는 방편을 마련하는 것이다. 다시 말해서 주류적 세계관에 저항할 수 있는 새로운 언어와 철학을 발견해내는 것이다. 원더걸스나 무한도전을 대학에 불러와서 축제를 채우고, 대중동원의 성공이 바로 자치 활동의 성공인 것처럼 바라보는 각 대학 학생회의 태도는 도대체 요령부득이다. 대자본에 잠식되어 대학사회가 스타벅스, 파파이스, 던킨도너츠, GS25와 같은 상업시설로 채워지거나 SK경영관, 호암관, LG경영관, CJ어학관 등 대기업 기념관의 향연장이 되어가고 있다. 이 와중에 대학생들은 대학 간 순위경쟁 따위에 매몰되어서, 대학 훌리건으로 활동하는 것을 영웅시하는 상황을 당연하게 받아들인다. 대학생끼리의 연대가 비

껴간 빈 터에서 대학생들은 오히려 서로에게 흠집을 내며 조그만
쾌감에 열광하고 있는 실정이다.

　연대의 가치가 무너진 곳에는 외따로 솟은 섬처럼 '개별성'의
우쭐한 향연이 있을 뿐이다. 연대의 가치는 경험을 통해 보다 절실
히 감지할 수 있는 것이기도 하다.

　여기서 운명과 윤리, 그리고 연대에 대해 생각해보자. 우리는
흔히 '운명처럼'이라는 표현을 쓴다. 필연처럼 보이는 것, 그래서
절대 벗어날 수 없는 것처럼 간주되는 것이 운명이다. 그것은 주체
에게 도둑처럼 찾아오는 것이다. 운명은 주체와 주체를 둘러싼 관
계의 총체로서 엄습해 오는 것이기에, 운명적 순간에 운명의 기원
을 사고할 수는 없다. 사후적으로 운명을 관계의 총체로 인식하고,
그 기원을 읽어내거나 인과관계를 유추할 수 있을 뿐이다. 그러면
서도 우리는 '운명은 바꿀 수 없다'라고 말하곤 한다.

　과연 운명은 절대불변의 일관된 법칙 같은 것일까? 아니다. 운
명은 타자가 주체의 영역에 갑자기 개입됨으로써 바뀌기도 하고,
내가 타자의 영역에 뛰어들어 모두의 운명이 바뀌기도 한다. 오직
관계의 배치를 바꿈으로써만, 도래하지 않은 운명에 개입할 수 있
다. 그런 의미에서 운명에 나타나는 관계의 총체성은 배치의 무수
한 연대일 수도 있다. 운명의 고유성은 불가지론의 영역일지라도,
그것에 대한 해석을 위해서는 관계성을 사고할 필요가 있다. 그런
의미에서 '운명'과 '윤리'와 '연대'는 상호관계를 맺고 있음을 분명
히 하자. 운명이 '관계의 총체'가 급작스럽게 현재에 작용한 것이라
면, 윤리는 '자기 안에서 이뤄진 가치관이 타인과 맺는 관계'이다.
따라서 윤리와 운명이 결합하고, 그것에 적극적으로 개입하기 위해

서는 연대가 요구된다. 이렇게 보면 연대는 자신의 운명을 포함한 상태로 타인의 운명에 개입하는 것이다.

주류적 가치에 도전하면서 다른 약소자들과 함께 연대할 필요성도 여기에 있다. 청년세대의 비정규직 문제를 고민한다면, 노동운동과 비정규직의 관계에 관심을 갖는 건 당연하다. 88만원세대의 소외와 배제를 자신의 문제로 바라본다면, 소외되고 배제된 사회적 약소자들을 자신과 동일시해 바라볼 수 있어야 한다. 혼혈인이나 외국인 노동자, 새로운 문화를 향유하는 이들과 88만원세대의 처지는 별반 다르지 않다. 경기도 이천의 냉동창고 화재 참사나 용산의 철거민투쟁 과정에서 발생한 참사 등, 처참한 노동조건이나 자본의 폭력을 감내하다 희생당한 이들은 미래의 불안이 아니라 현재의 생존권을 위해 싸우다 화마에 휩싸인 이들이다. 이천의 희생자 중에 외국인 이주노동자 14명이 포함되어 있었고, 경찰특공대의 무리한 진압으로 철거민의 희생이 발생했다는 사실은, 한국의 착취 피라미드가 어떻게 연쇄작용을 일으키고 있는가를 보여준다.

불안감에서 벗어나려면 연대에 익숙해져야 한다. 일대일로 딱딱 떨어지는 계산적 교환이 아니라 선배가 나에게 베풀면 내가 후배에게 베푸는 그런 일들이 문화, 이념, 학습 등의 전반으로 확장돼야 한다. 이를 통해 비슷하면서 다른 문제들, 예를 들면 과도한 중앙집중, 무한경쟁의 파괴성, 다음 세대에 대한 윤리의식의 부재, 생태환경적 고민의 부족, 보살핌의 공동체 약화, 공공성의 파괴 등에 대해서도 예민하게 감각할 수 있어야 한다.

모든 20대가 어둡게 채색된 회색의 세계에 살고 있는 것은 아니다. 자기표현에 당당하고, 싸가지 없고, 유머가 있다. 순간순간 유

머를 발휘해 삶에 활력을 주는 법을 아는 것은 삶의 미덕이다. 가부
장제의 엄숙함에서 벗어난 웃음과 즐거움이 청년세대의 특권적 장
점일 수 있다. 이런 강점을 활용해 청년세대가 '희망의 문화'를 창
출해 기존 체제를 뒤엎는 도전을 할 수 있다고 본다. 문제는 불안을
뒤집어엎는 '연대의 윤리'이다. 연대에 익숙해지는 길은 오로지 연
대의 실천뿐이다. (오창은)

7. 노예교육과 불량의 윤리학

'청년'이라는 말은 본시 우리 고유의 말이 아니다. 한자를 번역한 '청춘'이나 '소년'이라는 말은 사용됐지만 특정한 나이를 따로 묶어서 청년이라 부른 건 1880년 일본에서 기독교인 고자키 히로미치小﨑弘道가 YMCA를 기독교청년회로 번역하면서부터이다. '세에넨' 青年이란 번역어가 청년의 기원이다. 개화기를 살던 일본 젊은이들은 스스로를 세에넨이라 칭하면서 새로운 일본을 만드는 주체가 되리라 다짐했다. 한국에서도 청년은 식민지에서 벗어나 새로운 공동체를 꾸려나갈 미래의 주체를 뜻했다. 청년이 살아야 나라가 산다는 말은 사회의 중심이 청년으로 이동했음을 뜻했다.

하지만 지금 청년들의 모습은 어떠한가? 88만원세대라는 비극적이고 우울한 낙인이 청년의 어깨를 짓누른다. 비단 한국의 독특한 상황은 아니다. 유럽에서도 700유로세대(원래 1000유로세대)라는 낙인이 청년들을 짓누르는 걸 보면 불확실한 미래로 고통을 받는 건 전세계의 모든 청년들이다. 그런데 고통의 보편성이 똑같은 결과를 가져오는 건 아니다. 자신의 미래를 보장받기 위해 700유로세대가 거리로 나서고 있다면, 한국의 88만원세대는 여전히 대학에 갇혀 있다. 심각한 양극화와 살인적인 등록금까지 고려한다면 88만 원세대의 상황이 훨씬 더 나쁜데도 이들의 목소리를 잘 들을 수가 없다. 한국에는 청년이 없고 너무 빨리 세상에 길들여진 애늙은이 만 있는 걸까? 원인 없는 결과 없듯이 88만원세대의 소극성에도 분 명 그 원인이 있다. 가장 큰 원인은 입시지옥과 학벌사회로 대표되 는 한국의 교육체계일 것이다.

학벌사회와 노예교육

한국 사회에서 학력에 따른 차이나 학벌은 '가상의 기회균등'을 바 탕으로 자연스럽게 받아들여지고 있다. 열심히 공부한 만큼 좋은 대우를 받고 같은 학교끼리 뭉치는 건 자연스러운 현상이라는 생각 이다. 바로 이런 잘못된 상식이 학벌을 일종의 계급처럼 견고한 사 회적 장벽으로 만들고 있다.

학벌사회의 뿌리를 살피면, 인간을 계급으로 나누고 뛰어난 계 급이 다른 계급을 억누르고 착취하는 것을 당연하게 여겼던 우리네 전통사회의 모순이 자리 잡고 있다. 김상봉은 학벌사회가 우리네 전통사회에 그 뿌리를 두고 있다고 주장한다(따라서 그만큼 학벌을 무너뜨리기도 어렵다). 혈연과 지연에 따라 형성된 한국의 전통공동 체는 교육에 있어서도 개인보다 공동체를 중요하게 여겼고 교육을 통해 분배되는 자원 역시 그 공동체를 분배 기준으로 삼았다.[1]

이런 학벌사회는 왜곡된 근대화를 거치면서 더욱 심화됐다. 일 제의 식민화는 이런 전통공동체를 해체시키고 개화와 근대화를 핑

계 삼아 개인들의 삶을 절박한 위기 상황으로 몰아넣었기 때문이다. 김상봉은 일제가 "교육을 출세의 수단, 다시 말해 권력획득의 수단으로 만들고 시험을 교육 과정의 최종 목적이 되게 함으로써 국민들을 왜곡된 교육열과 시험 경쟁의 노예로 만들려 했"고 이 과정에서 "전통사회에서 볼 수 있었던 교육과 권력의 공속이 근대화의 과정 속에서 옷을 갈아입고 다시 나타났다"[2]고 주장한다.

그런데 일제 식민지가 가져온 구조적인 모순은 교육과 권력의 결탁보다 훨씬 더 심각한 문제를 낳았다. 왜냐하면 일본의 식민지배와 그와 결탁한 지배세력은 공교육의 목적 자체를 전환시켰기 때문이다.

일제시대의 교육은 말없이 순종하고 규칙에 복종하는 산업형 인간, 군대형 인간을 길러내는 것을 목표로 삼았다. 교육은 개인의 자질을 길러서 완성시키고 자율적인 인간을 만드는 것을 목표로 삼지 않고, 표준화된 목표에 개인의 자질을 맞추는 도구로, 타율을 자율로 착각하는 인간을 만들기 위한 도구로 이용됐다. 일제는 교육과 권력의 결탁을 가져왔을 뿐 아니라 강력한 규율체제를 마련해서 사람들의 내면에 노예도덕을, '제2의 본성'을 심었다.[3]

그리고 일제에 저항했던 식민지 시기의 계몽운동들도 열등한 인간을 배제하고 뛰어난 인간들을 강화시켜야 한다는 우생학적인 논리를 사회에 적용한 사회진화론을 그대로 받아들였다(이광수의

---

1) 김상봉, 『학벌사회: 사회적 주체성에 대한 철학적 탐구』, 한길사, 2004. 특히 174~183쪽을 참조하라.
2) 김상봉, 『학벌사회』, 189~190쪽.

민족개조론이 대표적이다). 나와 다른 민족, 인종은 손잡고 좋은 세상을 함께 만들어가야 할 친구가 아니라 꺾거나 꺾이는 관계의 경쟁자로만 인식됐다.[4] 사회진화론은 열등한 사람과 뛰어난 사람을 이분법적으로 구분했고 뛰어난 사람이 열등한 사람을 지배하는 것을 너무나 자연스러운 것으로 받아들였다. 즉 엘리트가 대중을 지배하는 것은 당연한 상식이 됐다. 이런 상식은 한국 사회의 전통적인 관존민비官尊民卑 의식을 강화시켰다. 자연히 나라가 진행하는 일은 대중이 간섭할 수 없는 영역으로 여겨지고, 권력을 가진 자들은 자기 마음대로 권력을 행사했다.

---

3) 과거를 제대로 청산하지 못한 나라에서 당연한 일일지도 모르지만 이런 일제시대 교육은 아직까지도 살아 있다. 몇 년 전에 조카의 초등학교 입학식에 참석한 적이 있는데, 그때 나는 많이 당황했다. 여전히 입학식은 아이들을 운동장에 줄 세우는 것에서부터 시작됐기 때문이다. 연단에 올라선 교장 선생님의 긴 일장연설이 이어졌고 그동안 아이들은 꼼짝없이 운동장에 서 있어야 했다. 이렇듯 지금도 우리 사회에서 운동장은 마음껏 뛰어노는 공간이 아니라 일방적으로 말을 듣는 규율의 공간이다. 운동장은 전체 학생들을 모아놓고 사열하는 조회의 장이자 체조와 운동을 통한 신체훈련의 장이다. "조회는 군대식 정렬 상태에서 이루어진다. 군대식 정렬은 학년과 학급단위로 특정 공간을 점유하며, 각 단위를 통솔하는 지휘체계에 따라 배열된다. 정렬은 신장순으로 이루어졌다. 조회는 일정한 순서에 따라 반복적으로 시행된다. 즉 집합, 경례, 합창, 훈시, 체조, 경례, 퇴장의 순이다. 지휘자의 호령에 따라 통일적인 행위가 요구되며 개별적 행위는 허용되지 않는다. 조회는 열 짓기뿐만 아니라 경례, 체조와 합창을 통해 집단을 확인하는 것이며, 집단 속에서 주기적으로 자신의 서열상의 위치와 자세를 확인해 내면화하는 것이다." 김진균·정근식·강이수, 「일제하 보통학교와 규율」, 김진균·정근식 엮음, 『근대주체와 식민지 규율권력』, 문화과학사, 1997, 99쪽.
4) "사회진화론의 기능적 결함은 국민을 통합할 수 있는 능력의 부족이었다. 이런 결점은 인종주의와의 결합을 통해 보완될 수 있었다. 즉 국가를 하나의 혈연적 공동체로 인식시킴으로써 한 국가의 국민은 집단이나 계급 간의 차이를 초월한 하나의 인종적 운명공동체가 되고 생존투쟁의 주체가 됐다. 인종주의의 입장에서는 사회진화론과의 결합을 통해 전투와 투쟁을 자연적인 생의 법칙으로 장려하는 급진적인 생물학적 토대와 동태적인 공격성을 확보할 수 있게 됐다." 박성진, 『사회진화론과 식민지사회사상』, 선인, 2003, 29쪽.

그러다 보니 권력을 가지는 것은 인생역전, 대박의 꿈이 될 수밖에 없다. 이제 무슨 수를 써서라도 그 권력의 세계에 진입하는 것이 삶의 궁극적인 목표가 된다. 그래서 우리는 배운 놈들이 못 배운 놈들보다 더 무서운, 더욱더 무서울 수밖에 없는 기이한 사회에서 살고 있다. 왜냐하면 그들은 학벌이라는 목표를 가진 치열한 경쟁에서 살아남은 승자들이기 때문이다. 그리고 그들은 어렵고 비참한 현실에서 살아남으려면 무조건 강해져야 하고 어떤 방법을 사용해도 좋다는 논리를 몸에 익힌 전사들이기 때문이다. 이렇게 뒤떨어진 사람들은 자질이 부족하거나 게으른 사람으로 비난받는 반면, 일단 성공한 사람들은 어떤 방식을 썼든 간에 찬사를 받게 됐다. 영화 『짝패』에 나오듯이, 강한 자가 살아남는 게 아니라 오래 살아남는 자가 강자라는 그 무서운 상식.

그리고 이런 식의 교육논리는 해방 이후에도 그대로 계속 이어졌다. 일제 식민지에서 해방된 이후에도 한국 사회는 독자적인 사회의 발전 방향을 설정하지 못했다.[5] 미국의 군정과 이승만 정부를 거치면서 공교육의 방향은 여전히 자율적인 인간이 아니라 규율에

---

5) "일제 강점기에 교육받은 세대들은 일본의 관료제 운영을 답습하거나 일본의 근대화 과정을 모방하는 국가경영은 추구할 수 있어도, 새로운 국가적 이상 및 제도를 확립할 수 있는 능력은 결여할 수밖에 없었다. 따라서 그들은 서구 학문을 전수받은 구미 유학생 출신의 소수 신진 지식인들의 '보조'를 받으며 일제를 모방한 서구화에는 어느 정도 성공할 수 있었다. 그렇지만 인간과 국가에 관한 보편적인 이념을 갖추고서 뚜렷한 신념과 확고한 원칙의 바탕 위에서만 이뤄질 수 있는 공교육을 제대로 이끌어가는 수준에는 도달할 수 없었으니, 이는 그와 같은 정신사적 빈곤 상태에서는 필연적일 수밖에 없는 결과였다. 공교육의 황폐화로 불리는 현재의 극단적인 정신적 상황은 바로 그와 같은 정신사적 연속성 속에서 설명될 수 있다." 양승태, 『앎과 잘남: 희랍 지성사와 교육과 정치의 변증법』, 책세상, 2006, 40쪽.

길들여진 타율적인 인간을 길러내는 것에 맞추어졌다. 그리고 분단 이후에 남북한 모두 민족과 국가를 강해지기 위한 수단으로 삼았다. "체력은 국력이다"라는 구호에서 드러나듯 교육은 노골적으로 힘과 강자를 숭배했고 경쟁을 기본논리로 체화시켰다.

더구나 이런 억압적인 군사정권들은 학력에 따른 사회적 차별을 사회적인 착취의 근거로 삼았다. 1980년대 중반까지 일반적으로 사용됐던 공돌이, 공순이라는 호칭은 그런 차별과 착취를 드러내고 정당화했으며 그런 논리를 내면화시켰다.[6] 자연히 배우지 못한 사람들은 사회적 차별과 착취에 맞서 싸우는 게 아니라 그런 상황을 탈출하기 위해 발버둥치게 됐다.[7] 교육은 계급착취를 정당화하는 수단이자 동시에 그런 차별에서 벗어날 수 있는 유일한 수단으로 인식되는 모순된 도구가 됐다. 그러나 실제 현실에서 교육은 사회적 불평등을 시정하는 장치가 아니라 사회적 불평등을 심화시키는 장치가 되고 있다.

우리의 교육은 타율적인 인간을 길러내고 그들을 치열한 생존경쟁의 장으로 밀어 넣어서 살아남은 소수에게 사회의 권력과 부를 몰아주는 방식을 취했다.[8] 그래서 학벌사회는 사회의 양극화를 계

---

6) "1980년 중학교 이하를 마친 사람들과 고등학교를 마친 사람들은 각각 대학을 마친 사람들의 평균소득의 30%와 44% 정도의 소득을 받았다." 구해근, 신광영 옮김, 『한국 노동계급의 형성』, 창작과비평사, 2002, 96쪽.
7) "1985년 비육체노동 대비 육체노동의 임금비율은 한국이 55.6%, 일본이 67.4%, 타이완이 64.0%였다. 육체노동자에 대한 한국의 이런 임금차별은 육체노동과 비육체노동에 대한 사회의 깊은 편견을 반영했다. 한국의 문화적 전통은 전근대 사회에서 여러 가지 형태의 비농업 부문 육체노동을 노비가 담당했기 때문에, 또한 장인전통이 부재했기 때문에, 육체노동에 대한 경멸적인 태도를 깊이 간직하고 있다." 구해근, 『한국 노동계급의 형성』, 100쪽.

속 부추길 수밖에 없다. 총교육비 규모를 따지면 상위 10%와 하위 10%의 사교육비 지출은 약 7배나 차이를 보인다. 그리고 수능 성적이 아버지의 학력, 부모의 소득, 직업과 정비례한다는 연구 결과도 제시되고 있다.[9] 교육이 이미 시장에 포섭된 사회에서는 사교육이 공교육을 압도하기 때문에 교육에서의 기회균등은 허구에 지나지 않는다. 2009년 서울대 정시전형 합격자 중 외국어고나 과학고, 특목고, 예술고 출신 합격생이 전체의 26.6%를 차지했다. 좋은 부모를 만나 사교육비를 펑펑 쓰면 좋은 학벌을 얻을 수 있고, 그 학벌이 다시 대물림되니 한국 사회의 카스트제도라 해도 지나친 말이 아니다. 될 성싶은 나무에 영양분을 몰아줘야 한다는 논리가 학벌사회를 받치고 있다고나 할까.

하지만 한 사회의 경쟁력은 뛰어난 몇몇 사람들에 의해서 확보될 수 있는 게 아니다. 자본주의 사회에서 뛰어난 사람들이 이끄는 경쟁은 사회 전체의 이득이 아니라 몇몇 사람들에게만 이득을 가져다주기 때문이다. 결국 몇몇 사람들에게 몰아주기를 하는 것은 빈익빈 부익부라는 사회 양극화를 심화시킬 뿐이다.

---

8) "현재 한국 사회의 정신적 빈곤의 핵심은 바로 그토록 치열한 경쟁의 목표인 '잘나게 되는 것,' 즉 '잘남'이 진정으로 무엇인지 성찰하지 않은 채 경쟁하고 있으며, 그렇게 잘나기 위한 수단으로서의 지식, 즉 앎이 진정으로 무엇인지 성찰하지 않은 채 교육에 온갖 노력과 막대한 비용을 쏟아 붓고 있다는 데 있을 것이다." 양승태, 『앎과 잘남』, 54~55쪽.

9) "구체적으로, 아버지가 중졸 이하 학력을 가진 집단에 비해 4년제 대졸 이상의 학력을 가진 집단은 3배 가까이 사교육비를 지출하고 있다. 또한 가계소득이 500만 원을 초과한 집단은 200만 원 이하인 집단에 비해 4배가 훨씬 넘는 사교육비를 지출하는 것으로 나타났다." 김경근, 「한국 사회 교육격차의 실태 및 결정요인」, 『교육사회학연구』(제15권/3호), 2005, 13쪽.

그런데도 2006년 노무현 대통령은 신년연설을 통해 교육과 의료가 서비스산업이기 때문에 과감하게 개방하고 서로 경쟁시켜야 한다고 강조했다. 그뿐만이 아니다. 산술적인 기준으로 대학을 평가하여 그 평가에 따라 줄을 세우고, 국립대학마저도 민영화하고, 자립형 사립고등학교를 확대하겠다는 정부의 의도는 교육의 논리가 철저하게 시장을 중심으로 작동되고 있다는 점을 증명한다.[10] 그리고 이명박 정부는 이런 잘못된 논리를 완성시키며 교육을 통째로 시장에 갖다 바칠 생각을 하고 있다. 이렇듯 21세기의 한국 교육은 청소년들의 몸과 마음에 시장과 경쟁의 논리를 뿌리깊이 심고 있다. 우리 사회에서 교육은 사람을 그 자체로 바라보지 않고 상품으로 만들기 위한 인적자원으로 바라보는 것이다.

이런 과정을 거치면서 한국 사회는 계급과 학벌에 따른 '승자독식의 사회'로 점점 변해가고 있다. 박민규의 소설 『삼미 슈퍼스타즈의 마지막 팬클럽』에 나오듯이 가슴팍에 서울대 마크를 다는 순간 그는 우리 사회의 슈퍼맨이 된다.[11] 그럴 수밖에 없는 게 현실의 모든 것이 그보다 열등하기 때문이다. 그리고 남을 짓밟고 살아남기 위한 '무한경쟁'이 사회를 발전시키는 원리로 찬양받고 있기 때문이다. 그러나 우리는 정녕 그런 사회에서 행복할까? 지금 당장은

---

10) "사실 정권이 바뀌어도 변함없는 교육부의 신자유주의 정책의 문제는 첫째, 전문성 없는 일반적 행정관료들이 경제 관련 부서들의 지배적 영향력 아래서 교육의 특수성을 무시한 채 교육정책을 독점적, 배타적으로 입안하는 데서 비롯된다. 재경부 장관을 지낸 인사를 교육부 총리에 앉히는 것은 경제논리에 지배당한 교육정책의 실행을 용이하게 만드는 방법이며, 이것은 바로 신자유주의 작동 기술자를 배치하는 인사인 것이다." 박거용, 「언제까지 기형적 신자유주의를 강요할 것인가」, 『신진보리포트』(창간준비호), 2005, 138쪽.

내가 남을 밟고 올라설 수 있다 하더라도 언젠가 힘이 약해지면 나도 누군가에게 짓밟힐 수밖에 없는데도 말이다.

삶의 경쟁력과 능동성

미국의 정치학자 쉘던 월린은 교육이야말로 공동체가 관심을 가져야 할 가장 중요한 사안이라고 전제한다.[12] 교육은 개인이 자기 자신을 다스리고 자신의 권리를 지키고 행사하는 데 반드시 필요한 과정이기 때문이다. 그러나 미국에서도 교육은 점점 사유화됐고, 월린은 이 점이 대학과 기업 간의 협동연구가 엄청나게 증가했다는 점으로 확인될 수 있다고 주장한다(산학협동은 대학을 기업의 연구소나 취업준비생들의 훈련장으로 만든다).

특히 레이건 정부는 미국 경제를 글로벌 스탠더드로 만들려 했기에 새로운 교육관도 그런 목적에 맞게 조정했다. 즉 "새로운 교육

---

11) "졸업식장에는 자신감 가득한 표정으로 클립턴 행성에서 지구를 향해 출발하는—가슴에 'S' 로고를 달고 빨간 망토를 펄럭이는 클립턴 행성의 아이들이—검은 학사복으로 자신의 신분을 위장한 채 자랑스럽게 서 있었다. 그들은 한국의 미래를 이끌어가라는 총장의 연설을 듣고, 졸업장을 받고, 가족들과 기념사진을 찍고, 정문 앞의 즐비한 공중전화 부스에서 재빠르게 변신을 한 후, '일류대' 라는 특수 효과에 힘입어 그 해의 하늘 속으로 날아올랐다." 박민규, 『삼미 슈퍼스타즈의 마지막 팬클럽』, 한겨레신문사, 2003, 207쪽.

12) 월린은 이렇게 말한다. "민주주의나 자유주의임을 자임하는 정치사회에서 교육과 정치의 연관성이 특히 중요하게 여겨지는 듯하다." Sheldon Wolin, *The Presence of the Past: Essays on the State and the Constitution*, Baltimore: Johns Hopkins University Press, 1989, p.47. 이렇게 보면 교육과 정치를 철저하게 분리시키는 한국 사회는 민주주의도 자유주의도 아닌 셈이다.

관은 발달된 기술사회가 필요로 하는 특수한 직업 능력을 획득하는 것"[13]으로 정해졌다. 그리고 이런 교육관을 가장 잘 드러내는 것은 1983년에 벨 위원회Bell Commission가 제안한 보고서이다. 보고서는 이렇게 시작한다. "우리나라는 위기를 맞고 있다. 전세계의 경쟁자들이 예전에는 어떤 나라도 넘보지 못했던 우리의 상업, 공업, 과학, 기술혁신 분야에서의 탁월함을 따라잡고 있다." 보고서는 이런 위기의식을 자극하면서 개인의 능력을 개발하고 시민을 기르는 전통적인 교육관을 포기하게 만들었고, 교육을 치열한 국제경쟁에서 살아남기 위한 수단으로 만들었다.

이런 변화를 위해 벨 보고서는 숙제와 학교에 있는 시간, 반드시 들어야 할 교과목을 늘리고 학칙을 더 엄격하게 정했으며 문제를 일으키는 학생들을 따로 관리하고 출결 관리를 엄격하게 했다. 그리고 표준화된 학업성취도 평가체계를 만들고 대학입학 요건을 강화시키며 교사의 봉급 인상과 재직 기간을 평가하는 방법을 더욱더 효율적으로 만들었다. 학생들은 문학이나 철학, 역사, 예술 등을 배우지 않고 직업 현장이 요구하는 교육을 받게 됐다.

그렇지만 월린은 이와 같은 교육 과정이 삶을 살아가는 다양한 방식이나 사회적으로 자신을 조직하는 방법, 더 나아가서는 자신이 처한 상황을 극복하고 운명을 바꿔가는 방법을 가르치지 않고 무시하게 만든다고 비판한다. 왜냐하면 그런 지혜는 직업교육이 무시하는 인문학 속에 담겨 있기 때문이다. 그러면서 월린은 "이런 경험들

---

13) Wolin, *The Presence of the Past*, p.60.

을 배울 기회를 박탈하는 것이야말로 실용적이기는커녕 무지하게 만드는 짓이다. 이것은 더 무능해지는 것이며 경쟁력을 높이지 못한다"[14]고 비판한다.

교육이 개인의 경쟁력을 기르기는커녕 무능력을 기르고 있다는 월린의 비판은 지금 우리가 귀담아들어야 할 얘기이다. 월린의 이런 비판은 지금 한국의 교육 과정에도 그대로 적용될 수 있기 때문이다. 현재 한국의 교육은 사람이 살아가면서 배워야 할 경험을 전수하는 과정이 아니라 산업사회에서 살아남을 수 있는 기술만을 가르치고 있다. 인간의 삶은 사고 없이 정해진 과정을 밟아가지 않기에 때론 많은 역경을 스스로 견뎌야 하는데, 단순한 기술교육이나 직업교육은 그런 역경을 버티며 발전할 수 있는 인류의 경험을 전달할 수 없다. 그러니 주어진 문제를 해결하는 단순한 문제해결 능력은 뛰어날지 모르나 장기적인 안목에서 자신의 삶을 조절하고 타자와의 공존을 도모하는 능력이 뒤처질 수밖에 없다. 결국 이런 '형식적인 경쟁력'은 궁극적인 삶의 경쟁력을 떨어뜨리는데, '실질적인 경쟁력'을 떨어뜨리는 글로벌 스탠더드를 한국은 아무런 고민 없이 그대로 받아들이고 있는 셈이다.

한 사회의 경쟁력은 단순히 개인들의 경쟁력을 모아서 만들어지는 게 아니다. 한 사회의 경제적인 생산력이 아무리 높다 한들, 그 생산력이 독재와 착취로 이뤄진 것이라면 그것을 진정한 경쟁력이라 부를 수 있을까? 그런 점에서 개인의 경쟁력과 별도로 한 사회가 가지는 '사회적 경쟁력'도 존재한다. 그래서 월린이 주장하듯이 교

---

14) Wolin, *The Presence of the Past*, p.63.

육은 정치와 밀접한 연관성을 가질 수밖에 없고 한 사회의 경쟁력은 사회를 구성하는 시민들의 능동적인 활력에서 나온다.

교육은 미래의 시민을 기르는 과정, 즉 공동체를 꾸리고 생활할 인간을 길러내는 과정이라는 점에서 매우 중요하다. 그런데 교육 과정을 단순히 지식이나 기술을 전수하는 과정으로 파악하는 것은 '기능인'을 기를 뿐 사회와 공동체를 조화롭게 꾸려갈 '가능성과 능동성을 가진 인간'을 기르지 못한다. 따라서 편향된 교육은 사회의 양극화를 초래할 뿐 아니라 사회의 기반 자체를 무너뜨린다.

미국의 정치철학자 한나 아렌트는 아이들의 세계가 파괴되는 순간 이 세계 자체가 파괴될 수 있다고 경고한 적이 있다. 왜냐하면 이 세계의 발전과 그 발전의 토대가 되는 새로움은 오직 새로운 아이들의 탄생을 통해서만 가능하기 때문이다. 그래서 아이들의 세계를 파괴하고 아이들의 마음속에 어른들의 세계만을 남겨놓는 순간 역사는 종결된다는 것이다.[15]

우리는 월린이나 아렌트와 비슷한 논의를 미국의 사상가 벤저민 바버에게서도 찾아볼 수 있다. 바버는 "오늘날 교육이 널리 논의되고 있지만 수행 능력과 표준, 세계 경쟁력, 그리고 그 결과에만 초점을 맞추는 논의는 대부분 시민권citizenship과의 연관성을 놓치게 된

---

[15] "언제나 우리의 희망은 각 세대가 가져오는 새로움에 달려 있다. 그러나 우리가 희망을 오직 이 새로움에서만 찾을 수 있다는 이유로 새로움을 통제하고 우리 세대가 새로움이 어떠해야 한다고 명령할 수 있다면 우리는 모든 것을 파괴하게 된다. 모든 아이들이 지닌 새롭고 혁명적인 것을 위해서라면 반드시 교육은 조심스러워야 한다." Hannah Arendt, *Between Past and Future: Six Exercises in Political Thought*, Cleveland: The World Publishing Company, 1963, pp.258~259.

다"[16]고 비판한다. 왜냐하면 시민권의 의미는 평범한 사적인 인간을 시민으로 전환시키는 시민교육 과정에서만 획득될 수 있기 때문이다.[17] 시민은 태어나는 것이 아니라 만들어진다는 관점에서 본다면, 교육의 의미는 단순히 직업능력이나 기술 경쟁력을 기르는 것으로 축소될 수 없다.

물론 그렇다고 교육이 실제 생활과 동떨어진 완전히 추상적인 내용만 가르쳐야 한다는 얘기는 아니다. 교육은 삶을 살아가면서 부딪칠 수 있는 문제들을 개인이 풀어갈 수 있도록 실천적인 지혜도 전수해야 한다. 따라서 바버는 교육을 지나치게 순수하게 보는 모델the purist model이나 직업교육으로만 보는 모델the vocational model 모두를 거부하면서 "교육은 사회가 가고자 하는 바를 따라야만 한다. 즉 그 방향을 지원하고 열중하며, 그 방향을 강화하고 추구하며, 그것을 뒷받침하고 확증하며 보존해야 한다"[18]고 주장한다.

특히 바버는 정부 기능의 쇠퇴와 시장 기능의 지나친 확대를 우려한다.[19] 무엇이든 시장 기능에 맡기면 된다는 시장만능주의가 대두하고 있기 때문이다. 신자유주의 세계화 이후 정부는 무능함의 대명사로, 시장은 그런 무능함을 치유할 대안으로 부상하고 있다. 바버의 말처럼 "언뜻 보면 정부는 아무것도 올바로 할 수 없고 시장

---

16) Benjamin Barber, *A Passion for Democracy: American Essays*, Princeton, N.J.: Princeton University Press, 1998, p.161.
17) 이런 교육을 통해 "시민은 자신의 경쟁자와 공통의 기반을 추구하는 법을 배우는 반대자가 된다." Barber, *A Passion for Democracy*, p.161.
18) Barber, *A Passion for Democracy*, p.181.
19) 바버는 "정부에 대한 평판이 쇠퇴하면서 시장에 대한 평판이 상한가를 치고 있다"고 평가한다. Barber, *A Passion for Democracy*, p.187.

은 무엇이든 잘할 수 있다. 따라서 정부는 부패에서 의도하지 않은 결과까지 모든 사회의 부작용으로 시달리지만 시장은 교과서처럼 완벽하고 올바르게 작동"[20]한다고 사람들은 착각하고 있다.

그런데 바버는 이런 시장 담론의 부상이야말로 근대의 약한 민주주의thin democracy가 가진 고질적인 병폐라고 분석한다. 대의민주주의를 기반으로 삼는 근대의 민주주의는 시민의 참여를 제한하고 정치 과정을 선거로 제한하면서 공공선이나 참여에 무관심한 유권자들을 양산하기 때문이다. 그리고 이렇게 정치 영역에서 자발성과 능동성이 떨어지다 보니 사람들은 시장에서의 선택이 자발성의 전부인 양 착각하게 된다. 그래서 "근대의 대중사회에서 자발성은 시장을 뜻하고 시장은 형식적인 평등을 의미한다."[21]

그러나 시장의 평등은 개인의 평등만을 의미할 뿐이고, 시장의 자발성과 평등은 인간을 시민으로 성장시키지 못한다. 그리고 공동체 내의 사람들이 자유를 향유할 기회를, 공동체의 평등을 위한 기반을 마련하지 못한다. 특히 시장은 시민권이 지탱하는 공적인 장을 사적인 이해관계로 변질시킨다.

따라서 시장의 기능과 정치의 기능은 분명하게 구분되어야 한다. 경제적인 기술교육이 민주적인 시민교육을 대체할 수 없다. 마찬가지로 경쟁의 논리가 공공성을 대체할 수 없고, 공교육은 공공성을 중심으로 작동해야 한다. 바버는 "민주주의의 논리는 공교육에서 시작한다"[22]고 분명하게 선언한다. 바버는 아이들을 포기하는

---

20) Barber, *A Passion for Democracy*, p.187.
21) Barber, *A Passion for Democracy*, p.188.

것이 미래를 포기하는 것이고, 미래를 포기하는 것은 바로 민주주의를 포기하는 것이라고 정확하게 지적한다. 그리고 그런 미래에는 자유도, 평등도, 사회정의도 없을 것이다. 공허한 논의가 아니라 지금 당장 아이들을 살리고 시민으로 기르는 교육을 준비해야 우리의 미래가 보장될 수 있다.

월린과 바버의 논의를 통해서 우리는 지금 한국 사회가 부딪치고 있는 여러 가지 문제를 해결하기 위한 시사점들을 찾아볼 수 있을 것이다. 사회의 양극화가 심화되고 권력층의 비리는 사라지지 않고 있는데도 사람들은 정치에 대해 환멸감을 가질 뿐이지 구조적인 모순을 해결하기 위해 노력하지 않는다. 왜일까? 그것은 사람들이 공동체 속에서 자기 목소리를 내고 무엇이 올바르고 정당한지를 따져본 경험이 부족하기 때문이다(목소리 큰 놈은 빨갱이라는 그 오래된 습관). 그리고 이런 경험의 부족 탓에 교육은 그런 기회를 제공하기는커녕 능동성을 차단해버렸기 때문이다.

그리고 한국 사회에서 소위 공부 잘하고 출세한 사람들일수록 윤리가 없는 건 이런 기능적인 교육 탓일지 모른다. 한국의 권력층들에게 소위 노블레스 오블리주가 없다는 얘기는 많지만 왜 그런 현상이 벌어지는지에 대한 원인 분석은 부족하다. 그 원인은 바로 그들이 받았던 교육일 수 있다. 그들은 기능적인 교육만 받았고 그런 교육을 통해 권력을 잡았기 때문에 공동체나 사회에 대한 책임의식이 없는 것이다. 그래서 더 많이 배운 사람일수록 더 이기적이고 공동체 전체의 행복을 고려하지 않는다.

---

22) Barber, *A Passion for Democracy*, p.220.

모범생과 불량의 윤리학

후카사쿠 긴지와 후카사쿠 켄타의 영화 『배틀로얄』과 『배틀로얄 2』
는 우리 사회의 미래를 보여준다. 실업자 1천만 명, 등교거부 학생
80만 명, 『배틀로얄』의 배경은 일본의 가까운 미래이다(우리에게는
얼마나 먼 미래일까?). 국가는 이런 혼란을 수습하기 위해 '배틀로
얄'이라는 법을 선포한다. 배틀로얄은 일종의 서바이벌게임으로,
무작위로 한 반을 선택해 무인도에 집어넣고 3일 내에 한 명이 살아
남을 때까지 서로 죽이게 한다. 이 게임의 목적은 단 한 가지이다.
승자와 패자를 나누는 '경쟁'이라는 규율에 복종하는 법을 가르쳐
서 '가치 있는 어른'을 만드는 것이다.

『배틀로얄』의 이야기를 이렇게 바꿔보자. "각자 성적이나 학
점, 인사고과라는 무기를 가지고 최고가 될 때까지 싸워라. 만약 이
길을 벗어나 다른 길을 꿈꾼다면, 너는 배제될 것이다. 살아남고 싶
다면 네 친구나 동료를 꺾어라." 폭력적인 얘기인가? 그렇다면 우
리 학교와 사회는 이미 폭력적인 공간이다.

『배틀로얄』이 친구끼리 서로 죽고 죽이는 치열한 생존경쟁을
보여주는 영화라면, 『배틀로얄 2』는 그런 체제에 도전하는 '테러의
시대'를 그린 영화이다. 1편에서 섬을 탈출해 새로운 세상으로 뛰
어나간 나나하라 슈야(후지와라 다츠야)는 '와일드 세븐'이라는 조
직을 결성해서 쌍둥이 빌딩을 폭파할 뿐만 아니라, 더 나아가서 모
든 '어른들'에게 전쟁을 선포하고 혁명을 꿈꾼다. 아마도 감독들은
자신의 미래를 지키려는 기나긴 싸움만이 평화를 가져올 수 있다는
메시지를 전달하고 싶었을 것이다.

그런데 『배틀로얄』을 보면 재미있는 인물이 있다. 배틀로얄 현장으로 끌려가서도 한마디 반항 없이 규칙을 열심히 적는 아이다. 그렇다. 그 아이는 바로 '범생이' 혹은 모범생이다. 모범적으로 생활하면 언젠가는 성공(?)할 수 있다고 믿는 어리석은 똑똑이가 바로 모범생이라고 할 수 있다.

일본의 사상가 후지타 쇼조藤田省三는 일본이 대동아공영권 건설을 외치며 제국주의 전쟁을 정당화하던 시절, 전쟁을 정당화하는 논리를 열심히 받아 적던 모범생들과 달리 자신들의 방식으로 저항하던 '비행청소년들'에 주목한다. "회의장이 아니면 회의를 할 수 없다는 식으로 규격화된 우등생들과는 달리 불량소년들은 필요에 따라 언제 어디서든지 미친 소리든 진지한 회의든 할 수 있었"고 "그와 같은 규격으로부터의 자유야말로 참신한 발상을 낳는 그들의 지혜의 원천"[23]이기 때문이다.

쇼조가 불량을 설파하는 이유는 일본 사회가 너무나 '정상적'이고 '안락'하기 때문이다. 쇼조는 일본 사회를 보육기가 계단처럼 쌓아올려진 사회로 파악한다. 보육기에 길들여진 인간은 작은 안정과 풍요를 보장하는 그 틀에서 벗어나려 하지 않는다. 아니, 보육기 밖의 세상을 두려워하며 벗어나기를 거부한다. 그러면서 "경험이 없는 '우등생' 출신이 '우등생'이었던 시절의 자기도취만을 여전히 가진 채—아무런 자기비판도 거치지 않은 채—지배신분이 되어서 인간을 규격제품으로서 대량생산하는 데 필요한 세칙 작성에 광분하고 있는 것"이 바로 일본 사회이다.[24] 사실 쇼조가 비판하고 있는

---

23) 후지타 쇼조, 이홍락 옮김, 『전체주의의 시대경험』, 창작과비평사, 1998, 194쪽.

일본 사회는 지금 우리의 모습과 그리 다르지 않다고 할 수 있다. 어느덧 체제의 규율에 길들여져 스스로 복종하는 상태, 쇼조의 말을 빌리면 '자발적 예속'의 상태가 우리를 지배하고 있다. 얄팍한 중산층이라는 가면을 지키기 위해서라면 무슨 일이라도 하겠다는, 때론 친구나 동료를 희생시켜서까지 자신의 안락함을 지키겠다는 자발적인 예속상태가.

쇼조는 그런 자발적 예속이 만연한 사회야말로 전체주의 사회라고 본다. "격렬하고 끊임없는 유통·유동이 모든 형태, 대상, 사물을 삼켜버리는 세계이며 그와 같은 특질을 중심으로 하고 있는 한 그 사회는, 외견적인 깃발이 무엇이든지 간에 파국의 30년대를 '창립기'로 하는, '창조적'인 고전적 전체주의와는 차원과 형식을 달리하는 새로운 전체주의가 아닐까?"[25] 이런 전체주의 사회에서는 개인의 헌신이 국가를 향하면 국가주의를 낳게 되고, 기업을 향하면 회사인간으로 개인의 삶을 만들게 된다.

전체주의의 작동 방식과 특징을 분석하면서, 쇼조는 전체주의와 맞서는 수단으로 틀에 갇히지 않는 자유로운 경험(비행)과 그 속에서 활기를 띠는 이성을, 궁극적으로는 자기비판, 즉 "제도나 조직에 의해 강제되면 되는 대로 꾸역꾸역 허위의 '자기 죄'를 '고백'하는 비참한 '자기비판'과는 정반대의, 사회의 정신을 자신과 더불어 재생시키고 부활시키는 본래적인 자기비판—역사에 의해 관철되면서 또 그것을 통해서 오히려 역사 그 자체를 바꿔나가는 상호주

---

24) 쇼조, 『전체주의의 시대경험』, 186쪽.
25) 쇼조, 『전체주의의 시대경험』, 74~75쪽.

체적인 자기비판"[26]을 강조한다.

쇼조는 자유로운 경험과 상호주체적인 자기비판이 없다면 성인일 수 없다고 주장한다. 그러면서 쇼조는 불량정신이 가져야 할 '불량의 윤리학'을 설파한다. 사실 우등생이나 모범생은 미리 정해진 규격에 따라 생산되는 제품에 불과하고, 이들이 보이는 능동성이란 운명을 선택하는 결단과는 무관한 "자기 제품화를 향한 능동성"일 뿐이다. 오히려 진정한 능동성은 "'비행'이라 하여 제도적으로 공인된 '행위'로부터 배제되어 있는 일을 하고 있는 소년들"이 가지고 있다.[27] 불량소년들이 지닌 규격에서 벗어난 자유야말로 참신한 발상을 낳는 지혜의 원천이다.

이 말을 들으며 나는 고등학교 시절 맨 처음 담배연기를 빨아들였을 때의 핑 도는 느낌을, 부산진시장 포장마차에서 마셨던 소주의 맛을 떠올렸다. 군부가 권력을 잡고 있던 그 시절, 학교라는 것 자체가 지긋지긋했던 그 시절, 나와 친구들은 학교 밖을 돌며 경험을 했고 때론 기쁨에, 때론 슬픔에 술잔을 기울였다. 당시 소주잔을 나누던 친구들이 여전히 불량하게 살고 있는지는 모르겠으나, 당시에 난 친구들 덕분에 처음으로 '자유'를 느꼈다.

쇼조는 "권력 및 그 밖의 것에 대한 비판과, 비판의 자유를 어느 때에나 허용하는 자유로운 관용과, 타인에 대한 공감"[28]을 가질 때 불량은 하나의 윤리로 자리를 잡을 수 있다고 강조한다.

---

26) 쇼조, 『전체주의의 시대경험』, 207쪽.
27) 쇼조, 『전체주의의 시대경험』, 183쪽.
28) 쇼조, 『전체주의의 시대경험』, 202쪽.

한국 청년의 주인되기 불량전략은?

2008년 촛불집회는 우리 사회의 불량한 청소년/청년들이 거리에 모여 자신의 목소리를 낼 수 있는 기회를 마련했다. 일방적으로 결정을 내리는 권력을 비판하며 시작된 작은 움직임이 변화의 물꼬를 튼 것이다. 집단지성, 다중지성이라는 말이 낯설지 않을 만큼 청년들의 역량 또한 성장했다.

하지만 비판의 자유를 허용하는 자유로운 관용과 타인에 대한 공감은 아직 제대로 싹을 틔우지 못하고 있다. 자기 의견을 알리고 소통할 방법이 많아진 것만큼 사라진 것은 남의 애기에 귀 기울이고 그것의 진심을 이해하려고 노력하는 마음이다. 내가 가서 보고 찍고 들은 것만 중요하다 보니 남의 애기에는 잘 귀를 기울이지 않는다. 인터넷 소통이 그다지 소통으로 보이지 않고 일종의 마니아 그룹 형태로만 발전하는 느낌을 받는 것도 그 때문이다. 소통과 공감은 분리된 능력이 아닌데, 척박한 교육을 받다 보니 마음은 조막만하고 머리만 큰 기형이다. 똑똑한 청년 많고 세상일을 합리적으로 분석하고 자기 의견을 똑 부러지게 말하는 청년의 수는 늘어나고 있지만, 그들이 이 공동체에 도움이 될지는 잘 모르겠다.

불량의 윤리가 말하듯, 타인과 공감할 수 있는 날카롭고 유연한 비판정신을 기를 때 우리는 스스로의 미래를 만들 수 있다. "가난뱅이여, 함께 모여 즐겁게 놀자!"라고 외치는 마츠모토 하지메는 88만원세대의 우울함을 걷어치울 다양한 전략을 알려준다. 학벌사회, 승자독식사회를 지키기 위해 더 이상 협력하지 말고, 가난뱅이들끼리 뭉쳐서 미래를 구상하고 즐겁게 살자는 하지메의 주장은 불량정신의 모범이다. 세상을 더 산 나보다 훨씬 훌륭해 보이는 하지메의 말로 글을 맺자. "개인 차원에서 아이디어를 내서 생활하는 것에 비해 가게를 통해 마을에서 공동체를 조직하면 훨씬 다양하고 풍요롭게 살아갈 수 있다는 것을 깨달았다. 제대로 된 세상이 되려면 아직 멀었다. 우선 어중이떠중이가 모이면 공공의 재산을 많이 확보할 수 있다는 점, 신명이라도 나면 공공시설도 만들 수 있다는 점을 명심해두자. 우리 가난뱅이, 얼간이, 오합지졸은 이제까지 뿔뿔이 흩어져 있었고 결탁해서 무언가 하는 일은 별로 없었다. 동네를 둘러보면 여기저기 가난뱅이 천지인데도 왠지 한 사람 한 사람 고독하게 살아간다. 그래서 시시껄렁하게 뼛골 빼먹는 직장에서 일만 죽도록 하거나 중류계급인 척하면서 번화한 중심가로 놀러가기도 한다. 하지만 가난뱅이 제군! 이제 그런 바보 같은 짓은 그만두자. 바가지 씌우려고 눈이 벌건 놈들이나 부자들이 덫을 쳐둔 장소에 갈 게 아니라 우리 스스로 짱 좋은 것을 만들어보자구."[29] (하승우)

---

29) 마츠모토 하지메, 김경원 옮김, 『가난뱅이의 역습』, 이루, 2009, 95쪽.

8. 고통의 제스처는 추한가?
시 · 윤리 · 정치

고통의 제스처는 과연 추한 것일까. 학생들과 함께 김현의 『한국문학의 위상』을 읽어나가다가, 문득 의문이 들었다. 이런 문장 앞에서였다. "고통의 제스처는 추하다. 그것은 결국에 가서는 불화를 가짜로 해소시키기 때문이다." 이 문장 바로 뒤에서 김현은 불화를 가짜로 해소시키는 고통의 제스처를 말하면서 저급 참여소설에 등장하는 가짜 소영웅들을 거론하고 있다. 그리고 나서 김현이 말하는 것은 행복이다. "그러나 이 시대가 고통스럽고 간난한 시대이기 때문에 오히려 우리는 행복을 생각하지 않으면 안 된다. 이 시대에 행복을 생각한다는 것은 고통스럽다."[1]

김현에 따르면, 세상에는 가짜 고통과 진짜 고통이 있는 것 같다. 가짜 고통은 오직 제스처를 통해서 성급하게 목전의 불화를 해소하는 데만 골몰한다. 가령 굶주린 걸인의 동냥 행위가 이런 경우에 해당하는 것이 아닐까. 걸인은 굶주림 앞에서 고통스럽다. 그러

---

1) 김현, 『한국문학의 위상』, 문학과 지성사, 1996, 40~41쪽.

나 김현의 사고방식대로라면, 그것은 일종의 가짜 고통에 해당한
다. 이 걸인의 고통은 그런 고통을 가능케 한 산업사회의 저 거대한
빈곤의 구조가 파생시키는 근원적인 고통에 대해 사유하지 않는다.
걸인에게 임박해 있는 고통은 그것의 즉각적인 해소만을 요구할 뿐
인데, 이야말로 가짜 해소일 수밖에 없다. 이런 논법을 끌고 가면,
김현이 비판해마지 않는 참여문학 역시 가짜 소영웅들을 출현시켜
인간사회의 모순이 즉각적으로 해결 가능하다는 환상을 우리에게
심어줄 뿐이라는 논법도 가능해진다. 실제로 김현은 그렇게 사고하
고 있는 것이다.

　　나는 지금 김현의 시각을 비판하려고 이런 말을 꺼낸 것이 아니
다. 다만 김현의 이런 사고를 출발점으로 해서, 시에 있어서의 정치
적 상상력이 과연 가능한 것인지를 생각해보고자 하는 것이다. 어
느 날 나는 롤랑 바르트의 일기 모음집인 『작은 사건들』을 읽어나가
다가, 다음과 같은 대목에서 골똘하게 생각하며 망설이고 있는 스
스로를 발견하고 다소 당혹스러워했다. 이런 진술 때문이었다. "한
소녀가 내게 구걸을 한다. '아버지가 돌아가시고 안 계셔요. 노트
한 권이라도 사게 도와주세요' (구걸 행위의 비열함. 그것은 틀에 박
힌 문구를 쓰고 있다는 것)."[2] 나는 괄호안의 표현들이 놀라웠다. 구
걸하는 소녀에게서 바르트가 발견한 "비열함" 때문이 아니라, 그것
의 근거를 "틀에 박힌 문구"에서 찾고 있는 지식인다움의 싸늘한 객
관성과 냉정함 때문이다.

---

2) 롤랑 바르트, 김주경 옮김, 『작은 사건들』, 동문선, 2003, 63쪽.

바르트는 참으로 아름다운 미문을 동원하면서, 쓴다는 행위의 가장 가혹한 지점에까지 자신을 밀어 넣었던 문필가였다. 그런 바르트가 임박해 있는 소녀의 빈곤 대신에 오히려 '언어적 빈곤'을 문제 삼고 있음은 인상적이다. 그러나 소녀가 처해 있는 극단적인 빈곤의 고통은 모로코의 현실 속에서는 아주 상투적인 것이다. 그 상투적인 빈곤을 "틀에 박힌 문구"가 아니라 개성적인 표현을 통해 해소한다고 할지라도, 빈곤과 굶주림이라는 상투적인 현실은 변화하지 않는다. 바르트가 구걸 행위의 비열함을 "상투적인 문구"에서 찾고 있는 시각은 매우 개성적이지만, 그 참신함은 도리어 냉소로 전락할 뿐이다. 언어를 통해 현실의 상투적인 모순을 해소할 수 있다는 시각이야말로 사실은 만용이다. 여기서 중요하게 지적되어야 할 것은 언어와 실재reality의 감각적인 연관이 상실되고, 현실에 대한 경험적 인식을 언어가 대체 또는 대행하는 데서 오는 추상적 사고방식이라고 할 수 있다.

김현의 말처럼 고통의 제스처는 추한 것인지도 모른다. 더 나아가 바르트의 표현처럼 그것이 빈곤과 같이 가장 상투적인 상황과 표현의 산물일 때, 비열한 것으로 보일지도 모른다. 그렇지만 정작 추하고 비열한 것은 그런 현실과 무관하게, 또는 그런 현실에도 불구하고 행복을 꿈꿀 수 있다고 말하는 세련된 언어체계 자체일지 모른다고 나는 자주 생각한다. 이 글을 쓰고 있는 나 역시 바르트와 유사한 상황에 자주 직면한다. 걸인들은 모로코에도 있고, 지금 이 시간 한국에도 비슷하게 존재하니까.

나는 가볍게 놀랐다. "또 필요한 것은 없습니까?" "천 원만 주실 수 없을까요. 배가 고픕니다." 왜 그랬는지는 모르지만, 나는 잠시 망설이다가 주머니에 있던 700원을 꺼내 그에게 주었다. "이것밖에 없군요." 그때 내 지갑 속에는 천 원 지폐는 물론, 만 원짜리 지폐도 제법 두둑했다. 벗들과의 만남에 쓸 요량이었다.

얼마 후 그가 절뚝거리며 인파 속으로 사라졌다. 그가 사라지고 난 후, 나는 한동안 그가 준 라이터를 골똘히 바라보았다. 청테이프가 라이터의 허리에 돌돌 감겨져 있었다. 버릇처럼, 뒷주머니의 두툼한 가죽지갑도 만져보았다. 그러자 갑자기, 그의 얼굴이 떠오르면서, 자신이 심하게 부끄러워졌다.[3]

모로코의 걸인 소녀가 "상투적인 문구"로 말하듯이, 한국의 걸인 역시 상투적인 것은 마찬가지다. "배가 고픕니다"라는 말이야말로 한국의 걸인들에게서 들을 수 있는 가장 상투적인 문구이다. 그런데 나는 그 말에서, 또 그 말에 따른 결과로 알량하게도 700원을 건네주면서, 오히려 심한 부끄러움을 느꼈다. 그 부끄러움이 배가 고프다는 걸인의 상투적인 고통과 무관한 것인지, 아니면 그와 연관된 것인지를 명료하게 확인할 수 있는 것은 아니다. 그러나 걸인의 고통에 대한 어떤 감응적 상황, 즉 나와 저 걸인 사이에는 고통을 둘러싼 어떤 연관이 존재한다는 생각이 나의 윤리적 양심을 불편하게 건드렸다는 점은 부정할 수 없다. 그렇다고는 하지만, 걸인의 고통에 공감하는 척 하는 '나'란 존재는 기껏 천 원도 안 되는 동전을

---

3) 이명원, 「그가 준 선물」, 『한겨레』, 2007년 11월 5일자.

건네주면서 어떤 불편한 심정을 순간적으로 해소하고 있는 것인지도 모른다. 그러나 불편함은 결코 해소되지 않는다. 오히려 이런 행위의 결과 '나'는 동정적 행위가 일종의 허위의식일지도 모른다는 성찰적 반성, 즉 심한 부끄러움에 직면하게 됐으니까. 무엇이 나로 하여금 부끄러움의 상황에 직면하게 했는가.

다시 이 글의 처음으로 돌아가 보면, 과연 고통의 제스처란 추하며 가짜 고통이라고 과감하게 말하는 것이 정당할까. 그리고 어떤 고통은 불화를 진짜로 해소시키고, 다른 고통은 그것을 가짜로 해소시킨다는 표현이 성립할 수 있을까. 고통의 강도가 문제될 수 있을지언정 고통의 진위 여부를 판정한다는 행위는 무엇을 의미하는가. 동시에 고통을 표현하는 상황 속에서의 상투적인 문구에 대해, 과연 그처럼 과감하게 비열하다는 식의 정서를 뿜어내는 것은 윤리적인가. 눈앞의 고통 앞에서 상투적인 표현에 대해 판단하고 있는 바르트와 같은 백인 지식인이야말로 사실은 개성을 빙자한 이성의 냉혹함을 표출하고 있는 것은 아닐까. 오히려 시적 상황에서 중요한 것은 대상과의 감응이며, 그 감응을 통해서 발생하는 어떤 마술적 기운에 힘입은 성찰의 과정이 아닐까. 그런 생각이 들 때, 나는 자주 기형도의 이 시를 떠올리곤 한다.

그리고 나는 우연히 그곳을 지나게 됐다
눈은 퍼부었고 거리는 캄캄했다
움직이지 못하는 건물들은 눈을 뒤집어쓰고
희고 거대한 서류뭉치로 변해갔다
무슨 관공서였는데 희미한 불빛이 새어나왔다

유리창 너머 한 사내가 보였다

그 춥고 큰 방에서 서기書記는 혼자 울고 있었다!

눈은 퍼부었고 내 뒤에는 아무도 없었다

침묵을 달아나지 못하게 하느라 나는 거의 고통스러웠다

어떻게 해야 할까, 나는 중지시킬 수 없었다

나는 그가 울음을 그칠 때까지 창밖에서 떠나지 못했다

그리고 나는 우연히 지금 그를 떠올리게 됐다

밤은 깊고 텅 빈 사무실 창밖으로 눈이 퍼붓는다

나는 그 사내를 어리석은 자라고 생각하지 않는다[4]

기형도의 잘 알려진 시편 중의 하나다. 분석을 요하지 않는 위의 시에서 내가 발견하는 것은 "유리창 너머 한 사내"와 "텅 빈 사무실 창밖"을 바라보는 "나" 사이의 고통의 연대감이다. "서기"의 고통을 지나가던 "나"는 명료한 근거 없이도 이해할 수 있다고 생각한다. "나"는 "서기"의 고통에 직면해, 오히려 자신의 고통이 커다랗게 꿈틀거리고 있음을 느낀다. 그리고 얼마의 시간이 흐르자, "나는 그 사내를 어리석은 자라고 생각하지 않는다"는 진술이 나타난다. 요컨대 커다란 빌딩 안에서 울고 있는 "서기"나, 창밖으로 퍼붓는 눈을 바라보고 있는 "나" 모두, 고통의 상황 안에서는 같은 처지가 아닌가 하는 깨달음이 그것이다.

---

4) 기형도, 「기억할 만한 지나침」, 『입 속의 검은 잎』, 문학과 지성사, 1989.

고통의 제스처를 추하다고 인식하는 것은 가능하다. 그러나 제스처처럼 보이는 고통일지라도, 사실은 언어화할 수 없는 더 큰 고통의 징후가 아닐까. 참으로 시적인 정황은 고통이 진짜냐 가짜냐의 여부를 판별하는 것에 있기보다는, 그것이 제스처의 형태를 취하고 있건 침통한 고통이건 간에, 고통을 목격하고 있는 스스로를 그 상황에 무의지적으로(또는 의지와 무관하게) 합류시키는 태도에서 나오는 것이 아닐까. 그런 과정을 통해서 언어와 실재 사이의 현격한 '거리'와 '간극'을 좁히고, 이것을 세계라는 더 넓은 연관관계로 확장해 유추할 수 있는 시야말로 시의 변용된 정치적 상상력의 출발점이 아닐까.

고통의 제스처는 추하다는 가치판단 여부와 무관하게, 오늘의 사람살이는 현실에 대한 감응 자체를 원천적으로 차단하는 상황으로 전개되고 있다. 미국의 지성인 리 호이나키에 따르면, 오늘의 인간들이 처해 있는 상황은 "사람을 그 육체와 장소와 시로부터 떼어 놓고자 하는 노력"[5]에 포섭되고 있다. 그것의 가장 대표적인 예는 살아 있는 인간 사이의 대면 접촉이 거의 상실되어가는 정황이다. 오늘의 메트로폴리스화한 도시적 삶의 방식은 표면적으로는 거대한 공동체를 이룬 것처럼 보이지만, 실제로는 사람과 사람 사이의 진정한 감각적 쾌락과 소통을 불구화 또는 차단하고 있다. 동시에 오늘의 현실은 자신이 살고 있는 공간의 장소성과 역사성을 괄호치는 비非-장소성을 특징으로 하고 있다.

---

5) 리 호이나키, 김종철 옮김, 「과학에서 시(詩)로」, 『정의의 길로 비틀거리며 가다』, 녹색평론사, 2007, 132쪽.

그런 반면, 현대적 일상을 특징짓는 것은 유동성과 이동성이다. 우리의 상투화된 주거공간이라고 할 수 있는 계획도시와 아파트는 거의 모든 대도시를 획일화시키고 있으며, 장소의 역사적 기억과 그 기억을 여러 세대에 걸쳐 계승시켰던 뿌리내림의 삶 자체를 근본적으로 부정하고 있다. 현대인들은 거역할 수 없는 속도성의 세계에서 그 종착역을 알 수 없는 분주한 이동의 도정에 있으며, 이를 통해 장소에 뿌리내리는 것으로부터 가능해질 실존적 장소의식과 연속성의 감각을 상실하고 있다. 한때 시는 이 연속성의 감각을 가장 깊은 무의식의 수준으로부터 활성화시켜, 공통의 감각적·심미적 체험을 공동체의 결속으로 연결시키는 근거였다. 그러나 산업화 이후에 달성되기 시작한 도시화와 이에 따른 이동성의 증대로 시어는 정주할 자신의 거처를 상실했다.

뿌리 없음을 특징으로 하는 현대적 세계에서, 시를 대체하고 있는 것은 유형화된 상투적 정서를 대변하고 있는 대중가요이다. 도시 생활의 비정함 속에서 대중들이 찾는 공동체의 연대감은 오직 이 대중가요에서만 간신히 충족되고 있다. 그래서 이 시대의 대중가요야말로 그 표현의 상투성에도 불구하고, 아니 오히려 바로 그런 사실 때문에 시를 대체한 현대적 음유시의 기능을 온전히 대행하고 있다. 이 차가운 겨울밤 중에도 대중들은 기꺼이 노래한다. 그러나 노래에 대한 대중들의 집념은 오늘날 다양한 형식과 어조로 변개하고 있는 시어의 전문성에 대한 욕망을 미학적으로 인내하지 못한다. 그들은 규격화되고 상투화된 도시 생활의 희비를 시적 의장을 걸친 언어적 승화로 받아들이기를 꿈꾸는데, 그것이 이 밤의 노래방을 가득 채우게 하는 동력인 것이다.

어찌 보면 오늘날 시어가 잃어가고 있는 것은 공동체를 가능케하는 공통의 장소의식과 시간의식, 그리고 이로부터 가능해질 자아와 세계에 대한 연속성의 감각이다. 비정한 도시는 각각의 개인들을 단자單子에 가까운 처지로 전락시켰다. 공동체의 언어, 또는 부족의 언어로 지칭되던 시는 이 산업화와 도시화에 따른 인간세계의 삶 자체로부터의 근본적인 소외에 따라 그 존재근거를 급격하게 상실했다. 한국의 현대시를 지탱해왔던 정신의 가장 드넓은 부분은 땅의 자력을 잃을 수 없었던 농본적 감수성이었다. 이 농본적 감수성은 '희소성'을 기반으로 하고 있는 근대적 산업화와 이에 따른 경제발전, 그것의 과정이자 결과인 인간 삶의 전반적인 사물화와 상호 간 소통의 불능 상황에 감각적으로 저항해왔다. 그것은 저항의 거친 포즈를 취하지 않으면서도, 도시적 삶의 비정함과는 전혀 다른 가치의 세계가 이 땅에 있었다는 것을 증거해왔으며, 감수성의 층위에서도 개인의 사적 이익 추구의 세계를 넘어서는 고통과 행복의 연대가 가능한 세계를 꿈꿔왔다.

그러나 그런 세계는 이미 낡은 과거에 속한다. 우리가 체험하고 있는 것처럼, 도시적 삶의 일상이 되어버린 것은 살아남아야 한다는 낮은 절규이다. 이 살아남기의 각축장 속에서, 시어는 단말마의 비명으로 전락한다. 그것은 생존권을 주장하는 거리의 파업 현장에서의 구호나 수사로 전락한 정치공학의 중계물로서, 또는 단지 웃기기 위해 발설되는 말장난의 난장판 속에서, 가야 할 길의 지도를 잊어버리고 있다. 시어를 떠받치고 있던 서정이 붕괴하고 있다는 사실이야말로, 어찌 보면 오늘의 현대적 삶의 실존적 위기의식을 가장 강력하게 예고하고 있는 것인지도 모른다.

시의 서정의식을 떠받치고 있는 자아와 대상과의 혼연일체, 그리고 이에 근거한 상호 간의 연대감이야말로, 고통을 제스처로 파악하거나 추하다는 인식으로 이끌지 않고, 슬픔의 공감적 연대감을 활성화했던 시의 위엄이자 근거였다. 그런 점에서 은유의 폭력을 말하기 전에, 우리는 은유의 연대성에 대해 말해야 한다. 근대에 이르러 인간사회는 초월적이거나 마술적인 자연의 비유를 잊어버렸다. 아스팔트에서 성장한 언어들은 감성조차도 갈가리 찢어 파편화하는 일에 열중했으며, 개인의식을 추구하는 정당한 시적 작업까지도, 그 작업이 혁신에 혁신을 거듭하면서 결국은 찢긴 언어들의 난장판으로 전락하고 있다.

그래서 시의 정치적 상상력이란 우리에게 어떤 구호를 연상시키는 것이 아니다. 오늘날 현대시가 감당해야 될 시의 정치성은 대담하고 근원적인 것이어야 한다. 단적으로 말하자면, 그것은 오늘의 한국인들을 막장과도 같은 정황으로 이끌고 있는 산업사회에 대한 근원적인 성찰을 요구한다. 이 성찰은 산업화가 우리에게 드리운 삶의 가혹한 리듬으로서의 속도성에 저항해야 한다. 그런 한편 뿌리가 상실된 이동성의 삶에 대한 강력한 경고를 시적 언어를 통해 발성해야 한다. 또한 단자화된 개인의 파편화된 문어적 실험을 거슬러, 구어적인 공동체의 결속의 언어를 발굴해야 한다. 그런 점에서 오늘의 한국 시가 취할 수 있는 가장 정치적인 상상력은 문명의 속도성을 거슬러, 마술적이고도 초월적인 세계가 과거에 있었다는 것을 적극적으로 환기시켜야 한다. 그것을 간단하게 생태시라든가 문명비판시라고 규정하는 것은 쉬운 일이지만, 그렇게 간다면 시어의 정치성은 그 활력을 오히려 상실하게 된다.

오늘의 한국 시는 땅의 감각을 급격하게 상실했고, 타자와의 소통적 관계에서 가능해지는 감각적 희열을 냉소하는 데 집중하고 있다. 오늘날 한국 시의 주류적인 경향은 갈가리 찢긴 자아의 거의 병적인 언어를 마치 실어증을 연출하는 듯한 단말마의 비명으로 제시하고 있다. 그것은 병든 현실 속에서 발생하고 있는 자아와 세계의 현격한 거리감과 자기소외가 낳은 중요한 징후이기는 하다. 그러나 현대시는 병적인 징후가 됨으로써, 시어를 통해 공동체의 구성원들이 찾고자 했던 더 나은 세계에 대한 영감과 비전을 봉인해버렸다. 그렇게 봉인된 영감과 비전 때문에, 대중들은 시어에 대한 관심을 닫아버린 대신 노래방의 마이크를 통해 잃어버린 감각적 상실감을 대리보충하고 있는 것이다.

다시 한 번 맨처음 제기했던 질문으로 되돌아가보자. 고통의 제스처는 과연 추한 것일까. 아니, 결코 그렇지 않다. 그보다는 타자의 고통을 전혀 상상할 수 없을 뿐만 아니라, 오직 분열된 자기의 고통만을 과감하게 드러내는 시의 어떤 경향들이 추한 것이다. 고통의 제스처는 설사 그것이 치기에 불과할지라도, 그것을 통해 타인과 세계 안에 자신이 속해 있음을 확인하겠다는, 소극적이나마 타자와 세계에 대한 소통의지를 표명하고 있다. 그러나 오늘의 많은 현대시들은 그런 소통에 대한 의지 없이도 제법 활발하게 쓰이고 있다. 오늘의 한국 시가 소통하고자 하는 것은 갈가리 찢긴 자신의 여러 자아들이다. 찢긴 자아들에게는 소통의 상대인 타인도, 연대감을 선사할 공동체도, 더 넓게는 그것을 둘러싸고 있는 거대한 시간에 대한 연속성의 감각도 존재하지 않는다. 그럴 때 시어는 어떤 웅얼거림이고, 대화를 거부하는 독백이다.

이 독백의 언어를 넘어서는 것이 오늘의 한국 시가 추구해야 할 정치적 상상력의 출발점이다. 그렇게 독백의 언어를 벗어나고 난 후에야, 우리는 우리의 삶을 지속적인 추락의 이미지로 구조화하고 있는 더 큰 세계의 맹목성을 근원적으로 성찰할 수 있다. 과연 고통의 제스처는 추한가? 고통의 제스처가 추한 것이 아니라, 사실은 타인의 고통과는 무관하게 편집증적으로 자기에만 매몰되어 있는 시적 상황이 추한 것이다. (이명원)

3부

민주주의, 직접행동, 생활정치

9. 직접행동의 민주주의

2008년을 뜨겁게 달궜던 촛불의 등장은 많은 사람들의 예측을 뒤집고 이명박 정부의 첫걸음을 뒤죽박죽으로 만들었다. 지지자의 수는 줄었을지라도 48%의 득표율로 당선된 이명박 정부가 안정적으로 보수적인 정책들을 실시하리라는 점을 예상하지 못한 사람은 거의 없었다. 그런데 중고등학생들의 촛불문화제에서 시작된 촛불집회가 몇 개월 동안 대규모로 이어졌고 촛불의 저항은 한 해를 훌쩍 넘어 계속됐다. 2003년 미선이와 효순이의 억울한 죽음에 항의하며 촛불집회가 먼저 열리긴 했지만, 2008년의 촛불은 시민저항의 새로운 가능성을 제시했다. 자신이 손수 만든 피켓을 들고 오거나 카메라와 노트북을 든 시민들이 등장했고, 이 시민들은 온라인과 오프라인을 넘나들며 정치행위를 펼쳤다.

이런 정치행위의 방식과 정치적 장의 확장만이 아니라 2008년 촛불집회를 계기로 '직접행동'과 '생활정치'라는 두 개념이 화두로 떠올랐다. 직접행동이나 생활정치라는 개념이 그 전에 쓰이지 않았던 말은 아니지만 사회현상을 설명하는 중요한 열쇳말로 사용된 것은 이번이 처음인 듯하다.

그런데 여기저기 쓰이면서 이 두 개념이 기성정치에 대한 근본적인 비판과 대안을 뜻한다는 점은 사라지거나 은폐되고, 단순히 현재 상황을 설명하기 위한 단어로 사용되고 있다는 느낌을 지우기 어렵다. 왜냐하면 직접행동은 시민이 직접 나섰다는 식으로, 생활정치는 쇠고기라는 먹거리가 정치의제가 됐다는 식으로만 쓰이고 있기 때문이다. 하지만 원래 직접행동은 생활정치와 밀접하게 연관되어 있고, 아나키즘의 정의를 따른다면 사회혁명을 지향하는 정치행위를 가리킨다. 직접행동과 생활정치는 정치적인 행동의 한 형태가 아니라 국가주의와 자본주의를 대체하려는 새로운 정치의 시작을 뜻한다. 그런데 이런 점은 거의 논의되지 않고 있다.

그리고 대부분의 매체들은 촛불집회의 '새로움'만을 강조할 뿐, 그것이 과거의 저항과 어떻게 연결되어 있는지를 주목하지 않고 있다(철학자 김상봉이 『시사IN』에 기고한 글을 제외하면[1]). 사실 권력의 잘못된 결정에 대한 저항이 어찌 이번만 있었겠는가. 정부의 케케묵은 대처 방식이 지금 세대의 감성, 새로운 소통 방식과 맞물려 새로운 현상이 나타났다는 점은 분명한 사실이지만, 그런 상황이 저항 자체를 설명할 수는 없는 노릇이다. 그리고 시위의 분위기와 시위문화가 다르다고 그것이 저항의 다름을 뜻하는지는 차분히 생각해볼 문제이다.

---

1) "1800년 정조가 사망한 이래 이 나라는 본질적으로 씨알과 국가기구 사이의 잠재적 전쟁상태 …… 국가는 때마다 다른 가면을 쓰고 우리를 지배하는 '그들'의 통치기구였을 뿐이다. 권력을 사적으로 전유한 '그들'에게 씨알들은 국가 공동체의 동등한 구성원이 아니라 단지 착취와 수탈의 대상에 지나지 않았다." 김상봉, 「그들의 나라에서 우리 모두의 나라로」, 『시사IN』(제39호), 2008년 6월 9일자.

어쨌거나 새로운 정치가 시작되고 있다는 점은 분명하고, 이런 변화가 한국의 정치지형을 어떻게 재구성할 것인지에 관한 고민이 필요하다. 이 글은 시위에 대한 반응을 중심으로 직접행동의 정치사상이 현재의 민주주의에 던지는 문제의식을 밝히려 한다.

선거 참여율의 저하 = 직접행동의 활성화?

2007년 대선과 2008년 총선은 각각 63%와 46%라는 최악의 투표율을 보이며 한국의 대의민주주의가 정당성을 확보할 수 있는지에 관한 물음을 던졌다. 만일 유권자의 절반이 투표하지 않은 상태에서 누군가가 절반의 지지율로 당선됐다면, 그는 유권자의 1/4의 지지를 받았다고 얘기할 수 있다. 1/4의 지지를 받은 사람이 나머지 3/4에게도 영향을 미치는 중요한 결정을 대신 내릴 수 있다는 점은 선거가 민주적인 것인가라는 회의를 불러온다.[2]

그런데 정치에 대한 무관심이나 대의민주주의에 대한 회의적인 태도가 직접행동이나 생활정치의 활성화로 곧바로 이어지는 건 아니다. 무관심이나 회의는 현실에 대한 분노만이 아니라 냉소로도 이어지기 때문이다. 그리고 직접행동이나 생활정치는 단순히 정치

---

2) "시민들이 자신과 동일한 견해를 갖고 있는 후보자를 발견할 수가 없다면 그는 자신의 진정한 대표자를 의회에 보낼 수 없는 것이다. 사실 시민들은 적은 수의 후보자들 중에서 선출해야 하므로 투표에 들어가기 전에 타협할 수밖에 없다. 사정이 이렇기 때문에 선거가 시민의 의지를 보여준다는 상투적인 말이 대체 무슨 말인지 이해하기 어렵다." 로버트 폴 볼프, 임홍순 옮김, 『아나키즘: 국가권력을 넘어서』, 책세상, 2001, 74~75쪽.

에 대한 무관심이나 회의가 아니라 정치를 바라보는 관점을 근본적
으로 바꾸는 것을 뜻하기 때문이다.

직접행동은 현실의 구체적인 욕구에서 시작해 대중의 일상생
활을 바꾸는 것을 목표로 삼는다. 직접행동은 아나키즘 정치의 중
요 개념인데, 변화의 주체가 당사자여야 한다는 점을 강조했다(가
령 노동자의 해방은 노동자의 손으로, 농민의 해방은 농민의 손으로).
아나키즘이 이론적으로 설명했듯이, "직접행동은 민중이 전위조직
이나 지식인 등의 대리인을 거치지 않고 자신의 자유의지에 따라서
스스로 행하는 행동을 의미"[3] 한다. 직접행동은 전위조직의 지도가
아니라 대중의 직접 개입을 요구한다.

변화가 당사자의 손으로 이뤄지려면 그런 변화의 힘은 당사자
들의 구체적인 욕구를 통해 만들어져야 하고, 구체적인 정치전략은
이런 주체의 능동성을 뒷받침하기 위해 끊임없이 변화되어야 한다.
따라서 아나키즘은 대중이 일상적인 사안에 관해 자신의 입장을 드
러내고 차이와 갈등의 과정을 겪으며 공동체를 구성해가는 과정이
바로 직접행동이라 보았다. 빠르고 효율적인 결정을 위해 충분히
설명하거나 토의하지 않은 채 다수결에 호소한다든지, 일방적으로
다수의 의지를 강요하거나 소수의 활동가 중심으로 움직여서는 안
된다는 것이다. 왜냐하면 변화는 철저히 아래로부터의 토론과 집회
를 통해서만 가능하기 때문이다.[4]

이처럼 직접행동은 정치에 대한 적극적이고 능동적인 관심이
며 대리인을 통하지 않고 자신의 의견을 직접 관철하겠다는 의지를

---

3) 다니엘 게렝, 하기락 옮김, 『현대 아나키즘』, 신명, 1993, 146쪽.

뜻한다. 직접행동은 무관심이나 회의 같은 수동적인 태도와 달리
적극성과 능동성을 요구한다.

그리고 아나키즘에 따르면 개인은 공동체와 관계를 맺으며 성
장하고 자아를 실현해간다(개인의 절대적인 자유를 주장하는 막스 슈
티르너나 벤저민 터커 같은 개인주의적 아나키스트들도 있었지만). 그
사람이 어떤 사람인지는 그가 어떤 사회에 살고 있는지와 무관하지
않다. 그래서 아나키스트들은 몇몇 개인이나 특정 집단의 해방이
아니라 그 사회 속에서 살아 숨쉬는 모든 사람의 해방과 자유를 요
구했다. 러시아 아나키스트 미하일 바쿠닌은 "한 민족의 자유"와
"단 한 명의 개인적 자유"에 대한 훼손도 "나의 권리와 인간성에 대
한 침해"로 받아들이고, "지상의 한 인간이라도 노예 상태에 있다는
것"이 "모든 사람의 자유에 대한 부정"을 뜻한다고 봤다.[5] 아나키즘
은 개인의 이름으로 체제에 도전하지만 그 개인의 이름 속에는 해
방을 열망하는 개인들의 집합인 대중이 숨쉬고 있다. 아나키즘은
추상적인 개인주의와 그들의 안전을 보장한다는 중앙집권화된 국
가, 그것에 기생하는 자본주의를 거부했다. 따라서 직접행동의 능
동성은 개인의 행동만이 아니라 비슷한 욕구를 가진 사람들을 조직

---

4) "우리는 사회란 마땅히 이래야 한다는 이론으로부터 이상적인 공화국을 발전시켜
야 한다고 주장하지 않았다. 오히려 노동자들에게 현존하는 사회악을 인식시키고
토론과 집회를 통해 지금보다 나은 사회의 모습은 어떠해야 하는가를 사고하도록
유도했다. …… 우리가 이상으로 삼는 사회구조는 이처럼 이론과 실천이 철저히
아래로부터 수렴되는 것이었다." 표트르 크로포트킨, 김유곤 옮김, 『크로포트킨 자
서전』, 우물이있는집, 2003, 490~491쪽.
5) 이종훈, 「바쿠닌의 자유관과 평등사회론」, 구승회·김성국 외 지음, 『아나키·환
경·공동체』, 모색, 1996, 119쪽.

하며 개인과 조직을 구분하는 이분법도 넘어선다.

직접행동은 이런 능동적인 정치 실천을 뜻하기 때문에 투표를 하지 않는 행위와는 근본적으로 다르다. 피에르 조제프 프루동을 비롯한 아나키스트들이 선거 거부나 무효표 전략을 주장했던 것도 정치적 무관심이 아니라 정치의식과 사상의 표현이었다. 프루동은 "정치적 능력을 갖는다는 것은, 하나의 공동체의 일원으로서 자기의 '의식'을 갖고, 그 결과로서의 '사상'을 확신하고, 그리고 그 '실현'을 추구하는 것"[6]이라 강조했다.

새로운 주체는 출현했는가?

촛불집회를 이끌었던 사람들을 무엇이라 부를 것인가를 놓고 여러 학자들이 이름 짓기에 나섰다. 예를 들어 '쌍방향 소통 2.0세대'(김호기), 뉴뉴소셜 무브먼트(조희연), 흐름으로서의 대중(이진경), 다중(자율주의 그룹) 등 다양한 호칭이 등장했다.

일단 세대론은 세대 간 차이를 부각시키고 특정한 사람들만을 그 세대에 편입시킨다는 점에서 배타적이고 정치적으로 올바르지도 않다.[7] 다른 규정들도 세대론과 비슷한 잘못을 저지르고 있다. 어느 한 특징을 부각시키는 순간 다른 특징은 무시될 수밖에 없기

---

6) 피에르 조제프 프루동, 박영환 옮김, 『노동자계급의 정치적 능력』, 형설출판사, 1989, 109~110쪽.
7) 하승우, 「청년의 역사, 비관과 단절을 넘어」, 이동수 엮음, 『미래와의 소통』, 이매진, 2008.

때문에, 그렇게 주체를 규정하는 순간 그 호칭은 현실의 다양한 흐름을 포괄하지 못한다. 흐름으로서의 대중이나 다중 같은 규정이 흐릿한 경계로 다양한 집단을 포괄하려 했지만 그 역시 촛불집회를 설명하기엔 부족하다. 기성정치에서 소외되거나 배제됐던 개인과 집단이 거리로 나왔지만, 촛불문화제가 촛불행진으로 바뀌고 난 뒤 거리를 가득 채운 깃발의 흐름은 기성단체(단체의 성격과 상관없이)에 소속된 사람들의 수도 적지 않음을 말해준다.

그리고 촛불집회에 적극적으로 참여한 청소년들이나 여성들이 갑자기 정치무대에 등장한 것도 아니다. 오히려 지역사회에서 생활의 여러 가지 문제를 스스로 해결하기 위해 노력했던 여성들의 정치역량이 이번 집회를 통해 국가적인 차원으로 확대된 것으로 이해해야 옳다.[8] 청소년들 역시 정부의 4·15학교자율화 조치가 도화선의 역할을 하기는 했지만 두발자유화나 청소년인권 등과 관련해 활발히 활동을 벌여오고 있었다.[9] 특히 청소년들의 시위 참가나 다양한 계층의 시위 참가는 특별한 사례가 아니라 3·1운동이나 4·19 때부터 내려오는 저항의 전통이었다. 학벌사회와 경쟁 위주의 입시

---

8) "삶에 절체절명의 위기가 닥칠 때 여성은 산과 바다, 갯벌에서 구청 앞마당에 이르기까지 그 어느 곳에서든 광장을 만들었다. 이번에는 서울시청이고 광화문이었을 뿐이다. 늘 삶의 현장, 광장과 함께 해온 여성에 대한 망각증, 이것이 무엇을 의미하는지에 대해서는 별도의 연구가 필요할 듯싶다. '연예인이나 쫓아다니는 것 같았던 10대 여학생'은 '민주화운동 프로급'인 기성세대가 포기한 바로 그 순간에 막힌 물꼬를 터줬다. 역사에서 여성은 늘 그랬었다." 김정희, 「'반쪽 생명여성주의자'가 보고 듣고 느낀 '촛불'」, 『환경과 생명』(통권57호/가을), 2008, 98쪽.
9) "촛불집회 이전부터 교육정책 반대, 청소년 인권 강화를 주장하는 청소년행동이 있어 왔고, 촛불집회 내에서도 그런 의제를 제기하며 정치적 주체로 인정받기 위한 독자적인 정치적 행동의 흐름이 있었다는 것이다." 이해진, 「촛불집회 10대 참여자들의 참여 경험과 주체 형성」, 『경제와 사회』(제80호/12월), 2008, 83쪽.

가 그런 전통을 은폐하고 단절시키려 해왔을 뿐이다. 그 전통이 특정한 세대나 계층의 담론에 갇혀 정리됐을 뿐 실제 현실에서는 다양한 흐름이 언제나 존재했다.

팍팍한 세상에 새로운 주체의 등장을 기대하는 마음은 십분 이해하겠으나 우리 일상에서 새로운 것은 그리 쉽게 등장하지 않는다. 한나 아렌트 식으로 얘기하면 사람이 계속 태어나면서 새로운 주체는 계속 등장할 수밖에 없지만, 한국의 성인남성 중심의 정치구조는 그 가능성을 차단해왔다. 새로운 시민을 길러야 할 교육이 경쟁과 학벌을 강요하며 청소년들의 정치적 성장을 막아왔고, 가부장적인 사회문화는 여성들을 공적인 영역에서 배제하고 가정에 가뒀다. 그런 점에서 촛불집회는 오히려 정치의 장에서 억눌리고 배제된 사람들의 귀환을, 시민으로 인정받지 못했던 주민들의 '시민-되기'를 뜻한다. 새로운 주체가 등장한 것이 아니라 배제된 주체, 억눌린 주체가 공적인 장으로 분출한 것이다.

그런 점에서 생활정치는 완전히 새로운 정치의 출현을 뜻하는 것은 아니다. 생활정치는 단순히 생활상의 이슈가 정치의 의제로 등장하는 현상만을 뜻하지 않는다. 생활정치라는 개념의 활용은 학자에 따라 조금씩 다른데, 앤서니 기든스는 정의를 추구하는 해방정치와 생활정치를 구분하면서, 생활정치를 "선택, 정체성 그리고 상호성의 정치"라 정의했다. 즉 "우리는 어떻게 지구온난화 가설에 대응해야 하는가? 우리는 원자력을 받아들여야 하는가 말아야 하는가? 노동은 얼마나 생활의 중심가치로 남아 있어야 하는가? 우리는 권력의 지방이양을 찬성해야 하는가? 유럽연합의 장래는 어떠해야 하는가?"와 같은 문제들에 답하는 것을 생활정치라 이름 붙였다.[10]

반면 일본에서는 생활자生活者라는 개념을 많이 쓰는데, 요코다 가츠미橫田克己는 아래로부터의 풀뿌리민주주의를 실현하는 것을 생활자정치의 과제로 삼는다.[11]

어쨌거나 생활정치는 최근의 현상이 아니라 신사회운동의 등장과 그 맥을 같이 했다.[12] 그런 까닭에 생활정치는 사회운동과의 접목을 요구받기도 한다. 예를 들어, 한상진은 '진보적 생활정치'라는 말을 쓰면서 생활정치와 사회적 경제운동의 결합을, 생활정치와 노동정치의 접합을 모색한다.[13] 김선욱은 조금 더 근본적인 의미에서 "생활정치는 사회적 사안이 정치적 차원과 불가별하게 연결되어 있음을 인식하는 것이고, 정치적 차원에 정치적으로 대응함으로써만 사회적 사안에 대한 적절한 관여가 가능하다는 것을 인식하는 것"[14]이라 정의하기도 했다.

직접행동과 마찬가지로 생활정치는 일상생활에서 드러나는 모순과 갈등을 주민 스스로가 해결하는 정치이고 그것은 일정한 전통

---

10) 앤서니 기든스, 한상진·박찬욱 옮김, 『제3의 길』, 생각의나무, 1998, 86쪽.
11) "지난 30여 년에 걸친 생활클럽운동의 경험과 그 역사는 생활자·시민에 의한 정치생활의 일상화에 의해서 정치사회를 일상생활에 가까이 다가가게 만든 운동이었으며, 일상생활의 토양으로부터 자율적인 생활자·시민을 대량으로 만들어내는 '생활자정치'의 기반을 두텁게 만들고 넓히는 운동이었다고 말할 수 있습니다." 요코다 가츠미, 나일경 옮김, 『어리석은 나라의 부드러우면서도 강한 시민』, 논형, 2004, 165쪽.
12) 권태환·송호근, 「신사회운동의 사회학: 개념, 의의, 쟁점」, 『신사회운동의 사회학: 세계적 추세와 한국』, 서울대학교출판부, 2001, 19쪽.
13) 한상진, 「지방정치 차원에서 진보적 생활정치의 모색: 울산 북구와 동구의 경험을 바탕으로」, 『진보적 지방자치, 무엇을 했고 무엇을 해야 하는가』, 진보정치연구소, 2006, 119~132쪽.
14) 김선욱, 「촛불 광장에서 아렌트를 만나다」, 『시민과 세계』(제14호/하반기), 2008, 409쪽.

을 가지고 있다. 로버트 오언이 뉴래너크에서 시작했던 협동조합운
동이나 대안공동체운동, 주민운동 등과 같은 각종의 오랜 전통이
있는 것이다. 생활정치의 맥은 오래된 미래로 현실에 잠재되어왔
다. 따라서 단순히 이슈의 차원에서만 접근할 경우[15] 생활정치에서
과정과 자치의 문제가 생략되고 의제만 남게 된다. 이렇게 되면 누
군가가 나서서 문제를 대신 해결해주겠다고 외치고, 실제로 문제가
해결될 경우 대중의 정치적인 잠재력은 감소하게 된다.

디지털은 민주주의의 새로운 대안인가?

새로운 주체의 출현을 주장하며 사람들이 가장 많이 예로 드는 것
은 문자메시지, 디카, 웹캠, 블로그, 실시간 인터넷방송과 같은 디지
털문화이다. 확실히 첨단 휴대장비가 훌륭한 소통의 도구라는 점은
촛불집회에서 충분히 증명됐다.

　　그런데 이런 디지털의 특징인 '드러내기'와 '전파하기'는 그것
이 가능한 사회적 조건을 필요로 한다. 과거 군사정부 시절 핸드폰

---

15) 가령 촛불집회의 성격과 의미 등에 관해 나온 이런 얘기들을 참조하라. "남의 얘
　　기가 아니라 내 식탁의 문제"(박수진), "취직, 등록금, 먹거리 문제라는 생활정치
　　의 영역에서 시작하는 '솔직한' 운동"(최갑수), "과거 사회운동의 주요 이슈가 민
　　주화·노사관계 등 거시적 제도에 있었다면, 이번 이슈는 먹거리 안전에 연관된
　　미시적 일상생활이다. 제도정치에 맞서는 생활정치의 등장을 우리 사회는 지금
　　지켜보고 있다"(김호기), "자신의 생활과 가장 밀접한 이해관계가 침해당한 것에
　　대한 분노 …… 광우병 소고기, 0교시 자율학습, 물가와 기름값 인상 등 일상의
　　이해관계가 사회의제의 중심이 되는 것"(권미혁).

과 디카가 보급됐다 한들 '나를 숨겨야 하는 운동'이 '나를 드러내는 운동'으로 변화됐을 리는 없기 때문이다. 기술 발전이 사회운동의 방식을 변화시켰다는 점은 분명하지만 그 사실이 사회 환경의 변화보다 더 중요하다고 얘기할 수 있을까? 집회에 참여한 사람들에게 "정부, 정당, 언론, 경찰 등 기존의 권위들 일체에 대한 존중이나 두려움이 없다는 점"[16]은 어떻게 설명되어야 할까?

그리고 집회 현장에 가보면, 과거와 달리 '다함께'의 것을 제외하면 이렇다 할 유인물이 배포되지 않았다. 주로 짧은 구호를 적은 피켓들이 보일 뿐이다. 스스로 구호를 만드는 창의력은 돋보이지만 이런 짧은 구호들이 주체들의 성장을 얼마나 자극할 수 있을지는 의문이다. 또한 웹 2.0이나 위키피디아 같은 인터넷 '집단지성'의 가능성이 많이 얘기되고 있지만, 그것은 아직 가능성일 뿐이다. 과학기술 자체가 민주주의를 보장하는 게 아니라 그것을 활용하는 사람들에 따라 그 기술은 다른 방향으로 발전될 수 있다.[17] 따라서 디지털 자체가 민주주의의 대안일 수는 없다.

그런 점에서 직접행동은 새로움보다 경계를 넓히고 확장하는 것을 강조한다. 이것을 위해 주체는 '학습과 성장의 과정'을 거쳐야 한다. 그런 성장이 없다면 대중은 '욕망의 배치'에 따라 움직일 수밖에 없기 때문이다. 이명박을 지지했던 사람이 촛불집회에 나서는 것은 이런 배치의 논리가 작동하기 때문이다. 경제도 발전시키고

---

16) 2008년 6월 7일 성공회대 민주주의와사회운동연구소가 주최한 촛불집회 토론회("축제에서 저항으로: '촛불집회'의 정치적·사회적 의미")에서 이재영(『레디앙』운영위원)이 행한 발언.

미국산 쇠고기도 막자는 두 마리 토끼의 논리는 주체를 속일 뿐이고 시민을 교활한 소비자로 만든다.

그리고 촛불시민이 기륭전자, 이랜드, KTX 노동자들의 저항에 관심을 가지기도 했지만, 그것이 대중의 마음에서 어떻게 이해되고 실감을 가지고 있는지는 따져봐야 할 문제이다. 자기 자신을 비정규직으로 여기지 않는 지지는 동정이나 연민의 다른 표현일 뿐 사회변화의 동력을 만들지 못한다. 그리고 내 식탁의 안전성을 주장하는 것이 다른 나라 대중의 식탁의 안전성을 걱정하는 마음으로 쉽게 발전하지는 않는다.

소위 386세대의 욕망배치만 봐도 그 점은 쉽게 증명된다. 욕망의 배치구조를 깨지 않는다면 변화는 지속성을 가지기 어렵고, 그런 구조변화는 자각과 성찰을 요구한다. 바로 이와 같은 자각과 성찰이 필요하기 때문에, 직접행동은 '사회적 개인'이라는 개념을 주

---

17) 그런 점에서 라인골드의 지적은 시사적이다. "첫째, 도구를 과제로 착각하지 마십시오. PC, 인터넷, 무선 이동통신장비들을 통해 가능해진 출판과 통신과 조직의 민주화는 풀뿌리 행동주의를 위한 중요한 도구입니다. 그러나 민주주의에 실질적인 힘을 부여하는 것은 투표가 이루어지고, 정치적 결정이 내려지며, 전쟁과 시위가 벌어지는 현실세계 사람들의 지식과 의향과 행동들입니다. …… 둘째, 모든 영리한 군중이 반드시 현명한 군중은 아니라는 점을 양지하시기 바랍니다. …… 만약 충분한 수의 사람들이 당일의 중요한 사안들을 이해하지 못하고, 이 사안들과 그들에 의해 영향받는 정부정책들에 관해 토론하지 못한다면, 모든 지도자들이 공정한 선거를 통해 선출됐다 하더라도 민주주의는 공허한 것, 쉽게 조작될 수 있는 것이 될 것입니다. 신중함은 지도자들만의 덕목이 아니라 국민들 모두의 덕목이기도 합니다. 셋째, 공공영역(민주주의의 기초를 제공하는 시민들 간의 자유롭고 공개된 담론의 장)을 종종 생산적인 정치적 토론을 잠식하는 감정적이고, 무지하고, 구호가 난무하는 온라인상의 전투와 구분하는 것은 예의와 이성과 증거입니다. …… 넷째, 인터넷의 자율성을 보호하고, 혁신의 공유지를 사유화하려는 시도에 대해 저항하십시오. …… 기득권자들의 힘을 결코 과소평가하지 말기 바랍니다." 하워드 라인골드, 이운경 옮김, 『참여군중』, 황금가지, 2003, 8~9쪽.

장한다. 실제로 개인과 사회의 관계를 어떻게 설정할 것인가는 새로운 정치를 구상하기 위한 가장 기본적인 틀이라고 할 수 있다. 그러므로 주체에 관한 논의 역시 이 틀에서 이뤄져야 한다. 영국의 정치철학자 샹탈 무페는 다원주의와 개인주의를 구분하면서 개인의 중요성을 받아들이지만 개인주의는 인정하지 않는다. 다시 말해서 공동체 내의 여러 사회적인 관계들이 영향을 미치기 때문에 개인은 사회와 분리된 존재로 가정되거나 어느 한 차원(계급이나 성, 인종 등)으로 환원될 수도 없다는 것이다. 오히려 개인은 그런 사회적인 관계의 그물망 속에서 어떤 위치를 차지하는가에 따라 다양한 정체성을 가지게 된다.

개인이 개인답게 살기 위해서는 반드시 타자가 필요하다. 다른 생명과의 공생을 전제로 하지 않는 자급과 자치는 허구이기 때문이다. 직접행동은 개인과 사회를 대립시키지 않고, 공존을 위해 서로가 서로에게 필요하다고 본다. 그래서 강하고 자율적인 개인을 만드는 과제는 강하고 자율적인 사회를 만드는 과제이기도 하다. 자기만의 강함을 추구하는 건 권력정치로 변질되기 쉽다.

새로운 주체에 관한 구상은 반드시 이 문제를 건드려야 한다. 이런 논의는 서구 사회에서 1968년에 논의된 것이기도 하다. 저항의 즐거움, 저항의 축제는 가능한가라는 물음만이 아니라 비폭력은 무조건 인정되어야 하는가라는 물음이 함께 따라야 한다. 그리고 (헤르베르트 마르쿠제의 개념을 빌리면) 그 속에서 '새로운 감성'이 출현할 수 있는가를 물어봐야 할 것이다. 세상을 해석하고 즐기는 새로운 이성과 감성이 출현하지 않는 이상, 새로운 주체가 등장했다고 선포하는 것은 섣부른 판단이 아닐까?

자유민주주의에서 자치와 자율로

원래 직접행동은 자유민주주의 체제와 모순적인 관계에 있다. 왜냐하면 직접행동은 대의민주주의에 의문을 던질 뿐 아니라 국가기구를 비판하고 대안공동체를 구성하려는 시도이기 때문이다. 따라서 국민소환이나 국민투표 같은 '국민'으로서의 정체성은 직접행동의 정치와 맞지 않는다고 얘기할 수 있다. 오히려 직접행동은 연방주의나 마을공동체 같은 적극적인 대안과 맞물려 있다.

그런데 영국의 정치학자 에이프릴 카터는 직접행동이 다른 모든 정치행위를 꼭 대체할 필요는 없다고 말한다. 직접행동은 대의민주주의 자체를 부정하지 않고, 대의민주주의를 보완·발전시키는 방안이라는 것이다. 그래서 "참여민주주의가 시장사회의 부정적인 측면과 대중여론의 조작이라는 측면을 긍정적으로 상쇄해준다고 볼 수도 있"기 때문에 "직접행동을 참여적 기능을 충족시키는 추가적 수단으로 보자고 주장"[18] 하는 카터는 대의제도와 직접행동이 서로 보완하며 민주주의를 활성화하는 모델, 즉 직접행동과 의회제도의 공존을 모색한다. 카터는 독일 녹색운동처럼 "완전히 혁명적 체제 전복을 목표로 하는 것이 아니라 기존의 자유민주주의 테두리 내에서 정책이나 제도변화를 모색"[19] 한다.

자유민주주의를 부정하지 않는데도 불구하고 카터가 직접행동을 강조하는 중요한 이유는 "직접행동에 참여하는 사람들이 자력화

---

18) 에이프릴 카터, 조효제 옮김, 『직접행동: 21세기 민주주의, 거인과 싸우다』, 교양인, 2007, 532쪽.
19) 카터, 『직접행동』, 94~95쪽.

효과empowering effect를 경험한다는 것," 즉 "직접행동에 가담하는 이들이 공개적으로 자기 목소리를 당당하게 냄으로써 자부심과 존엄감을 얻을 수 있고, 두려움을 떨쳐버릴 수 있으며, 타인과 연대감을 고양할 수"[20] 있기 때문이다. 이렇게 직접행동은 시민의 능동성을 자극해서 "민주적 조직 방식을 실험해볼 수 있고 새로운 민주주의 사상을 생각해낼 수도 있다."[21]

그렇다면 지금 촛불시위는 한국이 표방하고 있는 자유민주주의 체제와 어떤 관련을 맺을 것인가? 이 관련성은 폭력/비폭력의 대립구도만이 아니라 대의민주주의 제도를 어떻게 받아들일 것인가라는 물음과도 맞닿아 있다.

집회 때마다 거리에서 가장 많이 울려 퍼진 노래는 「대한민국은 민주공화국이다」였다. 이런 노래가 애창되는 것은 우리 현실의 상황이 여전히 헌법정신과 부합하지 않기 때문이다. 제도가 헌법정신을 실현하지 못하기 때문에 거리로 뛰쳐나온 사람들이 헌법을 지지하는 기이한 사태가 벌어지고 있다.

사실 행정권력만이 아니라 입법권력도 대중과 분리된 현재의 상황에서 제도적인 대안을 찾을 수 없다는 점은, 국가기구가 지속적으로 시민들의 의견을 받아들이지 않을 경우 어떻게 할 것인가라는 근본적인 물음을 던지게 만든다. '거리의 정치'가 '공론장'을 구성할 수는 있지만 한국에서는 그 공론장이 입법이나 행정에 영향을 미치지 못하고 있다. 그런 상황에서 '영향력의 정치'가 효과적으로

---

20) 카터, 『직접행동』, 515쪽.
21) 카터, 『직접행동』, 492쪽.

이뤄지리라 보긴 어렵다. 한때 조중동에 대한 강력한 압박이 여론 형성의 새로운 계기를 마련해주기는 했지만 그 역시 근본적인 대안이라 얘기하기는 어려운 상황이다.

카터의 주장처럼 법에 호소하고 자유민주주의적인 절차에 따르고 난 뒤에 직접행동에 호소해야 한다면, 우리는 누가 법을 만들고 누가 법을 해석하는가라고 먼저 물어야 한다. 법치주의는 "법 앞에서 누구나 평등하다"고 규정하는데, 바로 그 점 때문에 법은 이미 불평등하다. 왜냐하면 자유주의가 전제하는 평등함은 현실세계의 강자와 약자를 구분하지 않아서 현실의 불평등을 정당화하기 때문이다. 예를 들어 우리는 한진그룹의 조양호 회장, 두산그룹의 박용성 전 회장, 현대자동차의 정몽구 회장, 한화그룹의 김승연 회장이 명백한 범죄를 저지르고도 집행유예로 풀려나는 세상을 살고 있다. 반면에 KTX 여성노동자들은 2008년 12월에 재판에서 이기고도 아직 복직을 못하고 있고, 그 뒤를 이은 새마을호 여성노동자들도 마찬가지이다. 이랜드의 비정규직 여성노동자들은 510일간의 투쟁 끝에 복직을 했지만 파업을 주도했던 노조간부들은 해직되었다. 우리는 여전히 수많은 비정규직 노동자들이 거리로 내몰리고 구속되는 세상을 살고 있다. 물론 그런 현실이기 때문에 직접행동이 필요하다고 얘기할 수 있겠지만, 대의정치체계와 사법권력을 근원적으로 변화시키지 않은 채 직접행동만으로 세상을 바꿀 수는 없다. 강자를 위한 법이 제정되고, 강자를 위해 법이 해석되는 현실에서 직접행동은 대의제도 자체에 맞서야 한다.

더구나 한국의 자유민주주의는 기본적으로 반공주의와 친시장이라는 한계를 띠어왔다. 설령 한국의 특수성을 거론하지 않더라

도, 자유민주주의는 적극적인 시민참여를 달갑게 받아들이지 않는
다. 미국의 정치사상가 리처드 스위프트의 말처럼 자유민주주의는
약한 민주주의와 연관되어 있다. "약한 민주주의에서 인민주권은
사유재산권에 포위되어 있으며, 사유재산권은 공동체의 집단적 권
리를 좌우하게 된다. 이런 이론은 소유권적 개인주의 개념에 기초
한 강한 시장/약한 민주주의 모델이다."[22] 자유민주주의는 민주적
인 가치들을 개인주의적이고 사적인 목적을 위해 선택하는 수단으
로 간주하기 때문에 시민참여를 강조하지 않는다.

    그리고 자유민주주의는 소유권에 대한 공격이나 사회적 약자
에 대한 평등에 강하게 반발한다. 그래서 "자유주의는 본질적으로
민주적이지 않으며, 실제로는 전면적 민주주의 개념에 적대적"[23]이
라는 평가를 받는다. 실제로 무페는 법치주의, 종교의 자유, 공공영
역과 사적영역의 구분과 같은 자유주의적 세계관을 평등과 인민주
권이라는 민주주의적 전통과 구분한다. 법치주의, 인권보장, 개인
적 자유에 대한 존중을 강조하는 자유주의적 전통은 평등, 치자와
피치자의 동일시, 인민주권을 강조하는 민주주의적 전통과 구분되
어야 한다고 생각하기 때문이다. 무페는 이 두 가지 전통 사이에 어
떠한 필연적 연관성도 없고, 서로에게 영향을 미치기 위해 치열한
투쟁을 벌여왔다고 주장한다.

    그런 점에서 무페는 자유주의적 전통이 강조되고 민주주의적
전통이 약화되는 것이 '민주주의의 빈곤'을 초래한다고 우려한다.

---

22) 리처드 스위프트, 서복경 옮김, 『민주주의』, 이소출판사, 2004, 46쪽.
23) 스위프트, 『민주주의』, 53쪽.

예를 들어 인권에 대한 존중은 자유주의와 긴장을 유발하고, 자유를 위해 인민주권을 제한하는 것이 정당하다는 생각도 민주주의의 역설을 불러온다. 따라서 자유민주주의를 고정된 체계로 이해하기보다 그것을 투쟁의 장으로 이해하는 것이 중요하다. "자유민주주의를 구성하는 양자 사이의 긴장은 정치세력들 사이의 실용적인 협상에 의해 일시적으로 안정화될 뿐이며, 그런 협상을 통해서 언제나 상대방에 대한 일방의 패권이 확보된다."[24]

직접행동은 이런 자유민주주의를 넘어서는 삶, 궁극적으로 자치와 자율의 삶을 추구한다. 앞에서 봤듯이 직접행동이 추구하는 자치와 자율은 사회적 개인의 것이다. 근대의 대의정치를 직접정치로 전환시키는 근본적인 전환을 위해서는 이런 사회적 개인을 창출해내는 과제가 필요한데, 이 과제는 자율적이고 강한 사회를 건설하는 과정과도 결코 무관하지 않다. 왜냐하면 자유민주주의는 개인을 수동적이고 소극적인 '작은 인간'으로 만들며, 그들이 직접행동에 나서고자 하는 능동성을 갉아먹기 때문이다. 그리고 그런 수동성의 중심에 바로 비폭력(비폭력은 '비폭력주의'와 다르다. 비폭력주의는 폭력적인 수단을 쓰지 않는다는 의미만이 아니라 자치와 자립이라는 의미도 가지기 때문이다)과 대의제도가 자리를 잡고 있는 것이다. 아무튼 그렇기 때문에 자유민주주의에 맞설 집단적인 힘을 생성해줄 코뮌의 필요성이 강조되어야 할 것이다.

우리에게 직접행동의 '논리'만이 아니라 직접행동의 '상상력'이 필요한 이유가 바로 이것이다. 현실의 부조리에 맞서는 '저항의

---

24) 샹탈 무폐, 이행 옮김, 『민주주의의 역설』, 인간사랑, 2006, 19쪽.

정치'도 필요하지만 새로운 대안을 제시하는 '구성의 정치'가 더 절실하다. 그러기 위해 직접행동은 현실을 근본적으로 재해석하고 새로운 틀을 짜는 도구가 되어야 한다.

이런 상상을 해보는 것은 어떨까? 선거라는 대의민주주의의 방식이 아니라면 어떤 방식의 민주주의가 가능할 수 있을지 말이다. 이미 제비뽑기를 비롯한 추첨제도의 민주성은 지속적으로 강조되어왔다. 추첨과 패각추방은 뛰어난 한 인간이 오랫동안 권력을 장악하는 걸 구조적으로 막음으로써 대중의 정치개입을 자극했을 뿐아니라, (더 중요한 점으로) 사람들이 끊임없이 자신을 개발하고 탁월함을 추구하도록 만들었다. 즉 이런 제도적인 장치들은 남과 다르고 남보다 뛰어나고 싶어 하는 사람들의 욕망을 자극해서 개인이 강함과 위대함을 기르고 드러내도록 했다.[25]

일상의 정치를 재구성하기 위한 방안으로 다양한 형태의 민주주의 공간을 만들어야 한다고 주장하는 벤저민 바버의 논의도 귀기울여 볼 만하다. 바버는 시민정신의 재활성화를 위한 '강한 민주주의' 프로그램을 다음과 같이 제시한다. 1) 1천 명에서 5천 명의 시민들로 구성되는 '이웃회합'의 전국체계(처음에는 토의 기능만을 가지나 나중에는 지역의 입법능력도 가질 것이다), 2) 새로운 원거리 통신기술의 시민 이용을 관리·감독하고 국민투표적 이슈들에 관한 논쟁과 토론을 감독하는 전국적 시민통신회사, 3) 균등한 정보획득 기회와 모든 시민들에 대한 충분한 시민교육을 촉진하기 위한 시민 비디오텍스 서비스와 시민교육우편법, 4) 지방의 시민참여에 의한

---

25) 하승우, 『참여를 넘어서는 직접행동』, 한양대출판부, 2004.

비범죄화 decrimination 와 비공식적인 비전문가 재판의 실험, 5) 다선택 포맷과 두 단계의 투표계획을 갖춘, 의회입법에 대한 대중발안과 국민투표를 허용하는 전국적인 국민발안과 국민투표 과정, 6) 시민통신회사의 감독하에 처음에는 교육적 여론조사적 목적만을 위한 전자통신을 이용한 투표의 실험, 7) 추첨(급료를 인센티브로 제공)에 의해 선택적으로 지방공직을 선거, 8) 선정된 학교, 공공주택 공급 프로젝트, 교통체계 등을 위한 내적 보증체계 internal voucher system 의 실험, 9) 모든 시민들을 대상으로 하는, 군복무 선택을 포함한 보편적 시민봉사 프로그램, 10) 공동작업과 공동활동에서의 지방자원자프로그램의 공적 지원, 11) 경제적 대안을 위한 모델로서 공적인 제도를 갖춘 작업장 민주주의 실험에 대한 공적 지원, 12) 새로운 시민적 공공장소의 건축.[26]

그렇다면 우리는 일상의 정치공간을 재구성하기 위해서 어떤 전략을 가지고 있는가? 그런 전략 없이 직접행동 자체가 사회를 변화시킬 수 있을까?

> 새로운 계획과 새로운 정치는 개인의 주변 환경—사람들의 주택 상태, 이웃의 여러 문제, 교통시설, 경제조건, 환경오염 문제, 노동 현장의 상태—을 둘러싸고 구조화되어야 한다. 지역센터, 협동조합, 농업센터, 그리고 마지막으로는 주민회의라는 형태로 권력을 점차적으로 이웃과 자치단체로 이전시켜야 한다.[27]

---

26) 벤저민 바버, 박재주 옮김, 『강한 민주주의: 새 시대를 위한 참여적 정치』, 인간사랑, 1992; 이선향 옮김, 『강한 시민사회, 강한 민주주의』, 일신사, 2006.

직접행동 전략의 필요성

직접행동의 시대에 정당과 사회운동은 어떤 역할을 맡게 될 것인가? 촛불집회가 계속됐지만 이명박 정부는 재협상 요구를 수용하지 않았다. 이 상황은 어떻게 해결될 수 있을까? 그와 관련해 국민들의 목소리를 지속적으로 반영할 수 있는 정당체제의 제도화가 요구되고 있다. 최장집은 "민주주의 운영의 핵심 메커니즘이라 할 정당과 정당체제가 제대로 제도화되지 못하고 있다는 문제"를 지적하며 "민주주의에서 정당이 필수적인 까닭은 결정 과정에서 숱한 갈등과 요구를 내부화하고, 조정을 통해 타협 가능한 대안을 만들기 때문"이라고 밝혔다. 그리고 김호기 역시 "정당정치와 탈현대적 정치를 어떻게 생산적으로 공존, 결합시킬 것인가는 현재 우리 정치에 부여된 최대의 과제"라고 주장했다.

하지만 정당체제의 제도화를 이룰 방법은 여전히 제시되지 않고 있다. 제대로 된 정당을 어떻게 만들 것인가? 그 방법에 관한 논의 없이 필요성만 주장하는 게 어떤 도움을 줄 수 있을까? 그런 정당이 등장할 때까지 행동의 수위를 조절하며 기다려야 할까? 기존 정당이 시민들의 역동성을 못 담아낸 것에 대한 실망인가 아니면 정당이라는 시스템에 대한 실망인가를 먼저 파악해야 한다.

지금까지 한국 정당체계가 정치 보스를 따르는 인물정당이었고, 정책정당으로의 전환이 시급하다는 주장은 많았다. 하지만 정

---

27) 머레이 북친, 박홍규 옮김, 『사회생태주의란 무엇인가』, 민음사, 1998, 249쪽.

당이 정책을 생산하는 기능을 제대로 하려면 무엇이 필요할까? 예를 들면 지구당의 역할이 중요하다. 지구당은 풀뿌리민주주의의 근간이며 하의상달의 통로 및 정치참여의 기본단위이기 때문이다. 지구당을 폐지한 것은 이익집단이나 사회적 결사가 발전하지 못한 상황에서 그나마 존재하는 사회적 여론수렴 기능을 폐지하는 것과 다름없다.[28] 지구당이 아래로부터의 의사수렴을 위한 기본토대가 되어야 한다는 점은 말할 것도 없고 지구당 위원장도 선출되어야 한다. 그리고 지방선거 후보자를 공천할 때 지역의 사회단체에게 추천이나 지명을 받도록 하는 방법은 정당과 지역 시민사회단체를 연계시키는 중요한 고리가 될 수 있다.[29] 또한 공천 과정에서 후보자들이 자신의 입장을 밝히고 토론회를 열어야 한다는 점을 명시해야한다. 그런 토론과 논쟁 과정에서 공천 과정의 민주성이 자연스럽게 담보되고 정책도 개발될 수 있을 것이다. 이런 정당 내부의 제도

---

28) 박찬표, 「한국 '정당민주화론'의 반성적 성찰: '정당민주화' 인가 '탈정당' 인가」, 『사회과학연구』(제11집), 서강대학교 사회과학연구소, 2003.

29) 독일 녹색당은 시의회, 군의회, 주의회, 연방의회 등에서 여러 시민운동단체의 목소리가 되는 것과 그런 기구들로부터 여러 민중운동단체에게 특별한 정보를 제공해주는 것을 자신들의 중요한 기능 중 하나로 여기고 있다. 녹색당에서 선거의 후보자가 되려는 사람은 우선 지방집단에 자신이 보증받을 만한가 하는 점을 묻게 된다. 지방집단의 보증을 받은 후보자는 그 다음으로 주 조직에 자신의 이력서와 정치성명서를 제출하게 되는데, 그것은 모든 당원들에게 배포된다. 마지막으로 후보자들은 주말에 열리는 주 전체의 당대회에 참석해 자신들의 정치적 견해와 의회에 있어서 자신들의 우선 과제가 무엇이 될 것인가를 피력한 뒤 일반당원들로부터 질문을 받게 된다. 한 걸음 더 나아가 녹색당의 일부 지부들은 시민운동단체의 대표들과 같은 비당원들이 녹색당의 결정 사항들에 대해 표결하는 것을 허용하고 있다. 그리고 대부분의 지부들은 투표권을 주지 않더라도 비당원들이 토론에 참여하는 것을 허용하고 있다. 샤를벤느 스프레트낙·프리초프 카프라, 강석찬 옮김, 『녹색정치』, 정신세계사, 1990.

들은 정당의 이익대표 기능과 시민사회의 활성화를 접목시킬 수 있
는 근거가 될 것이다. 그리고 그런 과정에 당원만이 아니라 지역주
민들의 참여를 보장할 경우 자연스럽게 시민교육의 효과도 낳을 수
있고 정치참여를 자극할 수도 있다.

작년의 촛불집회는 정당만이 아니라 사회운동단체에도 새로운
과제를 던졌다. 촛불집회에서 드러났듯이 단체나 지식인의 지원을
거부하는 대중에게 사회운동이 어떤 역할을 맡아야 할 것인가? 대
중이 운동의 지도를 거부할 경우 조직화되지 않는 대중, 조직화를
거부하는 대중 사이에서 사회운동은 어떤 역할에 집중해야 할까?
더구나 정당이 정책적인 기능을 담당하고 대중이 스스로 변화의 동
력이라면, 사회운동은 무슨 역할을 해야 하나?

안진걸은 "과거 운동권 단체들이 중앙집중식으로 집회를 진행
한 것을 대성찰해야 한다는 지적은 맞지만 지금 국민대책위가 제공
하는 최소한의 서비스가 참여시민들의 '난장' 과 '자율' 을 제약한다
고 보지는 않는다"고 얘기하지만 시민들이 시민사회단체에 보이는
반감은 사라지지 않고 있다.

2002년 촛불시위에서는 '깃발논쟁' 이 벌어졌다. 그런데 2008
년에는 그 논쟁의 수위가 더 심각해졌다. 깃발논쟁이 집회 방식에
대한 문제제기였다면, 작년의 '프락치 논쟁' 은 상호 간의 신뢰가 사
라지고 있음을 말한다. 6월 10일 집회 때 벌어진 '스티로폼 논쟁'[30]
역시 그런 불신을 반영한다. 이 논쟁이 과거보다 심각한 것은 그것
이 상호 간의 신뢰를 제거하고 있기 때문이다.

이뿐만이 아니다. 사회운동단체와 대중과의 소통 역시 심각한
수준으로 단절되어 있음이 드러났다. 대중은 사회운동단체를 정치

적·성과 중심적·폭력적이라고 파악하고, 단체는 대중이 비정치적·무대책/무목적적이고 비폭력에 집착한다고 생각한다. 사회운동단체가 '사회적 공공성'을 지향한다는 합의가 깨지고, 단순히 '이익집단'으로 취급되는 상황이 온 셈이다(그것은 기성 단체가 보여왔던 '성과주의'의 문제이기도 하다).

물론 정치권이 만든 알리바이에 걸려들어 사람들이 오해하고 있는 부분도 많다. 하지만 과거에 말 잘하면 빨갱이였다면, 이제는 말 잘하면 프락치나 운동권으로 분류되는 위험한 논리가 등장하고 있다. 따라서 정당이나 사회운동단체 어디든지 단체와 대중 간 소통의 계기를 마련하고, 사회적 공공성을 어떻게 구성할 것인가에 관한 사회적 합의를 고민하는 게 필요하다.

이와 같은 문제를 고민해보기 위해 일단 2002년에 대한 평가로 되돌아가 보도록 하자. "촛불시위는 탈중심·비제도화된 대중권력에 기초한 개방적 교통과 토론의 가능성을 내재하고 있지만 촛불시위에서 네티즌들이 보여줬던 '시위의 순수성'에 대한 과도한 집착 내지 '정치적인 것'에 대한 경계, 반미 의제에 대한 거부, 이데올로기적 국가장치에 의한 분할의 수용 등은 스스로를 제도적인 틀 내로 제한하는 '역설'을 낳기도 했다."[31] 지금의 촛불집회는 이 역설에서 얼마나 벗어났을까?

---

30) 촛불집회 당시 경찰이 설치한 컨테이너 장벽(소위 명박산성)을 넘어가기 위해 시민사회단체 활동가들이 장벽 앞에 스티로폼을 쌓기 시작했다. 하지만 비폭력을 외치던 시민들이 이를 막았고, 결국 스티로폼으로 연단을 만들고 시민들이 이 문제에 관한 토론을 벌였다.
31) 김원, 「사회운동의 새로운 구성방식에 대한 연구: 2002년 촛불시위를 중심으로」, 『담론201』(제8권/2호), 한국사회역사학회, 2005, 153쪽.

그리고 인터넷의 소통은 속도가 빠른 만큼 감정적이다. 특히 분노의 전파속도가 빠르다. "시민들의 반응도를 향상시키는 인터넷 효과는 사회연결망과 감정 변수의 결합으로 강화될 수 있"는데, "인터넷에서 개인의 감정은 오프라인과 달리 텍스트로 저장되고, 다른 사람에게 드러내지는 '가시성'을 띠게 되며, 널리 유통될 수 있는 '정보'가 되기 때문이다. 분노와 같은 감정은 온라인 네트워크를 통해 밀도 있게 표출될 경우 다른 사람의 행위에 영향을 미치는 자원이 될 수 있다."[32] 감정과 정서는 정치를 움직이는 힘이고 소통의 한 가지 방식이지만, 그것만으로는 소통이 이뤄질 수 없다.

사실상 사회단체에서 활동한 경험과 직접행동, 생활정치의 능력은 반드시 일치하지 않는다. 직접행동의 관점에서 보면 실제로 대중이 생활정치적 능력을 더 많이 가지고 있을 수 있다. 그렇다면 생활정치의 장에서 사회운동은 대중과 소통할 뿐 아니라 때로는 대중에게 학습을 받을 필요가 있다. 하지만 이런 필요성을 인정할 단체가 몇이나 될까? 여전히 대부분의 단체는 대중에게 계몽의 관점을 가지고 접근하고 있지는 않는가?

정치의 세계는 진리의 세계가 아니다. 그렇기에 갈등을 통한 충돌이 필요하고, 또 불가피하다. 소통을 강조하는 사람들이 많이 드러내는 편견은 갈등을 회피해야 할 것으로 본다는 점이다. 하지만 대중은 훈련과 학습을 통해 무관심과 수동성의 껍질을 깨고 새로운 정치의 주체로 거듭날 수 있다. 그리고 이런 훈련과 학습에는 '반드

---

32) 김경미, 「인터넷이 집합행동 참여에 미치는 영향: '2002 여중생 추모 촛불집회'를 중심으로」, 『한국사회학』(제40집/1호), 2006. 206~207쪽.

시’ 갈등이 필요하다. 직접민주주의는 암묵적인 동의나 허구적인 만장일치가 아니라 ‘능동적인 반대’를 통해서만 빛을 발하기 때문이다. 새로운 목소리만이 기존의 선입견과 틀을 깨고 새로운 내용을 채울 수 있기 때문이다. 그런 점에서 ‘합의’나 ‘순수함’보다 ‘차이’와 ‘혼성’을 강조해야 한다.

비폭력과 관련된 논쟁도 마찬가지이다. 카터는 비폭력을 얘기하기 위해 의도적으로 직접행동과 아나키즘을 분리시키지만, 아나키스트들은 직접행동의 비폭력성을 체제의 폭력성 또는 정치폭력과 구분하지 않았다. 예를 들어 미국의 아나키스트 엠마 골드만은 이렇게 얘기했다. “자본과 정부의 전반적인 폭력과 비교할 때 저항세력이 행사하는 폭력이라는 정치적 행위는 넓은 바다에 떨어진 물 한 방울에 불과하다. 폭력적 저항이, 이 사회에 감내할 수 없는 불평등 요소들이 존재하고 이로 인한 갈등이 심각할 지경에 이르렀다는 가장 강력한 반증임을 반박할 수 있는 사람은 거의 없다.”[33] 체제의 체계적이고 기계적이며 압도적인 폭력을 얘기하지 않고 짓눌린 자들의 대응하는 폭력만을 얘기하는 것 자체가 이미 현실을 수동적으로 받아들이게 만드는 것이다. 아직도 공권력의 폭력적인 진압으로 국민이 목숨을 잃기도 하는 한국 사회에서 우리는 그런 체제의 폭력에 대해 너무 둔감한 게 아닐까?

민주주의는 저항의 과정에서만 생명력을 누릴 수 있다. 다시 말해서 대중의 직접행동이 있을 때에만 민주주의는 살아있을 수 있

---

33) 엠마 골드만, 김시완 옮김, 『저주받은 아나키즘』, 우물이있는집, 2001, 99쪽.

다. 한국 사회에서 직접행동은 '거리의 정치'만이 아니라 '일상의 정치'까지 파고들 때에만 변화의 잠재력을 구성하고 실제로 변화를 이끌어낼 수 있을 것이다.

국가 없는 삶은 어떨까

오쿠다 히데오의 『남쪽으로 튀어!』(2006)는 상상력의 별로 인도하는 나침반이다. 이 책에 등장하는 우에하라는 이명박 정권 아래에서 우리가 어떻게 살아가야 하는지를, 세상에 좌절하지 않고 어떻게 버틸 수 있는지를 잘 보여준다. "전개展開해봐"라며 누구에게나 들이대는 우에하라의 거침없는 발언도 흥미롭지만 정말 나의 공감을 끌어낸 것은 책 전반에 깔려 있는 세계관이다.

우에하라는 국가에게 어떠한 도움도 받지 않고 세금도 내지 않겠다고 선언한다. "오만하기 짝이 없는 발상이군. 대체 어느 누가 도와달래? …… 사람을 저희들 맘대로 국민으로 만들어놓고 이래저래 세금을 뜯어간다니까. 그러면 인간은 태어나면서부터 피지배층이라는 얘기야? 정말 웃기고 있어"라는 우에하라의 얘기는 단순하지만 많은 진리를 내포하고 있다.

왜 우리는 끊임없이 국가에 요구하고 국가로부터 어떤 확답을 받아내려 할까? 권력은 언제나 우리의 기대를 배신해왔으니 이제 그 지긋지긋한 믿음을 버릴 때도 된 듯한데, 아직 의식은 그 틀을 벗어나지 못하고 있다. 우에하라는 이런 우리들에게 타협하지 않는 불복종의 삶이 어떤 것인지를 구체적으로 보여준다.

익숙한 상식에서 벗어나는 순간 우리에게 새로운 삶의 길이 보일 수 있다. 이명박 정권이 우리의 요구를 들어주지 않으면 어떡할 것인가를 고민하는 것 자체가 이미 지배의 논리에 포섭되어 있다. 대한민국 헌법 제1조를 반복해서 부를 게 아니라 그 법의 테두리 밖으로 나가 국가라는 짐승을 길들여야 한다. 우리 안에 갇혀서는 짐승의 위협에 굴복할 수밖에 없지만 우리 밖으로 나가 짐승을 굶기면 그 놈도 말을 듣지 않을까?

그렇다면 우리의 문을 열고 나가는 방법은 뭘까? 국가 폐지를 목표로 삼는 정치조직을 만들거나 이념을 구성하면 될까? 하지만 국가를 없애겠다던 사회주의 운동의 실패는 단순히 조직이나 이념만으로 국가를 넘어서기 어렵다는 점을 이미 증명했다. 어떤 완성된 청사진을 가지고 현실을 그에 맞춰가는 방식으론 이제 사회를 변화시키기 어렵다.

따라서 어떤 하나의 방향에 맞추지 말고 각자가 자신의 생활공간에서 국가 없는 삶을 대비해야 한다. 무엇을 기대하거나 기다리지 말고 마음으로 믿고 그렇게 살면 된다. "혁명은 운동으로는 안 일어나. 한 사람 한 사람 마음속으로 일으키는 것이라고!"라는 우에하라의 외침은 권력에서 벗어난 실질적인 변화의 잠재력을 말해준다. 그리고 "누군가가 나서서 싸우지 않는 한, 사회는 변하지 않아. 아버지는 그 중 한 사람이다"는 말은 그런 개개의 변화가 사회를 변화시키는 흐름과 무관하지 않음을 알려준다.

더구나 이 변화의 과정은 유쾌하다. 작년의 촛불집회가 이미 잘 보여준 바 있듯이, 저항과 즐거움은 얼마든지 결합할 수 있다. 분명한 미래가 보이지 않아도 즐거우면 사람들은 계속 저항에 나설 것이다. 어린 지로는 우에하라의 삶을 이해할 수 없어도 "춤을 추다 보니 이게 또 무지하게 즐거웠다. 국가는 없어도 좋지 않을까, 그런 생각까지 들었다"라고 말한다. 의식적인 선전이나 선동을 통해서가 아니더라도 함께 즐기는 가운데 자연스레 서로의 삶이 녹아들고 대안이 뭉쳐질 수 있는 것이다. 골드만이 말했듯이 내가 춤을 출 수 없다면 그것은 혁명이 아니다.

하지만 우리는 여전히 망설인다. 과연 국가 없이 살 수 있을까? 국가가 없으면 무질서와 혼란이 삶을 위협하지 않을까? 하지만 그런 물음은 학습된 상식일 뿐이다. 국가가 없던 시절에 사람들은 더 평화로운 삶을 누렸다. 『남쪽으로 튀어!』는 그 삶을 '유이마-루' 라고 부른다. "'유이마-루' 라는 건 서로 품앗이로 도와가며 살아가는 예전부터의 풍습을 가리키는 말이라고 했다. 요다 할아버지가 어렸을 때는 집도 섬사람들이 모두 힘을 합해 지었다고 한다. 그 말을 듣고, 야에야마 땅에 온 뒤로 사람들이 귀찮을 만큼 친절하게 대해주던 것이 비로소 이해가 됐다. 이곳이라면 돈이 없어도 얼마든지 살아갈 수 있는 것이다. …… 한마디로 사유재산이라는 의식이 별로 없는 것이다. 모든 물건이 섬사람 모두의 것이었다."

우리에게도 두레와 품앗이 같은 좋은 전통이 있고, 아직도 그런 전통은 이어져 내려오고 있다. 그러니 국가와 결별하는 것이 홀로 남겨지는 건 결코 아니다. 오히려 국가와 헤어지면서 우리는 새로운 관계를 만들고 만남을 경험할 수 있다.

우에하라가 또 다른 삶을 찾아 떠나면서 지로에게 남기는 마지막 말을 음미할 필요가 있다. "이건 아니다 싶을 때는 철저히 싸워. 져도 좋으니까 싸워. 남하고 달라도 괜찮아. 고독을 두려워하지 마

라. 이해해주는 사람은 반드시 있어." 그래, 고독을 두려워하지 말
고 새로운 삶을 살자. 그러면 언제든 새로운 관계를 만날 수 있다.
김종철의 말처럼 "아무리 암울한 시대일지라도 사람이 사람답게 사
는 데 필수적인 '희망'을 제공하는 원천이 바로 '우정'"이라는 점은
변하지 않으니까. (하승우)

10. 한국의 풀뿌리민주주의운동에 관한 이론적 고찰

지금 한국 사회는 총체적인 위기를 겪고 있다. 신자유주의 세계화가 가져온 사회 양극화와 비정규직 확대, 토건국가로 인한 생태계의 파괴와 산업의 불균형, 수도권으로의 초집중화와 부패한 지방권력, '삼성공화국'이라는 표현으로 압축되는 권력의 유착과 비리, 선출되지 않은 권력인 사법부의 과도한 권력화, 전문성을 빌미삼아 외부의 견제를 받지 않는 관료정치 등이 오늘날 한국 사회를 무겁게 짓누르고 있는 것이다.

여기에 한미FTA 체결 과정에서 드러난 정책결정 과정의 비민주성은 한국 민주주의를 뿌리째 뒤흔들고 있다. 참여정부라는 이름을 걸고 출범했지만 노무현 정부는 한미FTA와 관련해 독재정권의 일방주의를 그대로 따라했기 때문이다. 김종철은 이런 경향이 예외적인 것이 아니고 참여정부의 본질이라고 보면서, 참여정부의 비민주성은 평택 대추리 농민들을 짓밟을 때 이미 드러났다고 주장한다. 즉 "힘없고 가난한 사람들의 편이 되겠다고 공공연히 약속함으로써 집권에 성공한 정부라고는 도저히 믿을 수 없을 만큼 '참여정부'는 국가적 중대사를 결정하고 집행하는 데 있어서 국민의 의사를 묻거나, 해당 주민들의 동의를 구하는 데 지극히 인색한 태도로 일관해왔다. 국가권력은 일방적으로 밀어붙이기만 하는 폭력과 다름없는 것이 되어버렸고, 그 과정에서 풀뿌리 민중은 자신들이 주권자로서 존경은커녕 최소한 인간으로서의 존엄성도 인정받지 못하고 있다는 괴로운 느낌에 시달려야 했다."[1]

물론 이처럼 권력이 노골적으로 횡포를 부리고 있을 뿐만 아니라 여전히 선거 과정에서 비리가 드러나고 있을지언정, 과거에 비해 정책을 결정하는 과정이 합리화되고 있다는 점은 부정할 수 없는 사실이다. 그러나 합리적인 과정이 마련되고 있는 중이라고 해서 그것이 민주주의의 확립으로 곧바로 연결되는 것은 아니다. 오히려 경주 방사성폐기물 처분시설 관련 주민투표에서 드러났듯이, 합리적인 절차가 비민주적인 정책결정을 정당화하는 도구로 사용되는 '민주주의의 역설'도 함께 나타나고 있다.[2] 사실상 지금까지의 민주주의 논의들이 초점을 맞췄던 부분은 주로 제도적인 면[3]이었는데, 그런 논의들로 풀 수 없는 문제가 점점 늘어나고 있다. 박주원의 지적처럼, 87년 민주화 이후 "합법적인 정치권력의 교체와 민주적 절차와 제도가 확립되어감에 따라 민주주의의 내용은 보다 심화되는 것이 아니라 오히려 방향을 잃은 채 공허한 하나의 수사적이름으로 그 실질적인 내용을 잃어가고 있다."[4]

---

1) 김종철, 「한미FTA, 경제성장, 민주주의」, 『녹색평론』(제93호/3-4월), 2007, 13쪽.
2) 하승우, 「정부의 주민투표제도 악용과 지역사회의 역할」, 『시민사회와 NGO』(제4권/2호), 2006.
3) 여기서 제도는 행정부, 입법부, 사법부 등의 공식적인 국가권력구조와 이런 권력을 차지하는 경기규칙이라 얘기되는 선거규칙, 그리고 이 경기에 참여하는 정당을 가리킨다.

그리고 단순히 민주주의를 외치는 것만으로 통합할 수 없는 다양한 균열선이 드러나고 있다. 정규직/비정규직/실업자 사이의 균열선이 점점 더 뚜렷해지고 있고,[5] 여기에 남성/여성의 성차별, 학벌사회의 차별을 더하면 그 균열선들은 더욱더 복잡해진다. 또한 '88만원세대' 처럼 세대 간의 균열선을 주장하는 목소리도 그런 논의의 올바름과는 상관없이 점점 설득력을 얻고 있다.[6] 더구나 이긴 자가 모든 것을 차지하는 한국 사회의 치열한 경쟁구도는 이런 균열선들을 더욱더 깊이 새기고 있다.

반면에 이런 현실의 위기를 극복하고 민주주의를 세울 기반을 닦아야 할 소위 진보운동은 대중과 분리되어 영향력을 상실하고, 과거의 관성과 경직성에서 벗어나지 못하거나 합법주의에 매몰되고 있으며, 거시적이고 총체적인 진보 담론을 제시하지 못하고 있다.[7] 민주노동당의 분당 과정에서 드러났듯이, 과거의 낡은 이념적/정파적 대립구도는 내용적인 한계를 넘어서 인간과 세계를 바라보는 세계관의 한계와 궁핍이라는 심각성을 드러내고 있다. 그런 점

---

4) 박주원, 「한국 민주주의의 또 다른 기원: 1970년대 이후 민주화운동에서 '대안공동체 민주주의 운동'의 성격과 역할」, 『기억과 전망』(통권17호/12월), 2007, 177쪽.
5) 김원은 한국통신 정규직과 비정규직의 노동조합 내부정치를 분석하면서 "정규 비정규 노동조합 내부정치라는 이슈가 가진 의미는 첫 번째, 1987년 노동자대투쟁 이후 형성된 노동조합운동 내부의 균열(민주 대 어용 혹은 정규직 내부의 실리주의를 둘러싼 균열) 구도가 '정규─비정규'라는 새로운 사회균열로 변화되고 있는 양상이다. 두 번째, 산별체제를 지향하지만 '유사기업별 노조체제'로 유지된 한국 노동조합운동의 '자기한계'를 드러내는 사례이다. 세 번째, 세계화 이후 확대된 비정규 노동의 노동조합으로의 조직화가 지체됨으로 인해 '노동조합운동의 위기'('대표성의 위기')가 가속되고 있음을 보여주는 결정적인 사례"라고 얘기한다. 김원, 「신자유주의하에서 노동조합의 균열구조 변화: 한국통신 정규직과 비정규직 간의 노동조합 내부 정치를 중심으로」, 『세계화, 국가, 시민사회』, 이매진, 2007, 47쪽.
6) 우석훈·박권일, 『88만원세대: 절망의 시대에 쓰는 희망의 경제학』, 레디앙, 2007.

에서 이제 위기의 현실, 민주주의의 위기를 극복할 수 있는 대안은
세계에 대한 깊은 성찰과 근본적인 반성 속에서만 만들어질 수 있
다. 대안은 새로운 틀[8]을, 인간과 세계를 바라보는 근본적인 관점
의 변화를 요구한다. 그런 성찰과 반성의 계기는 새로운 것에 눈을
돌리면서 마련될 수 있겠지만 잊혀진 것들을 재발견하고 재구성하
는 것에서도 마련될 수도 있다.

　이 글의 목적은 한국에서 진행되고 있는 풀뿌리민주주의운동[9]
에서 그런 성찰과 반성의 계기를 마련하는 데 있다. 우리가 굳이 풀
뿌리로 눈을 돌리는 이유는 풀뿌리민주주의운동이 제도보다 사람에
주목할 뿐만 아니라 민주주의의 주체를 기르며, 총체적인 삶의 변화
를 추구해왔고, 최근 사회운동과 시민운동의 위기를 극복할 대안으
로 풀뿌리운동grassroots movement과 풀뿌리민주주의grassroots democracy가
강조되고 있기 때문이다.

---

7) 인권활동가 박래군은 "진보운동의 위기를 진단하는 여러 목소리는 어제 오늘의 애
　기가 아니다"라고 언급하며, 그 원인으로 운동의 지나친 정치 권력화 현상, 대중과
　의 유리로 인한 영향력 상실, 운동의 관성과 경직성, 합법주의에의 매몰, 진보적인
　담론의 부재 등 다섯 가지 원인을 꼽았다. 요컨대 "진보운동의 위기는 총체적"이라
　는 것이 박래군의 진단이다. 상황이 이렇기에 "이에 대한 대안은 정치상황을 타개
　하기 위한 단기적인 처방으로는 불가능하다." 박래군, 「진보운동의 새로운 기획」,
　시민사회단체연대회의 제1차 정책포럼 발표문, 2007.
8) 이 틀은 레이코프의 프레임과 비슷하다. "프레임(frame)이란 우리가 세상을 바라
　보는 방식을 형성하는 정신적 구조물이다. 프레임은 우리가 추구하는 목적, 우리
　가 짜는 계획, 우리가 행동하는 방식, 그리고 우리 행동의 좋고 나쁜 결과를 결정
　한다. 정치에서 프레임은 사회정책과 그 정책을 수행하고자 수립하는 제도를 형성
　한다. 프레임을 바꾸는 것은 이 모두를 바꾸는 것이다. 그러므로 프레임을 재구성
　하는 것이 바로 사회적 변화이다." 조지 레이코프, 유나영 옮김, 『코끼리는 생각하
　지마: 미국 진보 세력은 왜 선거에서 패배하는가』, 삼인, 2005, 17쪽.
9) 풀뿌리민주주의는 제도가 아니라 주체를 중심으로 구성된다는 점에서 언제나 운동
　의 형태를 취한다.

민주화운동의 단절과 상실

기존의 사회운동은 풀뿌리민주주의나 풀뿌리운동이라는 개념보다 지역운동, 지역사회라는 개념을 많이 사용했다. 예를 들어 김현우는 지역 노동시장에 대한 개입, 지역경제 운영을 위한 지역 파트너십, 지방자치체의 정책이나 제도에 대한 개입, 사회공공성 담론에 기반한 지역 이슈, 지역발전전략이나 성장 기획, 지역주민과의 유대 강화, 지역사회와 노동운동의 결합 등 다양한 지역개입전략들을 주장하지만,[10] 풀뿌리라는 개념을 직접 사용하지 않는다.

물론 풀뿌리나 풀뿌리민주주의라는 말을 사용하는가, 하지 않는가는 중요한 문제가 아니다. 그러나 풀뿌리라는 개념은 지역이라는 물리적인 공간 개념이 담지 못하는 정치적인 의미를 가지고 있다. 가령 하승수는 풀뿌리자치운동을 "권력을 갖지 못한 일반 대중이 스스로의 삶의 공간에서 집단적 활동을 통해 자신의 삶과 삶의 공간을 변화시키고, 더 나아가 우리 사회와 세상을 근본적으로 변화시켜가려는 의식적인 활동"이라 정의한다. 여기서 풀뿌리는 권력을 갖지 못한 대중으로, 풀뿌리운동은 '지역'이라는 물리적 공간보다 주민이 생활하는 '삶의 공간'으로 정의되며 "폭넓은 의미의 지역운동과는 구분"되고 있다.[11] 풀뿌리는 대중이 참여를 통해 자기변화를 경험하며 정치적인 주체로 변하는 과정을 강조하는 변화전략

---

10) 김현우, 「지역사회와 결합하는 노동운동을 위한 시론」, 『노동사회』(제105권/12월), 2005, 86~90쪽.
11) 하승수, 「왜 풀뿌리운동이 희망인가?」, 풀뿌리자치연구소 이음 창립토론회 주제발표문, 2006.

을 가리킨다.[12] 따라서 풀뿌리운동은 대중의 욕구나 의식을 인정하지 않고 대중을 일방적인 계몽의 대상으로 파악하며 소위 '과학적인 이론'의 틀에 삶을 끼워 맞추려는 운동을 비판한다.

한국 사회에서도 이런 풀뿌리운동의 전통은 그 뿌리가 깊다. 1960~70년대 민주화운동에서 다양한 역할을 맡았던 가톨릭노동청년회, 가톨릭농민회, 크리스찬아카데미, YMCA노동교육협회, 한국특수지역선교위원회, 도시산업선교회, 야학협의회 등이 추구했던 운동은 풀뿌리운동과 비슷한 관점을 가졌다.

1968년 9월, 도시빈민을 대상으로 하는 선교 활동을 지원하고 일꾼을 양성하기 위한 '도시문제연구소'가 연세대학교에서 문을 열었다. 미국의 빈민운동가 사울 알린스키의 문제의식을 받아들인 도시문제연구소는 지역사회개발을 위해 빈민 지역 주민들을 조직화하겠다는 목적을 가졌고, 1971년 9월 더욱더 능동적인 활동을 위해 '수도권도시선교위원회'를 설립했다. 선교회는 1973년 1월에 명칭을 '수도권특수지역선교위원회'로, 그리고 1976년에는 '한국특수지역선교위원회'[13]로 이름을 바꾸고 많은 활동을 펼쳤다.[14]

또한 1971년에는 브라질의 사상가 파울로 프레이리의 교육사상이 한국에 소개되면서 기독교 교육운동 활동가들을 중심으로 민

---

12) 이호는 이를 더 분명하게 정의한다. "주민자치운동은 특정한 이슈를 얼마나 효율적으로 해결하느냐를 통해 평가될 수 없다. 더욱 중요한 기준은 그 문제를 해결하는 과정에 주민들이 얼마나 주체적으로 참여했는가, 그 과정을 통해 주민들이 어떠한 변화를 겪었는가, 하는 것이다. 그런 점에서 주민자치를 과정으로서 개념지었듯이 주민자치운동 역시 그 과정을 중요시하는 운동이라 할 수 있다." 이호, 「주민자치·주민자치운동의 현황과 과제」, 시민자치정책센터 엮음, 『풀뿌리는 느리게 질주한다』, 갈무리, 2002, 57쪽.

중교육사상이 얘기되고 실천됐다. 그러면서 알린스키의 조직이론
과 더불어 프레이리의 의식화교육론이 열악한 사회현실을 변화시
키는 중요한 실천원리로 자리잡았다. 이런 이론은 '의식화·조직화
교육'이라는 개념으로 정리됐고, '의식화·조직화'는 이후 민중교
육운동의 중요한 지향이 됐다.[15]

　이처럼 기독교와 가톨릭이 중심이 되어 외국의 사회운동이론
을 수입하는 한편, 한국 사회 내에서도 자생적으로 이론이 구성되
기 시작했다. 일찍이 함석헌은 씨올론을 펼치면서 민중적 관점에서
기독교와 한국 역사를 재해석하고 민중 중심의 사회운동론을 주장
했다. 함석헌은 씨올에게 다가가 씨올과 함께 호흡하며 씨올이 스스
로 자신의 바탈㤠을 되찾고 하나가 될 수 있도록 민중의 바다로 내
려가야 한다고 누누이 강조했다. 함석헌이 썼던 수많은 글과 그가
행한 수많은 강연은 조직이 아니라 글과 말의 힘으로 변화의 흐름
을 만들었다.

　그리고 무위당 장일순도 유교와 가톨릭, 노장사상과 동학을 바
탕으로 원주에서 민주화운동을 벌이며 신용협동조합운동, 생활협
동조합운동(한살림운동)을 벌였다. '무위당을 기리는 모임'이 밝히
듯이, 장일순은 모든 생명이 하나라는 관점을 세우고 생명에 대한

---

13) '한국특수지역선교위원회'는 알린스키의 조직화론과 프레이리의 의식화론에 의
　　지해 빈민 지역 주민들이 스스로 문제를 발견하고 해결하는 과정을 지원했다. 이
　　과정에서 주민들은 스스로 지역의 문제를 발견하고 이를 해결하면서 자신들의 힘
　　을 인식하고 사회 문제에 관한 의식을 가지게 됐다.
14) 한국도시연구소, 『지역주민운동 리포트』, 한국도시연구소, 1999, 59~60쪽.
15) 홍은광, 『파울로 프레이리 교육사상의 수용과정과 한국 민중교육운동에 대한 영
　　향』, 서울대학교 교육학과 석사학위논문, 2003, 119~158쪽.

모심과 섬김, 살림과 공생의 사상을 일깨웠다. 생전에 단 한 권의 저서도 남기지 않았지만 장일순이 개입했던 수많은 운동은 지금까지도 이어져 내려오고 있고, 그의 말은 운동이 지켜야 할 근본적인 원칙을 제시했다는 평가를 받는다.

하지만 불행하게도 이런 다양한 운동의 유산은 1980년대를 거치면서 상실됐다. 1970년대를 거쳐 1980년대 초반까지 강조됐던 스스로 눈을 뜨기 위한 '의식화와 조직화'는 1980년대를 거치면서 맑스-레닌주의를 따르는 '의식화와 조직화'[16]로 전환됐다. 의식화와 조직화라는 말은 똑같이 사용됐지만 그 내용은 완전히 달랐다. 왜냐하면 앞의 의식화·조직화는 대중이 자신의 처지와 세계를 인식하고 조직화를 통해 정치적 주체로 성장하는 역량 강화를 강조했고, 뒤의 의식화·조직화는 전위조직이 대중을 계몽시키고 이끄는 정치세력화를 강조했기 때문이다.[17]

다른 한편으로 맑스-레닌주의 중심의 조직운동관은 기존의 운동과 이론에 전혀 다른 식의 의미를 부여하거나, 그 운동의 의미를

---

16) 이런 조직관은 기성의 다수자운동을 비판하며 소수자운동을 주장하는 이론가에게서도 여전히 낭만적으로 회상되고 있다. "많은 사람들은 '6월항쟁'과 '7~8월 노동자대투쟁' 그리고 민중혁명의 승리를 표시하는 1987년을 또 하나의 전환점으로 기억하겠지만, 나는 1985년을 중요한 전환점으로 기억한다. 구로동맹파업, 그것이 중요한 것은 노동조합운동마저 금지된 상황에서 사업장 단위를 뛰어넘는 최초의 연대파업이라는 이유에서만은 아니다. 그것을 통해 이제 운동은 양심에 기초한 자생적 투쟁에서 벗어나 정확하게 레닌이 말하는 '목적의식적 운동'으로 전환해야 한다고 선언됐고, 노동운동은 계급적 노동운동, 계급투쟁으로 조직화되어야 한다고 요구됐으며, 학생운동을 비롯한 다른 모든 운동이 그 혁명적 노동운동을 중심으로 연대해야 한다고 천명됐다. 그리고 운동이 '목적의식적 혁명운동'이 되어야 하는 만큼, 이론이나 이념 역시 혁명적 사회주의의 잣대에 따라 이해되고 평가되어야 했다." 이진경, 『미-래의 맑스주의』, 그린비, 2006, 295쪽.

단순화하고 낮게 평가했다.[18] 그러다 보니 사회변혁을 둘러싼 이론적 논의도 이 땅의 현실에 단단히 뿌리를 내리지 못하고, "특정 텍스트의 과학성이 쟁점의 수준과 논의의 진척에 따라서 검증되기보다는, 어떤 텍스트에 권위가 항구적으로 부여되는 상황에서 발생하는 문제"[19]를 양산하게 되어버렸다.

이런 과정을 거치면서 풀뿌리운동의 흐름과 이론적 논의는 점점 사회운동의 중심에서 밀려나기 시작했다. 물론 작은 지역 단위의 실험들이 지금까지도 계속 이어지고 있지만 그것은 사회운동의 주된 흐름이 되지 못했고, 자연히 그와 관련된 논의들도 줄어들면서 이론적인 발전이 정체됐다.

---

17) 유경순은 1985년 8월 25일 서울노동운동연합(서노련)의 결성 이후 운동관의 변화를 이렇게 서술한다. "서노련 결성 과정에서 주도세력이 보인 다른 입장에 대한 배제는 조직운영에서 조직원 간의 차이와 갈등을 통제하는 모습으로 나타났다.……서노련 지도부는 조직 내 민주주의와 집중의 원리에 대한 인식 부재와 조직원을 대상화하는 시각 때문에, 조직 전반에서 나타나는 차이와 갈등을 조직발전의 힘으로 모아내지 못하고, 차이를 균열로 변질시켰다.…… 서노련 비공개 지도부가 조직 안에서는 조직원을 대상화시켰다면 대중활동에서는 '정치투쟁'을 위해 노동자들을 대상화시키는 모습으로, 연대활동에서는 다른 운동세력을 배제하는 '패권주의'로 나타났다.…… 1986년 임투는 서노련의 '대중정치투쟁론'의 문제로 지적된, 노동자를 수동적 존재로 인식하는 대중관의 한계를 드러냈다." 유경순, 「서울노동운동연합의 성과와 한계」, 『기억과 전망』(통권17호/12월), 2007, 326~336쪽.
18) "80년대 맑시즘의 유입으로 이른바 '과학적 사회주의'라는 이름의 레닌주의 중심의 사회변혁론이 중점적으로 대두됨에 따라서 민중교육에서도 사회구조적 변혁 추동의 의미가 더욱 강해지게 된다. 이에 따라 민중교육의 개념도 보다 구조적인 문제를 다루는 사회변혁운동의 측면에서 해석하고자 하는 시도가 강해진다.…… 의식화교육론이 맑스-레닌주의적으로 해석되면서 기독교 교육운동은 전체 민중교육운동의 중심에서 멀어지게 되며, 동시에 프레이리 교육사상에 대한 관심으로부터 멀어지게 됐다." 홍은광, 『파울로 프레이리 교육사상의 수용과정과 한국 민중교육운동에 대한 영향』, 2003, 135쪽.
19) 허재영, 「한국 자본주의 논쟁: 방법론과 텍스트의 정치학」, 조희연 엮음, 『한국의 정치사회적 저항담론과 민주주의 동학』, 함께읽는책, 2004, 193쪽.

이 글은 알린스키, 프레이리, 함석헌, 장일순, 이들 네 명의 사상을 추적하며, 그동안의 민주주의 담론에서 상실된 내용을 복원하고 풀뿌리민주주의운동의 이론적인 토대를 닦으려 한다. 이들 네 명의 사상가는 각기 비슷하지만 다른 장에서 활동을 펼쳤다. 프레이리는 브라질에서 추방된 이후 미국과 세계를 돌며 민중교육의 중요성을 설파했고, 알린스키는 미국 내 지역을 돌며 빈민조직화에 힘을 쏟았다. 장일순은 원주 지역에 뿌리를 내리고 각종 지역운동을 벌이면서 민청학련 등 민주화운동에 도움을 줬고, 함석헌은 전국 곳곳으로 강의를 다니며 민주화운동의 불을 지폈다.

그러나 이들은 시공간을 뛰어넘어 서로 간접적으로 만나기도 했다. 예를 들어 장일순이 프레이리를 읽었음을 증명하는 기록이 있다.[20] 그리고 광산촌이나 빈민 지역에서 신용협동조합운동을 전개했던 장일순이 알린스키를 접했을 가능성도 높다. 장일순은 가톨릭센터에서 함석헌 등의 여러 지식인들을 초청해 강연회를 열고 중요한 문헌들을 번역해 보급하며 이른바 '원주캠프'를 활성화시켰기 때문이다.[21] 마찬가지로 함석헌도 그런 자리를 통해 알린스키나 프레이리의 이론을 접했을 가능성이 높다. 따라서 이 네 명의 사상가에게서 공통점을 찾는 작업이 가능하다.

---

20) 리영희는 다음과 같은 장일순과의 일화를 얘기했다. "74년인가, 그 무렵 라틴아메리카에서는 억압과 착취관계 속에서 고생하는 농민들을 교육할 때 자주적이고 자립적인 세계관을 가지고 자신의 운명을 개척해나가는 그런 운동을 강조했거든요. 그 교본이 페리(프레이리-인용자)라는 교육자가 쓴 『피압박자의 교육학』 같은 책이었어요. 그런 종류의 책들을 장 선생의 부탁을 받아서 제가 번역을 했지요. 그것이 70년대 초였어요." 무위당을기리는모임 엮음, 『너를 보고 나는 부끄러웠네』, 녹색평론사, 2004, 131쪽.

복원을 위한 이론적 디딤돌과 고민

그동안 알린스키를 다룬 논문은 거의 없었다고 해도 과언이 아니다. 1970년대에 『기독교사상』에 실린 글이나 그의 삶을 간략하게 조명한 글이 전부이다. 학위논문도 김규태의 『사회복지와 권력정책의 일연구: R. 니버와 S. 알린스키를 중심으로』(1975)와 이경자의 『한국적 지역사회조직의 사회행동 모델 사례연구: 수도권도시선교위원회를 중심으로』(2000)가 있을 뿐이다. 단행본으로는 알린스키의 글과 그 제자들의 글을 간추려 편역한 『S. D. 알린스키: 생애와 사상』(1983)과 『급진주의자를 위한 규칙』(2008)이 한글로 접근할 수 있는 자료이다. 하지만 도시문제연구소나 한국도시연구소, 한국주민운동정보교육원(코넷CONET) 등의 단체들은 그동안 알린스키의 조직화론에 바탕을 두고 다양한 활동을 펼쳤다(지금도 코넷은 알린스키의 이론을 중요한 이론적 틀로 삼고 있다).[22] 예를 들어 코넷의 트레이너인 최종덕은 코넷의 뿌리가 알린스키의 이론에 있음을 밝

---

21) "1980년대 민주화운동의 성지가 '광주' 라면, 1970년대 반독재투쟁의 상징은 '원주' 였다. 원주의 '운동' 에서 특히 주목해야 하는 부분은 부도덕한 군사정권을 비판하고 저항하는 정치적 민주화운동에 그치지 않고 가난한 농민과 노동자들이 자구적으로 삶의 기반을 갖추게 하기 위해 협동운동을 펼치며 마을 자립과 경제 민주화운동을 전개한 점이다." 모심과살림연구소, 『스무살 한살림 세상을 껴안다』, 그물코, 2006, 38쪽.

22) 허병섭은 주민운동의 전통이 국내에서는 화이트 목사, 아시아에서는 필리핀의 톤도 지역, 미국에서는 알린스키, 브라질에서는 프레이리에게서 배운 것이라며 "화이트 목사는 알린스키에게 훈련을 받아 '도시문제연구소' 에서 한국의 성직자 몇 사람을 훈련시켰고 그 중에 권호경 목사는 필리핀에 가서 훈련을 받았다"고 얘기한다. 허병섭, 「주민운동 30주년의 의미」, '한국 주민(빈민)운동 30주년 기념 워크숍' 발제문, 2001년, 38쪽. 이는 알린스키의 이론이 직접적으로 또는 필리핀을 통해 간접적으로 한국의 주민/빈민운동에 많은 영향을 미쳤음을 의미한다.

히면서 주민조직가의 역할을 강조한다.[23]

알린스키의 이론이 실제 주민운동 현장에서 많이 다뤄졌다면, 프레이리의 교육론은 그동안 교육학과에서 많이 다뤄졌다. 그 주된 주제는 프레이리의 대화교육론, 변증법적 교육론, 인간주의 교육사상, 비판적 문해교육 등이었다. 하지만 사회운동의 관점에서 프레이리의 사상을 다루고 한국 운동과의 접점을 구체적으로 모색한 논문도 있는데, 홍은광의 『파울로 프레이리 교육사상의 수용과정과 한국 민중교육운동에 대한 영향』(2003)이 대표적이다. 그리고 프레이리의 교육사상을 다룬 단행본들이 계속 번역되고 있는데, 현재 한국에 번역된 프레이리의 저작은 『자유의 교육학』(2007), 『교육과 의식화』(2007), 『우리가 걸어가면 길이 됩니다』(마일스 호튼과 공저/2006), 『망고나무 그늘 아래서』(2003), 『교육과 정치의식』(2003), 『희망의 교육학』(2002), 『페다고지』(2003/재번역), 『프레이리의 교사론』(2000), 『인생이 학교다』(1988)이다. 출판연도에서 드러나듯이 1970~80년대에는 소책자 복사본의 형태로 돌려보는 수준이었다면, 2000년 이후 프레이리를 다시 조명하는 현상이 나타나고 있다. 이것은 프레이리의 이론을 맑스주의적 계급이론으로 해석하던 과거의 편향성에서 벗어나 프레이리의 이론적 장점을 다양하게 해석하려는 움직임이라고 볼 수 있다.

---

23) "1) 주민들이 살아가고 있는 지역사회의 현장을 아는 것이다. 2) 주민지도자를 발굴 양성하며 지역의 문제는 지역 주민들에 의해서만 변화시킬 수 있다는 신념을 가져야 한다. 3) 현장의 문제들을 객관적으로 분석하고 이슈를 발굴하고 주민조직의 기초자원을 모으는 것이다. 4) 주민조직 활동의 지속성과 지역사회 변화를 만들어 가는 데 일관성 있게 참여하는 것이다." 최종덕, 「주민조직운동 (Community Organization)의 회고, 원칙 그리고 비전」, URM 발제문, 2003.

함석헌은 신학대학원에서 주로 다뤄졌고, 우치무라 간조, 김교신을 이어 내려오는 무교회주의나 스승인 유영모에게 이어받은 씨올사상 등이 조명을 받았다. 그리고 비폭력사상과 노장사상 등도 주된 연구주제였다. 종교학과 철학에서 함석헌을 간혹 주목해왔는데, 이동수의 『함석헌과 정치평론』(2001), 문지영의 『1970년대 민주화운동 이념 연구: 함석헌의 저항담론을 중심으로』(2006)는 정치학 쪽에서 접근한 몇 안 되는 논문이다. 또한 함석헌은 『씨올의 소리』를 1970년부터 시작해 약 10년간 발행했고, 그의 글을 모은 책만 해도 20권에 달한다. 함석헌의 삶을 다룬 평전도 조한서의 『평화를 사랑한 아름다운 사상가, 함석헌』(2007), 씨알사상연구회의 『씨알, 생명, 평화: 함석헌의 철학과 사상』(한길사, 2007), 김용준의 『내가 본 함석헌』(2006), 이치석의 『씨알 함석헌 평전』(2005), 함석헌기념사업회의 『다시 그리워지는 함석헌 선생님』(2001)과 『함석헌 사상을 찾아서』(2001), 『민족의 큰 사상가 함석헌 선생』(2001), 김성수의 『함석헌 평전』(2001) 등 여러 권이 발간됐다. 그리고 (사)함석헌기념사업회 홈페이지(http://www.ssialsori.net/)에서 함석헌과 관련된 여러 자료들을 찾을 수 있다.

생전에 직접 책을 짓지 않은 장일순의 경우 논문으로조차 많이 다뤄지지 않고 있다.[24] 박순금의 『장일순 생명사상의 생태유아교육적 함의』(2003), 이영화의 『무위당 장일순의 사상과 활동』(2006),

---

24) 김종철은 장일순이 "어떤 형태의 일이든 자신의 존재를 앞세우거나 눈에 뜨이게 하는 방식으로 하지 않았다"고 회고한 바 있다. 김종철, 「나락 한알 속의 우주: 고 장일순 선생 5주기에 부쳐」, 『월간 말』, 1999년 6월호, 208쪽.

박경빈의 『무위당 장일순의 서화에 대한 미학적 연구』(2006)가 장
일순의 삶과 사상을 대략적으로 다룬 논문들이다. 단행본도 장일순
의 강연을 모은 『나락 한알 속의 우주』(1997), 이현주 목사와의 대
화를 엮은 『무위당 장일순의 노자이야기』(2003), 무위당을기리는모
임이 엮은 『너를 보고 나는 부끄러웠네』(2004), 최성현이 일화와
글, 그림을 엮은 『좁쌀 한 알: 일화와 함께 보는 장일순의 글씨와 그
림』(2004)이 전부이다. 그 외에 장일순을 기리는 사람들의 모임
(http://www.jangilsoon.co.kr/)이 마련한 무위당 기념관과 여러
자료 등이 장일순의 행적과 사상을 추적할 수 있는 몇 안 되는 자료
라고 할 수 있다.

이 외에 네 명의 사상가를 직접 다루지 않았지만 협동조합, 대
안교육, 지역화폐 등의 공동체운동을 분석한 이근행의 『한국 공동
체운동의 형성과 전개에 관한 연구』(2006)와 1970~80년대의 대안
공동체운동을 중심으로 한국 민주주의의 의미를 짚고 있는 박주원
의 『한국 민주주의의 또 다른 기원』(2007)도 풀뿌리민주주의와 관
련된 내용들을 담고 있다.

이 글은 네 명의 사상가의 얘기, 특히 그들에 관한 얘기에서 그
동안 주목받지 않았던 부분인 풀뿌리민주주의운동에 초점을 맞추
려 한다. 네 사상가들의 이론이 방대하기 때문에 그 각각의 사상을
밝히고 정리하는 것만도 방대한 양의 연구가 될 수 있다. 따라서 각
사상가들의 이론적 특징이 무엇이고 어떤 발전 과정을 거쳤는지에
관해서는 이 글이 구체적으로 다루지 않는다. 다만 풀뿌리민주주의
운동과 관련된 내용이 이들의 사상에서 어떤 위치를 차지하고 있는
지만 얘기하려 한다.

그리고 이 글은 이들의 사상이 현실운동에 어떻게 구체적으로 반영됐는가보다 이들의 사상이 어떤 점에서 풀뿌리민주주의운동과 맞닿아 있는가를 밝히는 데 목적을 둔다. 이들의 사상이 도시빈민운동, 야학운동, 비폭력 평화주의, 무교회주의, 한살림운동, 지역공동체운동 등의 현실운동에 많은 영향을 미쳤다는 점은 분명하다. 하지만 사상이 직접 현실을 이끈다는 생각은 현실을 살아가는 주민과 민중, 씨올, 민초들의 경험과 의지가 현실을 변화시킨다는 이들의 이론과 일치하기 않기 때문에, 이들의 사상과 현실운동의 접합점을 찾는 작업은 몇 가지 어려움을 가지고 있다. 따라서 이 부분 역시 이후의 과제로 남겨놓는다.

따라서 이 글은 풀뿌리민주주의를 중심으로 네 명의 사상을 정리하고 그 사상들이 서로 어떤 점에서 맞닿아 있는지를 밝히는 데 그 목적을 둔다. 각각의 사상가들은 기존의 사회운동관과 다른 독특한 관점을 가지고 있는데, 그것은 독특하지만 서로 얽혀 있다. 프레이리가 강조한 자기의식화와 대화의 중요성은 민중(활동가도 민중이다!)의 의식에서 시작해 그 속에서 서로 영향을 미치며 변화하는 '과정의 중요성'이다. 알린스키가 강조한 분노의 조직화와 대중에 대한 신뢰 역시, 민중이 스스로 의식화·조직화되는 과정에서 영향력을 행사하기 전에 먼저 그들을 이해해야 한다는 점을 뜻했다. 함석헌의 사상도 씨올이 근본적인 변화의 힘이고 외부의 일방적인 명령이나 지시보다 자연스러운 깨달음을 통해, 얼의 변화를 통해 변화가 이뤄져야 한다는 점을 강조했다. 장일순 역시 민중을 모시고 그 속으로 들어갈 때 공생의 사상이 실현될 수 있다고 봤다. 따라서 이 네 명의 사상가들은 민중을 의식화·조직화의 대상이 아니라

그 주체로 삼으려 했고, 그 과정에서 형성되는 자생적인 변화의 힘
에 주목했다는 점에서 공통점을 가지고 있다.

풀뿌리민주주의운동의 이론적 단초들

1) 프레이리: 자기의식화와 함께함, 대화

20세기 중반에 체 게바라와 프레이리는 사회운동이 풀뿌리운동의
형태로 전환해야 한다고 강하게 주장했다.[25] 특히 프레이리는 '억
압받는 사람들의 교육학'이라고 이름 지은 『페다고지』에서 미래를
길들여진 현재로 재생산하려는 우파와 미래를 불가피한 숙명으로
받아들이는 좌파 모두를 비판하면서, 억압을 받는 사람들이 주체로
서는 혁명을 주장했다. 이를 위해 프레이리는 "진보적 교육자의 한
가지 과제는, 어떤 장애가 있더라도 진지하고 정확한 정치적 분석
을 통해서 희망을 위한 기회를 밝혀내는 것"[26]이라며 희망을 심어
주는 교육의 역할을 강조했다.

　그렇기 때문에 프레이리는 억압받는 사람들의 내면에서 재생
산되는 지배구조를 타파하려고 노력했다. 프레이리는 지배구조가
이렇게 재생산되는 원인을 "구체적이고 실존적인 상황의 모순"[27]에

---

25) "『공산주의 선언』이나 코민테른의 결의문들은 세계의 노동자들에게 부쳐진 것들
　　이었던 반면, 게바라는 주체 지위를 '우리, 세계의 피착취 민중,' '우리, 박탈당한
　　사람들,' 우리, 포스트식민 주체들로 근본적으로 변화시켰다." 로버트 영, 김택현
　　옮김, 『포스트식민주의 또는 트리컨티넨탈리즘』, 박종철출판사, 2005, 372쪽.
26) 파울로 프레이리, 교육문화연구회 옮김, 『희망의 교육학』, 아침이슬, 2002, 12쪽.

서 찾았고, 민중의 자기의식화를 통해서만 이런 모순을 타파할 수 있다고 강조했다.[28]

당연한 말이겠지만, 프레이리에게 기존의 사회주의 운동이 강조했던 전위조직이나 선도투쟁은 이런 자기의식화의 토대일 수 없었다. 다른 무엇보다도 프레이리는 "해방교육의 관점에서 중요한 것은 민중이 자기 사고의 주인으로 느끼도록 하는 데 있다"[29]고 끊임없이 강조했기 때문이다.

혁명 지도부가 민중에게 다가가는 이유는 '구원'의 메시지를 전하기 위해서가 아니라, 대화를 통해 민중 자신의 객관적 상황과 그 상황에 대한 인식을 알게 하기 위해서다. 즉 민중이 자기 자신과 자신이 존재하는 세계에 관해 다양한 수준의 인식을 얻게 하기 위한 것이다. 민중이 가진 특수한 세계관을 존중하지 못한다면 교육과 정책에서 긍정적인 결과를 기대할 수는 없다.[30]

그리고 이런 자기의식화에서 중요한 것은 '함께함'이다. 프레이리는 억압받는 사람들을 위해서가 아니라 그들과 함께 가야 한다고 끊임없이 강조했다.

---

27) 파울로 프레이리, 남경태 옮김, 『페다고지』, 그린비, 2002, 56쪽.
28) "누구도 다른 사람을 위해 세계를 드러낼 수는 없다. 비록 한 주체가 다른 주체들을 대신해서 세계의 정체를 밝힐 수는 있겠지만, 다른 주체들 역시 이 행동의 주체가 되어야 한다. 민중의 지지는 참된 프락시스를 통해 세계와 자신을 드러냄으로써 가능하다." 프레이리, 『페다고지』, 218쪽.
29) 프레이리, 『페다고지』, 158쪽.
30) 프레이리, 『페다고지』, 122쪽.

'피억압자의 교육학'이라 명명한 이 책은, 자신의 인간성을 되찾기 위한 부단한 투쟁 속에 있는 피억압자들(개인들이든, 민중 전체든)을 위해서for가 아니라 그들과 함께with 확립해나가야 할 교육학의 몇 가지 측면을 제시할 것이다.[31]

참된 교육은 'A'가 'B'를 위해, 또는 'A'가 'B'에 관해 행하는 것이 아니라 'A'와 'B'가 함께 행하는 것이다. 양측을 매개하는 세계는 양측에게 영향과 자극을 주며, 세계에 관한 개념과 견해를 형성하게 한다.[32]

그렇다고 프레이리가 억압받는 사람들의 말을 무조건 받아들이라고 주장한 것은 아니다. 프레이리는 "민중지식의 신비화, 민중지식의 절대찬양은 민중지식의 거부만큼이나 문제가 된다"며 무조건적인 수용이 가지는 문제점을 지적했다. 프레이리는 "민중지식을 거부하는 것이 엘리트주의라면, 민중지식을 절대 찬양하는 것은 '근본주의'"[33]라고 비판한다. 대중의 상식에 기초하지만 그 상식을 무조건 인정하자는 것은 사람들을 상식의 틀에 가두고 운동으로서의 역할을 포기하는 것이기 때문이다.[34] 대중을 무조건 인정하거나 무조건 거부하는 것은 그 둘이 서로 연관되어 있다는 점을 보지 못하는 것이다. 그런 점에서 함께한다는 것은 서로를 동일화하거나

---

31) 프레이리, 『페다고지』, 60쪽.
32) 프레이리, 『페다고지』, 119쪽.
33) 프레이리, 『희망의 교육학』, 133쪽.

차이를 무조건 긍정하는 것이 아니다.

프레이리가 비판하는 것은 민중의 지식과 지식인의 지식을 이분법으로 나누는 것이다. 프레이리가 강조하는 것은 "민중의 지식과 지식인의 지식을 이분법으로 나누는 것을 극복하는 방법, 혹은 스니데르스가 '원시문화'와 '선진문화'라고 부른 것 사이의 변증법을 이해하고 경험하는 방법"[35]이다. 요컨대 민중을 바라보거나 민중과 떨어져서가 아니라 그들 속에서 서로 배움을 주고받는 과정을 거침으로써 서로를 변화시키는 것이 바로 프레이리가 평생토록 추구했던 사회운동의 방법이었다.[36] 따라서 어느 한 편이 억압받는 사람들을 대상화시켜서 일방적으로 교육하고 의식화하는 방식은 결코 사회해방을 가져올 수 없다고 프레이리는 믿었다.[37] 필요한 것은 선전이나 의식화가 아니라 바로 '대화'이다.

---

34) 이런 주장은 그람시의 논리와 비슷하다. "상식이나 구태의연한 세계관 일반을 대체하고자 하는 문화운동은 반드시 다음의 특징을 갖추어야 할 것이다. 1) 자신의 논지를 반복하는 데서 지칠 줄 몰라야 한다(비록 다양한 표현을 사용할지라도). 반복은 대중의 정신 상태에 영향을 끼치는 가장 좋은 설교 방식이다. 2) 더 많은 대중의 지적 수준을 향상시키기 위해, 즉 무정형의 대중에게 인격을 부여하기 위해 끊임없이 노력하라. 이는 대중으로부터 직접 배출된 새로운 형태의 엘리트 지식인을 키워냄을 의미한다. 그러나 이때 말하자면 실과 바늘의 관계처럼 이 둘의 관계를 떼려야 뗄 수 없게 해놓아야 한다. …… 그는 대중적 이데올로기 공동체의 욕구를 정확히 짚어낼 수 있어야 할 것이고, 또 이것이 너무 개별적일 정도로 유동적이어서는 안 됨을 이해할 수 있어야 한다. 따라서 그는 집단적 교의를 가장 적절한 형태로 또 집단 사상가의 사고 형태에 가장 어울리는 형태로 정교하게 형상화해내야 한다. 분명한 것은 이런 종류의 대중적 창조가 어떤 이데올로기에 의해 '자의적'으로 행해질 수만은 없다는 점이다. 즉 단순히 자신이 심취하고 있는 철학적·종교적 신념에 사로잡혀 몰아붙이는 개인이나 집단의 형식적인 건설 의지에 의해 이루어지지는 않는다는 것이다." 안토니오 그람시, 이상훈 옮김, 『옥중수고 II』, 거름, 1993, 182~183쪽. 실제로 프레이리도 그람시에게 얼마간 영향을 받았음을 인정한다. 프레이리, 『희망의 교육학』, 27쪽.

35) 프레이리, 『희망의 교육학』, 134쪽.

대화적 행동이론에서는 주체들이 서로 협동해 세계를 변혁하는 데
참여한다. 반대화적이고 지배적인 나는 지배당하고 정복당하는 당
신을 단지 사물로 변화시킨다. 그러나 대화적인 나는 자신의 존재
를 불러내는 것이 바로 당신이라는 것을 안다. 또한 자신의 존재를
불러내는 당신이 또 다른 나를 구성하며, 그 나의 안에는 또 다른
당신이 있음을 안다. 이렇게 해서 나와 당신은 변증법적 관계를 통
해 두 개의 당신이 되고 이 당신은 또 두 개의 나가 된다.[38]

인간은 서로 대화를 나누며 세계를 인식하고 변화한다. 다시 말
해서, 현실을 있는 그대로 받아들이거나 다가올 미래를 예정된 법
칙으로 받아들이지 않는 인간은 끊임없는 변화의 과정 속에 있다.
따라서 운동의 근본적인 목적은 "'민중을 자기들 편으로 끌어들이
는' 데 있는 게 아니라 민중의 잃어버린 인간성을 되찾기 위해 민중

---

36) "민중에 대한 사랑. 이는 매우 변증법적입니다. 민중에 대한 사랑이 중요하긴 했
    습니다만, 제가 그곳으로 간 이유도 잊지 말아야 했습니다. 민중을 사랑하는 방법
    외에는 다른 길이 없었지요. 민중을 사랑하고 그들의 존재를 믿으면서 말입니다.
    물론 허술한 방식으로 민중을 사랑할 수는 없었습니다. 민중이 하는 일은 모두 옳
    다고 받아들여야 할까요? 그렇지 않습니다. 민중도 실수를 합니다. 하지만 민중의
    존재를 긍정하는 일도 매우 중요합니다. 민중과 함께 기뻐하는 일이 필요하지요.
    그렇지 않으면 민중으로부터 아무것도 배울 수 없습니다. 민중으로부터 아무것도
    배우지 못하면 그들을 가르치는 일도 불가능합니다." 파울로 프레이리·마일스 호
    튼, 프락시스 옮김, 『우리가 걸어가면 길이 됩니다』, 아침이슬, 2006, 304쪽.
37) "혁명 지도부가 해방의 과제를 수행하는 데서 구사해야 할 올바른 방법은 '해방
    적 선전'이 결코 아니다. 또한 지도부가 단순히 피억압자에게 자유의 믿음을 '주
    입해서' 그들의 신뢰를 사려는 것도 잘못이다. 올바른 방법은 대화에 있다. 해방
    을 위해 싸워야겠다는 피억압자의 신념은 혁명 지도부가 가져다주는 선물이 아니
    라 그들 자신의 의식화에서 비롯된 결과다." 프레이리, 『페다고지』, 85쪽.
38) 프레이리, 『페다고지』, 216쪽.

과 더불어 싸우는 것"이다. 이와 마찬가지로 "혁명가의 역할은 민중을 획득하는 게 아니라 민중을 해방시키고 자신들도 함께 해방되는 데" 있다.[39] 교육하는 사람과 교육받는 사람, 엘리트와 대중, 전위조직과 민중은 서로 다른 존재일 수 없을 뿐만 아니라 서로가 서로를 변화시켜야 한다. 해방을 추구하는 사람들과 억압받는 사람들은 공동연구자가 되어야 한다.[40]

프레이리는 사회를 변화시키려는 사람과 사회 속에 수동적으로 웅크린 사람이 서로 다르다고 보지 않았다. 왜냐하면 수동적인 웅크림은 그 사람의 개인적인 문제인 것만이 아니라 사회의 구조적인 문제이기 때문이다. 따라서 이런 개인적이고 구조적인 문제를 변화시키는 힘은 그 사람의 자기의식화와 함께 비슷한 조건에 처한 사람들끼리의 연대를 통해서 형성될 수 있다. 그런 연대를 가능케 하는 힘이 바로 함께함이고 대화라고 할 수 있다. 이런 프레이리의 사상은 풀뿌리 민중이 중요한 이유와 그들이 서로를 변화시켜가는 방식을 잘 보여준다.

2) 알린스키: 분노의 조직화와 이해관계의 인정

알린스키는 타고난 조직가이자 주민조직화에 필요한 구체적이고

---

39) 프레이리, 『페다고지』, 121쪽.
40) "조작의 상황에서 좌익은 거의 언제나 '신속한 권력 장악'의 유혹을 받는다. 그럴 경우 좌익은 피억압자와 더불어 조직을 형성해야 한다는 필요성을 잊고, 지배엘리트와의 불가능한 '대화'에 주력하게 된다. 그 결과 좌익은 지배엘리트에 의해 조작되어 제 발로 '현실적 사고'라는 이름의 엘리트 게임 속에 빠져버리는 경우가 많다." 프레이리, 『페다고지』, 192쪽.

실질적인 전략을 제공했던 사람으로 알려져 있다. 알린스키는 자신의 체험을 통해 "어떠한 조직이나 개인도 교섭을 강요할 수 있는 힘 없이는 교섭할 수 없다"는 점을 깨달았고, 그래서 추상적인 이념보다 "어떻게 힘없고 가난하고 무관심한 시민들이 힘을 가질 수 있느냐?"라는 문제에 관심을 쏟았다.[41] 알린스키가 보기에, 문제를 해결하기 위한 조직적인 힘 없이 빈민 지역을 바꾼다는 것은 공허한 얘기일 뿐이기 때문에 도덕적인 선과 악의 문제는 힘을 얻은 뒤에나 생각할 수 있다.

따라서 알린스키는 주민조직화를 통해 집단적인 힘을 구성하고 그런 힘으로 국가나 기업을 압박하는 전략을 많이 세웠다. 특히 알린스키는 분노를 조직화하는 전술, "불만을 선동하는 것, 그들이 좌절을 퍼부을 수 있는 길을 마련해주는 것, 오랫동안 이전의 상태를 받아들여 밑에 깔려 있는 비행을 말소시킬 기구를 만들어주는 것 등"[42]의 조직화전략을 자주 사용했다. 분노만큼 인간의 감정을 달아오르게 하고 연대하게 만드는 힘은 없다고 봤기 때문이다.

그리고 알린스키는 분노와 함께 소외되고 배제된 사람들의 이해관계를 인정하는 것이 지역조직화에 가장 중요하다고 주장했다. 알린스키는 운동이 주민들의 이해관계에 기반해야 한다는 점을, 즉 현실이 "직접적인 자기 이익에 따라 움직이는 권력장치의 투기장이며 그 안에서의 도덕이란 한낱 자기 이익과 정략적인 행동을 위한

---

41) 사울 D. 알린스키, 조승혁 편역, 『S. D. 알린스키: 생애와 사상』, 현대사상사, 1983, 37쪽.
42) 알린스키, 『S. D. 알린스키』, 39~40쪽.

수사학적 원리에 불과하다는 사실"을 명심해야 한다고 강조했다.[43] 따라서 운동을 벌이는 사람들은 자기 이익의 중요성을 부정하지 않아야 한다. 왜냐하면 "자기 이익이 인간 행위에 있어서 기본적인 추진력의 기능을 하고," "자기 이익의 중요성은 한 번도 의심되어본 적이 없고, 인간 생활의 불가피한 요소로서 받아들여져"왔기 때문이다.[44] 알린스키의 주장에 따르면, 주민들이 자신의 이해관계에 따라 입장을 변화시키는 것은 합리적인 행위이다.

분노와 이해관계를 강조하는 것이 어떤 면에서는 공공선이나 전체의 이익을 고려해야 하는 정치의 목적과 맞지 않는다고 생각할 수 있다. 그런데 알린스키는 조직화를 위한 싸움에서 페어플레이는 불가능하다고 강조했다.[45] 권력이 불평등하게 분배된 현실에서 공정한 싸움을 한다는 것은 이미 지는 싸움을 하는 것이다. 알린스키가 보기에 수단과 윤리는 반드시 결합되어 있지 않고, 수단의 윤리는 그 사람이 처한 현실적인 상황과 시점에 따라 달리 평가되어야 했다.[46] 또한 알린스키가 지역조직화전략에서 방법과 목적을 분리

---

43) 알린스키, 『S. D. 알린스키』, 141쪽.

44) 알린스키, 『S. D. 알린스키』, 155쪽.

45) "싸움은 지적 토론이 아니다. 사회악에 대한 투쟁에는 페어플레이 규칙이 없다. 이런 점에서 모든 전쟁은 동일하다. 페어플레이 규칙은 당사자들이 서로 합의한 규칙이다. 싸움을 한다는 건 어느 편에서 아무것도 할 수 없음을 뜻한다. 어느 한 편이 보이는 최소한의 품위에 관한 규칙은 친절이 아니라 공포에서 나온다. 포로들이 어떤 최소한의 기준에 따라 대우를 받거나 비인간적인 무기의 사용이 유보되는 것은 보복의 두려움 때문이다." Saul David Alinsky, *Reveille for Radicals*, New York: Vintage Books, 1989, pp.133~134. 이 점 때문에 알린스키는 많은 오해를 받았고 실제로 백욱인은 알린스키가 기존의 정치집단이나 기업과 거래하면서 특정 집단의 이해관계를 관철시키기 때문에 급진적이지 않다고 비판한다. 백욱인, 「빈민론과 도시사회운동」, 『산업사회연구』(제2집), 1987, 175쪽.

시키는 점도 그 전략의 민주성에 의문을 제기케 한다. 그런데 알린스키가 그런 전략을 주장한 것은 정상적인 방법이 통용되지 않는 상황에서였다. 오히려 타협이 가능한 상황이라면 알린스키는 그런 타협을 받아들여야 한다고 봤다. 알린스키가 시카고에서 조직한 빈민운동조직인 BYNC Back of the Yards Neighborhood Council 이나 흑인빈민운동조직인 우드론 지역조직 The Woodlawn Organization, FIGHT Freedom, Integration, God, Honour, Today 등은 이런 전술을 충실히 따랐고 큰 성공을 거뒀다. 알린스키의 주장은 단순했다.

자, 너희들은 이것을 받아들일 필요가 없다. 너희들이 할 수 있는 일들이 따로 있다. 너희들은 일자리를 얻을 수도 있고, 이렇게 차별대우를 받는 예를 깨뜨려버릴 수도 있다. 그러나 그러기 위해서는 힘이 필요한데, 그 힘은 단지 조직을 통해서만 얻을 수 있다. 왜냐하면 힘이란 것은 양극점이다. 즉 돈을 가진 사람들과 사람을 가진 사람들에게로 모이는 것이기 때문이다. 너희들은 돈을 가지고 있지 않다. 그러니까 너희들의 동료만이 너희들의 힘의 유일한 원천이 될 것이다. 너희들이 그것을 위해 무엇인가를 할 수 있을 때, 그것이 너희들이 문제로 되는 것이다. …… 너희들이 행동해야 한다. 그러니 당장 한꺼번에 모두 궐기하라.[47]

하지만 단순히 분노를 조직화하는 것만으로는 운동의 지속성

---

46) Alinsky, *Reveille for Radicals*, pp.26~29.
47) 알린스키, 『S. D. 알린스키』, 68~69쪽.

을 담보하기 어렵다. 그렇다면 어떤 프로그램이 사람들을 장기적으로 조직화할 수 있게 해줄까? 알린스키는 대중의 참여를 유도하려는 프로그램이라면 폭넓고 총괄적인 것이어야 하고, 지역사회의 구조적 성격을 이해하도록 해야 한다고 주장했다. 이를 위해 주민활동가는 주민들 속의 지도자급 인물을 파악하고, 주민들에게 지도자로 인정을 받아야 한다.

알린스키가 "주민의 전통은 주민들의 경험이라는 직물에 얽혀 짜여 있다. 주민들의 전통을 이해한다는 것은 그들의 편견과 믿음과 가치관을 아는 것만이 아니라, 그들을 이해하는 일이다. 그것은 민주적 행동을 방해하는 사회적 힘과 마찬가지로 건설적이며 민주적인 행동을 주장하는 사회적 힘을 확인하는 것"[48]이라며 지역사회의 전통을 파악해야 한다고 강조한 것도 바로 이 때문이다. 또한 알린스키는 이에 덧붙여 프레이리처럼 "개혁가들은 대중들과 함께 일하기 위해서는 우선 평범한 이해의 기초를 가지고 그들에게 접근해야 한다. 그것은 그가 전향시키려는 사람들의 언어를 배우는 것만큼이나 단순하고 필수적인 것이다. 이후에 나오는 조치와 전략은 그런 용어로 이해되어야 한다"[49]라며 대중 속으로 들어가 함께 호흡할 것을 강조하기도 했다.

조직화 단계를 거치면서 주민들이 진정 무엇을 필요로 하는지를 스스로 깨닫게 되리라고 믿었던 알린스키는 다음과 같은 원칙을 강조했다. 첫째, 조직의 구성원이 처음부터 끝까지 전부 참여하게

---

48) 알린스키, 『S. D. 알린스키』, 119쪽.
49) 알린스키, 『S. D. 알린스키』, 124쪽.

해야 한다. 둘째, 누구나 말하게 하고 잘못된 의견이나 반대의견이
라도 묵살하지 말고 공유하며 존중해주어야 한다. 셋째, 전체의 이
익이 되고 개인의 이익이 되는 공동의 선善을 발견케 하고 이에 모
두가 동의케 해야 한다. 넷째, 전체 구성원의 의사가 모아지고 결정
되면, 행동 방법에 대해서 협의하고 결정해서 모두가 그 결정에 따
른 행동을 하도록 촉구해야 한다. 다섯째, 조직된 후 곧 조직을 가동
하고 진행시켜야 한다. 여섯째, 쟁점을 만들어내고 이를 다원화시켜
야 한다. 알린스키는 조직은 쟁점으로부터 나오고 쟁점 또한 조직으
로부터 나온다고 했다. 따라서 쟁점을 만들어내느냐 못 만들어내느
냐에 따라서 조직의 생명이 지속될 수 있느냐 없느냐가 결정된다.[50]

　지역사회에서 활동하면서 설령 비난을 받거나 어려움을 겪더
라도 활동가는 신념으로 그것을 감수해야 한다. 활동가는 어떤 상
황에서도 대중에 대한 신뢰를 포기하면 안 된다. "그는 이런 태도와
행동들이 열악한 환경의 결과라는 것을 확신해야 한다. 심판받아야
할 것은 대중이 아니라 그들을 그렇게 만든 환경이다. 그러므로 사
회변화에 대한 개혁가들의 열망은 더욱 견고해야 한다."[51] 이런 신
뢰와 신념은 인간을 변화시키는 강력한 힘이다.[52]

　알린스키는 힘없고 가난한 사람들이 어떻게 불평등한 사회에
서 스스로를 조직하고 힘을 가질 수 있는지를 증명했다. 알린스키
는 활동가가 그런 사람들 속으로 녹아들어가서 사람들이 스스로 목

---

50) 이경자, 『한국적 지역사회조직의 사회행동모델 사례 연구: 수도권도시선교위원
　　회를 중심으로』, 신라대학교 사회정책대학원 석사학위논문, 2000, 24쪽.
51) 알린스키, 『S. D. 알린스키』, 123쪽.

소리를 내고 스스로 결정하는 과정을 경험케 해야 한다고 강조했다. 그 과정을 통해 풀뿌리 민중은 자신의 힘을 자각하고 사회변화의 동력이 되며 자생적인 지도자^{native leader}로 거듭나게 된다.

3) 함석헌: 역사의식과 서로 울림, 꿈틀거림

김상봉은 서구철학의 타자성을 해체할 수 있는 힘을 함석헌의 역사철학에서 찾고 그것을 '슬픔의 해석학' 이라 부른다. 고난과 슬픔[53]은 우리가 자기 자신에게 돌아가서 하나가 되는 연관성을 만들고, "역사의 슬픔이 곧 지금 우리 자신의 아픔과 슬픔이 되는 때, 우리는 자기 자신에게 되돌아가며, 모든 주체가 그러하듯, 우리 또한 자기 자신에게 되돌아감으로써 주체가 된다. 이런 의미에서 고난과 슬픔은 우리의 자기의식의 본질적 내용이다."[54] 이렇게 자신에게 돌아온 자의식은 슬픔과 하나되어 단순히 체념하지 않고 불행한 현실을 부정할 또 다른 현실을 사유케 한다.

---

52) 허병섭은 수도권특수지역선교위원회의 활동이 주민들에게 가져온 변화를 두 가지로 요약한다. "첫째, 이들은 못 배우고 가난하고 소외되어 있었기 때문에 스스로 체념하고 비굴하고 자포자기하는 성향이 있었다면, 이들에게 자긍심과 권리의식과 평등의식을 일깨우고 그 의식에 상응하는 행동을 하게 한 점에서 의식화와 인간화를 도모하는 운동이었다. 둘째, 침잠하고 정체되어 죽은 시체와 같았던 이 지역이 생명을 가진 존재로 꿈틀거리기 시작했고 생명의 힘이 넘쳐나는 모습으로 사회에 드러나게 됐다." 허병섭, 「주민운동 30주년의 의미」, 36쪽.

53) 김경재도 "함석헌의 씨올사상에서 '스스로 함' 이 생명의 근본원리라고 한다면 '고난' 은 생명의 근본원리에서 파생되고 연역된 생명의 한 원리"라고 얘기한다. 고난 뒤에 낙이 온다는 도덕적인 고난론으로 함석헌의 사상을 해석하지 말고 고난을 끊임없이 극복하는 창조적 계기, "생명의 보다 순수바탕을 되찾는 껍질벗기의 사건"으로 해석해야 한다는 얘기이다. 김경재, 「함석헌의 씨올사상 연구」, 『신학연구』(제30집), 1989, 93, 96쪽.

54) 김상봉, 『나르시스의 꿈』, 한길사, 2002, 328쪽.

　이런 자의식은 단순히 개인적인 자의식으로 그치지 않는다. 함석헌은 사람이 사회적 존재이고 "인격이란 것은 있기는 개個로 있으나 그 바탕性은 사회적인 것"[55]이라고 강조한다. 사람의 의식과 행동을 결정하는 것은 개체가 아니고 전체요, 마찬가지로 "한 시대가 혼란에 빠졌다는 것은 결코 개인 행동의 타락이나 어떤 제도의 깨짐을 말하는 것이 아니다. 그것은 도리어 사회가 어지러워진 결과로 오는 것이다. 어지러움은 그보다도 전체의 산 통일이 깨지는 데서 온다."[56] 따라서 고난을 겪으며 회복된 자의식은 개인적 가치를 내세우지 않고 전체의 통일을, '하나'의 회복을 추구한다.[57]

　심의용은 함석헌의 사상에서 고난이 "생명의 한 원리이며 동시에 생명의 길"이고, 그렇게 생명을 품은 존재가 바로 씨올로서 "이 씨알이 역사의 주체자"[58]라고 주장한다. 나아가 심의용은 함석헌 사상에서 자치를 강조하는데, 그것을 '서로 울림'이라 불렀다.[59]

　그런데 함석헌의 스스로 함 또는 자치自治는 서구적인 개인의 스스로 함을 뜻하지 않는다.[60] 개인은 홀로 고립되지 않고 전체 속에 존재한다. 이 전체 속에서 개인은 우민愚民·우맹愚氓·민초民草·

---

55) 함석헌, 『생각하는 백성이라야 산다』(셋째 판), 생각사, 1979, 162～163쪽.
56) 함석헌, 『생각하는 백성이라야 산다』, 277쪽.
57) 이런 점은 3·1운동에 관한 함석헌의 얘기에서도 드러난다. 함석헌은 이 땅의 씨올들이 제 대접을 받은 역사적인 사건이 3·1운동이라고 본다. 이때 지식인들이 민중을 향해 겸손하게 얘기를 걸었고 민중을 주인으로 불렀기 때문이다. 함석헌은 그 전까지의 역사가 "정치가의 역사, 지배자의 역사, 영웅주의의 역사"였다면, 그 이후는 "씨올의 역사다. 자주(自主)하는 민(民)의 역사"라고 강조한다. 함석헌, 『생활철학』(재판), 서광사, 1966, 135쪽.
58) 심의용, 「초월로의 충동과 씨알에 의한 자치(自治)」, 『동서철학연구』(제37호), 2005, 168쪽.

서민庶民·검수黔首·검우黔愚 같은 부정적인 말에서 벗어나 씨올로 성장한다. 비록 바닥에 있을지언정 어리석고 못나서가 아니라 그렇게 바닥에 버티면서 높고자 하는 것, 그것이 바로 씨올이라고 함석헌은 강조한다.[61]

전체 속에 존재한다고 해서 이 씨올이 전체의 이름으로 차이를 부정하지는 않는다. 오히려 함석헌은 다음과 같이 강조했다.

하나됨은 남의 인격을 존중해서만 될 수 있는 일인데 남의 인격을 아는 것은 내가 인격적으로 서고야 될 일이다. 정말 제 노릇하는

---

59) "함석헌은 참다운 삶을 얻으려면 씨알에게 가야 한다고 말하며, 그것이 곧 하나님에게 이르는 길이라고 한다. 또한 이것이 공동체의 전체를 위한 자리이다. 그런 의미에서 '서로 울림'이다. 그러나 이런 사고가 전체주의적 사고로 오해될 수는 없다. 왜냐하면 그것은 상생의 논리이며 너와 나의 적대적 관계를 넘어선 하나의 생명세계이기 때문이다. 또한 모든 제도나 규칙에 의한 폭력과 억압과 위선을 넘어선 것이기 때문이다. 이런 사상은 풀뿌리민주주의라고 말해질 수 있으며 그것을 함석헌은 무위의 정치 혹은 자치주의라고 표현하고 있다." 심의용, 「초월로의 충동과 씨알에 의한 자치(自治)」, 173쪽.

60) "나는 아버지 전체(全體)와 같이 있는 나지, 개인이 아니다. 개인이란 건 거짓 것이다. 천지간엔 없는 '다른 사람'이란 것을 보고 할 때 개인이란 것이 있지 참 삶에 개인은 없다." 함석헌, 『들사람 얼』(4쇄), 한길사, 2001, 187쪽. 그런 점에서 함석헌의 저항 담론을 서구의 자유민주주의 관점으로 해석하는 문지영의 글은 잘못된 해석이다. 가령 "'전체'와 '하나됨'에 대한 함석헌의 강조는 그의 저항 이념의 자유민주주의적 성격을 부정하는 것으로서보다 1970년대 민주화운동이 지향했던 자유민주주의의 한 특성으로 이해할 수 있다"는 해석은 함석헌 사상의 뿌리를 잘못 해석했다. 문지영, 「1970년대 민주화운동 이념 연구: 함석헌의 저항담론을 중심으로」, 『사회과학논집』(제17집/1호), 2006, 15쪽.

61) "유 선생님이 『대학』 가르치면서 하신 '씨올'이란 말을 들었다가 그걸 이제 힘들여 써야겠구나 했어요. 본래는 그렇지 않았지만 '민중', '인민', '서민', '하민', '민초', 다 사람의 인격을 깔보는 사상이야. 그래서 그놈의 '민' 자 내버리고 우리말의 '씨올'을 쓰면 좋겠다는 생각이에요. 그거 만든 말 같지만 '씨'도 본래 있는 것, '올'도 본래 있는 것. 그래도 생각을 해보면 합당치 않아도 좋아." 함석헌, 『끝나지 않은 강연: 함석헌 미간행 강연 유고집』, 삼인, 2001, 111쪽.

사람은 제가 제 노릇을 할 뿐 아니라 남을 제 노릇하도록 만든다.
거지에게도 자존심은 있다. 인격은 곧 자존自尊이다. 스스로 높임
이 스스로 있음自存이다.[62]

즉, 하나됨은 차이를 존중할 때 가능하고 그 차이가 분리되거나
고립된 단자로 인식되지 않고 서로 엮여진 그물망 속에 있다는 점
을 인식할 때 가능하다. 함석헌은 자기 자신에 대한 존중과 타인을
존중하고 받아들이는 것을 구분하지 않는다. 진정한 하나됨은 내가
서고 남이 서고 우리가 설 때 가능하다. 그런 의미에서 함석헌은
"내 발등의 불부터 끄려 할 것이 아니라, 모두가 다 같이 쓰고 사는
집에 당긴 불부터 꺼야 하는 것"을 알아야 하고 "사람이 있어 역사
를 낳는 것이 아니라, 역사를 내다보고 거기 참여하는 데서 사람의
살림이 나오는 것"[63]을 아는 역사의식을 강조했다.

함석헌은 전체가 단순히 부분의 합일 수 없고, 전체가 나를 대
체할 수도 없다고 했다. 하나인 전체는 인간이 알 수 없는 것이고,
역사 역시 인간의 인위적인 힘만으로 결정되지 않는다. 역사는 기
계적으로 반복되지 않는 사건이고, 그렇기에 인간의 이성만으로는
파악될 수 없다. 따라서 어떤 이론이나 교리를 절대적인 것이라고
주장하는 순간 그것은 거짓이 되고, 역사는 도그마가 된다.

따라서 함석헌은 민중을 가르치고 이끌려는 사람이 아니라 민
중의 말을 따르는 사람이 혁명가이고, 그가 민중 속에서 하나되어

---

62) 함석헌, 『생각하는 백성이라야 산다』, 72~73쪽.
63) 함석헌, 노명식 엮음, 『함석헌 다시 읽기』, 인간과자연사, 2002, 210~211쪽.

함께 호흡해야 한다고 강조했다. 그리고 그 변화의 방향은 새로운 그 무엇이 아니라 씨올 속에 내포된 자기 바탈을 되찾고 생명을 밝히는 것이어야 했다. 기풍과 습성의 변화 없이 제도의 변화만으로는 세상을 바꿀 수 없다.[64]

여기서 함석헌은 민중의 바다로 내려가야만 제대로 사회를 변화시킬 수 있다고 누누이 강조했다.

그 믿음, 그 사상이 정말 큰 것, 정말 높은 것, 정말 성한 것이 되려면 민중의 바다로 내려가야 한다. 그러면 거기서 단번에 증발이 되어 구름으로 된다. 시냇물이 정말 강산의 초목을 살리려면 한 번 하늘에 올라가 비로 되어 퍼붓지 않으면 아니되고, 하늘에 오르려면 골짜기 그늘 밑 돌 틈에 있어서는 될 수가 없고, 반드시 저 흙탕물 이는 돌을 거쳐 바다로 가야만 하는 것을 잊어서는 아니된다. …… 어떤 이론도, 어떤 도덕도, 어떤 운동도, 씨올의 밸 고분지 밑까지 내려가지 않고는 역사의 진행을 서두르는 폭풍을 일으킬 수 없다.[65]

그런 과정에서 민중은 스스로 깨어날 힘을 가지게 된다. 아니,

---

64) "육신이 사는 데 집 옷이 있듯이 제도란 사회생활을 하기 위한 울타리다. 집은 닫기운 것이요, 닫겼기 때문에 집이지만 집 안에 오래 있으면 공기가 흐리고 독소가 생겨 사람이 죽게 되듯이 제도는 고정한 것이요, 고정한 것이기 때문에 사회생활을 가능하게 하지만 제도가 오래면 사회는 반드시 해를 입는다. …… 그러기 때문에 사회를 언제나 건전하게 발전시키려면 제도를 끊임없이 고쳐야 한다." 함석헌, 『생각하는 백성이라야 산다』, 166쪽.
65) 함석헌, 『들사람 얼』, 242~243쪽.

이미 민중은 스스로 깨어날 힘을 가지고 있고 스스로 깨어날 수 있도록 움직이고 있다. 함석헌은 이를 '꿈틀거림'[66]이라는 개념으로 축약한다. 이런 민중의 꿈틀거림이야말로 사회를 변화시키는 강한 힘을 생성할 것이라고 함석헌은 봤다.

> 그 꿈틀이 무서운 꿈틀이다. 그것은 사나운 겨울바다 같은 권세 밑에 갇히는 민중의 꿈이다. 그러나 그 꿈이 터지고야 마는 봄이 온다. 삶은 절대이기 때문에 터지고야 만다. 말도 못하고 죽는 민중의 꿈틀거림은 생生의 항의抗議다. 삶의 외침이다. 삶의 음성이기 때문에 하나님의 명령이다. …… 내가 이름 없는 민중이라도 민중이기 때문에 내 안에 하나님의 말씀이 있다.[67]

엄혹한 1970년대에 함석헌은 어떻게 꿈틀거려서 세상을 변화시키려 했을까? 함석헌은 일상 속에서 사람들과 끊임없이 대화해야 한다고 강조했다.[68] 제아무리 억압적인 독재권력이라 하더라도 일상생활 전체를 장악하고 통제할 수는 없기 때문에 다방이든, 음식점이든, 역이든 사람들을 만나는 곳에서 대화의 물길을 만든다면 독재권력이 그것을 막지 못한다고 봤다.[69] 함석헌은 이런 일상의 공

---

66) "'꿈틀거림'은 어떻게 해석을 해보면 '꿈을 튼다'는 말도 돼요. 나무에 눈이 있으면, 꽃피고 잎 필 것이 겨울 동안 이 속에 요렇게 있으면서 꿈을 길러 가지고 봄이 오면 '꿈을 튼다'는 거예요. '꿈틀거린다'는 건 꿈을 튼다, 이상으로 있던 것이 실현된다 그 말이야." 함석헌, 『끝나지 않은 강연』, 118쪽.
67) 함석헌, 『생각하는 백성이라야 산다』, 20쪽.
68) 그런 점에서 이동수는 함석헌을 정치평론가로 규정한다. 이동수, 「함석헌과 정치평론」, 『한국정치학회보』(제35집/4호), 2001.

론장이 씨올의 변화를 가져올 수 있는 자극제가 되리라 봤다. 함석헌의 사상에서 드러나는 특징은 아래로 내려가 씨올들의 목소리를 듣고 그 옆을 지키며 많은 얘기를 나눠야 한다고 강조했다는 점이다. 씨올이라는 개념에서 드러나듯이, 함석헌은 생명이 자라듯이 사회의 변화가 자연스레 이뤄지리라고 봤고 제도의 변화가 아니라 바탈의 변화가 세상을 변화시킨다고 주장했다. 이런 주장은 매우 관념적으로 보이지만, 제도나 전문가 중심의 활동이 씨올들과 괴리되어 결국은 제 길을 잃어버릴 수밖에 없다는 점을 지적한 것이기도 하다. 내 자신의 변화가 세상의 변화와 무관하지 않기 때문에 내 바탈을 다스리지 못한다면 세상을 다스리지 못한다. 또한 그 변화는 개인의 고독한 사색이 아니라 씨올들과의 서로 울림을 통해, 꿈틀거림을 통해 이뤄지기 때문에 미리 그 방향을 점칠 수 없다.

4) 장일순: 모심과 공생, 무위

장일순의 사상은 세상을 전일적全一的인 관점에서 바라보는 것에서 시작한다고 얘기할 수 있다. 그런 점에서 김종철은 해월 최시형의 사상을 이어받아 '이천식천以天食天의 사상'을 전한 것만으로도 장일

---

69) "정규군이 큰 것 같지만 어떤 때 가면 정규군을 다 동원할 수도 없어요. 쥐는 고양이가 잡게 생겼지 황소가 못 잡는단 말이야. 그런 모양으로 신문에서라든지 잡지에서 못하게 되면 차 마시러 들어가서 다방에서도 얘기하고, 친구 만나 음식점에 가서 얘기하고, 기차 타러 가서 그 안에서 얘기하고, 그게 게릴라전 아니냐. 정규의 언론기관은 아니지만, 정규의 언론기관이 다 맥이 빠져서, 권력에 팔려서, 종이 돼서 할 말을 못하고 있다 그런다면 우리끼리 어디서든 만나는 대로 해야 돼." 함석헌, 『끝나지 않은 강연』, 143쪽; "생각이 역사를 움직이는 힘이 되려면 공적인 증언으로 나와야 한다. 증언은 곧 행동이다. 참말 함이다." 함석헌, 『생각하는 백성이라야 산다』, 163~164쪽.

순의 업적이 엄청난 것이라고 주장한다. "하늘이 하늘을 먹고 산다"
는 표현에서 드러나는 세상만물의 순환적인 상호의존관계야말로
성장과 개발로 대표되는 폭력적인 지배가 판치는 현실을 넘어설 대
안이기 때문이다. 그리고 이 사상은 생명에 대한 존중과 풀뿌리 민
중에 대한 모심을 동시에 표현하고 있기 때문이다.[70]

이런 전일적 관점을 가졌기 때문에 장일순은 이익과 경쟁을 강
하게 거부했고 이 둘의 연관성을 간파했다. 장일순은 "인간이 사물
에 대해서 선악과 애증을 갖게 되면, 취사선택이 있게 마련이고, 좋
은 것을 선택하는 선호의 관념은 이利를 찾게 되고, 이것은 자연히
현실에서 이웃과 경쟁을 하게 되는 것으로 이어"[71]지리라고 봤다.
이익에 기반한 경쟁은 극단적인 대결로 치닫고 결국에는 생명의 파
괴로 이어질 수밖에 없다. 자신이 우주 속의 한 부분임을 망각하고
부분적인 이익만을 좇을 경우 균형을 잃어버린 전체는 기울어지며
파괴로 이어지기 때문이다.

'일등'과 '이등 이하'를 경쟁상대로만 볼 게 아니라 이쪽이 없으면
저쪽도 없는 거니까 서로 보완해주는, 또는 하나를 이루는 그런 관
계로 봐야 하는 거라. 그런 안목이 있어야 해. 그러니까 자기보다
성적이 못한 친구를 조금도 꾸밈없이 깔보지 않고 허심하게 사랑
으로 대할 줄 아는 그런 마음 바탕이 일상생활 속에 깔려 있어야
한다 이거야. 약하게 하려면 강하게 해야 한다는 말도 그렇지. 강

---

70) 무위당을기리는모임, 『너를 보고 나는 부끄러웠네』, 74쪽.
71) 무위당을기리는모임, 『너를 보고 나는 부끄러웠네』, 8쪽.

한 놈이 만날 강할 수 있나? 만날 주먹을 불끈 쥐고 있을 수는 없잖아? 펴야지. 주먹을 펴지 않고는 쥘 수도 없으니까. 동일한 상태가 언제까지나 그대로 이어지는 것은 아니거든.[72]

장일순은 함석헌과 마찬가지로 개체라는 것이 전체와 분리되고 고립되어 존재하지 않는다고 보았다. "우선 개체라는 게 어디 따로 존재하는 게 아니라 우주와 합일 속에 개체가 있다는 사실을 파악해야 하고 그 다음에는 사람들이 모여서 세를 이루면 큰일을 해 낸다는 생각이 인류 역사에 얼마나 많은 잘못을 저질렀는지 알아야지."[73] 각자가 제각기 자신의 자유를 누리려면 자신의 이기적 욕망에서 벗어나야 한다는 점을 장일순은 끊임없이 강조했다.

특히 장일순은 이미 경쟁과 파괴로 기울어진 세상에서 전체의 균형을 바로잡는 길은 내 위치를 지키는 것만으로 부족하다고 봤다. 그런 점에서 장일순은 활동가들에게 서두르지 말고 '밑으로 기어라'라고 강조했다.[74] 그 자신이 자애, 검약, 겸손의 삶을 살면서 그런 삶의 중요성을 증명한다. 장일순은 이렇게 밑으로, 바닥으로 길 때 위로 상승하는 힘을 얻을 수 있다고 봤다. 왜냐하면 더 이상 남아 있지 않을 때 새로운 시대가 열리고, 세상의 어둠이 빛을 준비하기 때문이다. 따라서 썩은 세상과 어두운 현실은 단지 썩음과 어

---

72) 장일순·이현주, 『무위당 장일순의 노자 이야기』, 삼인, 2003, 360쪽.
73) 장일순·이현주, 『무위당 장일순의 노자 이야기』, 47쪽.
74) "장일순은 후배나 제자로 뒤따르던 박재일, 김지하, 이현주, 이철수 등에게 밑바닥 사람들과 어울리고 항상 '기어라'라고 강조했다. 엄혹한 시대를 살아가는 사회운동가들의 자세를 이야기하고 있는 이 말도 모심 철학의 다른 표현이었다." 모심과살림연구소, 『스무살 한살림 세상을 껴안다』, 88쪽.

두움으로 그치지 않고 새로움과 빛을 품고 있다고 하겠다. 따라서 세상과 현실을 무조건 부정하는 것보다 관계를 인정하는 것과 그것을 모시는 것이 중요해진다. 장일순은 경쟁과 시비의 논리를 극복하는 건 상대를 인정하고 모실 때 가능하다고 보았다.

모시고 간다는 건 병을 편안하게 해줌으로써 풀어주는 거지. 병하고 싸우면 말이지, 병은 점점 기승을 부리게 되거든. …… 위로해줘야지. 그들은 그럴 수밖에 없는 조건이 있는 거라. 그들이 그럴 수밖에 없었던 조건을 풀어주면, 그러면 그들의 그런 행위가 없어지지 않겠어?[75]

풀 한포기에 대한 존경심이란 마음에 들지 않는 사람을 만나면 사라져버리는 그런 것으로는 곤란합니다. 잘못된 생각을 가지고 있는 사람도 또한 한포기의 풀과 같이 존경하지 않으면 안 됩니다. 본래 전부 위대한 것입니다.[76]

이렇게 나와 연결된 타자, 전체, 하나를 모시고 존경할 때, 타자의 날카로움도 자연히 무디어질 수밖에 없다.[77] 그런 모심이 가능할 때 공동의 과제를 함께 처리할 수 있고, 전일적 관점에서 보면 모시는 것은 단순히 남을 존중하는 것만이 아니라 나 자신을 바로 세우

---

75) 장일순·이현주, 『무위당 장일순의 노자 이야기』, 241쪽.
76) 장일순, 『나락 한알 속의 우주: 无爲堂 장일순의 이야기 모음』(10쇄), 녹색평론사, 2005, 80쪽.

는 방법이기도 하다. 이런 생각은 연대와 공생에 관한 관점으로, 생
협에 관한 관점으로도 이어진다. 연대는 현재의 문제를 해결하기
위해 반드시 필요하다. 장일순은 생협이 사회운동·시민운동과 연
대해서 정치, 경제, 사회, 문화 전반에 개입해야 하고, 생명운동과
민중운동, 계급운동과 다양한 부문 운동이 서로 연대해야 한다고
주장했다.[78]

하지만 여기서의 연대는 단순히 특정한 사안을 해결하기 위한
일시적인 연대나 서로 다른 단체의 활동을 돕는 것만을 뜻하지 않
는다. 이 연대는 공생의 관계를, 그런 공생을 통한 무위의 변화를 전
제한다. 예를 들어 학교에서는 "가르치는 자와 배우는 자가 나뉘고

---

77) "저쪽에서 아무리 창으로 찌르고 칼로 베어도 이쪽에 아무것도 없으면 결국 그 예
리함이 아무짝에도 쓸모없는 게 되지 않겠는가? 예수님이 오른 뺨 치는 자에게
왼 뺨을 내놓으라고 하신 것도, 겉옷을 달라는 자에게 속옷까지 주라고 하신 것
도, 결국은 여기서 말하는 노자의 '좌기예(挫其銳)해 해기분(解其紛)하라'는 말씀
과 아주 절묘하게 들어맞는 말씀이지." 장일순·이현주, 『무위당 장일순의 노자
이야기』, 84쪽.

78) "어차피 운동에는 다 각각이지만 각각이라도 연대해가야 된다 이거야. 그렇게 하
지 않으면 반생명세력, 반생명적으로 문제를 끌고 가는 힘에 대항해서 우리가 일
을 확산해나갈 수 있겠어요? 그러니까 다만 한 가지라도 사회를 위해서 밝게 일
해가고 있고 좋은 일 해가고 있는 그런 단체는 연대를 하자고 할 때는 함께 하자
는 말이에요. 함께 하지 않았을 때 어떤 문제가 오느냐. 아까 얘기한 대로 보글보
글 혼자 우리끼리만 놀다가 끝나게 돼요. …… 먹고사는 먹거리를 가지고 일하는
이런 한살림운동뿐만이 아니라 한살림운동의 시각이 정치에서부터 경제, 사회,
문화 전반에 걸쳐서 연대할 능력이 있어야 된다 이거야. 그렇게 됐을 때에 그 운
동은 가속화되고 더 깊이 제대로 정착이 되고 그렇게 되는 거지요." 장일순, 『나
락 한알 속의 우주』, 80쪽. 『녹색평론』의 변홍철은 이렇게 장일순을 기억한다.
"진정으로 뿌리를 생각하고 뿌리로부터 일어나는 '민중운동'이라면 그것이 곧
'생명운동' 아닐 수 없을 것이고, 생명의 근원을 모시고 섬기는 참된 '생명운동'
이라면 그것이 '민중운동'과 따로 있을 수 없다는 것을 선생님은 저희에게 가르
치고 몸소 삶으로 보여주지 않으셨습니까." 무위당을기리는모임, 『너를 보고 나
는 부끄러웠네』, 47쪽.

고정되어 있는 것이 아니라, 선생이 학생이 되기도 하고 학생이 선생이 되기도 하는 서로 배우고 가르치는 관계"[79]를 만들어야 한다 (이 말은 프레이리와 유사하게 교육의 본질이 서로 대화하고 나누는 과정에 있음을 의미한다). 그런 점에서 장일순은 가르치는 자의 역할을 산파의 역할로 규정한다.[80]

이런 활동들은 장일순이 강조하는 '무위'無爲와 맞닿아 있다. 어떤 일을 이루기 위한 의도적인 행동은 업을 쌓게 되고 그 업은 성과와 관련된 논쟁에서 자유로울 수 없다. 무위는 아무것도 하지 않는 삶이 아니라 "공생공존하는 바탕에서 조화를 이루는 생활"[81]을 뜻하고, 그런 점에서 근본으로 돌아가기 위한 '위무위'爲無爲를 뜻한다. 모든 것이 저절로 이뤄지도록 가만히 기다리는 것이 아니라 자신의 근본인 도와 생명으로 돌아가려는[82] 치열한 노력이야말로 바로 무위이다.

장일순은 몸소 나서서 운동을 지휘하진 않았지만 민청학련을

---

79) 무위당을기리는모임, 『너를 보고 나는 부끄러웠네』, 166쪽.
80) "선생이라는 게 뭔가? 제자가 스스로 가지고 있는 능력, 큰 덕을 틔워주는 것 아닌가? 틔워주였으면 자기가 틔워줬다는 생각조차 하지 말라는 얘기야. 그게 '무하적'(無瑕謫)이지. 옛날 소크라테스가 그랬다고 하지 않는가? 나는 상대방이 이미 지니고 있는 것을 낳게 해준 산파에 지나지 않는다고. 얘기가 최소한 이쯤은 돼야 하지 않겠어? '나는 산파여'." 장일순·이현주, 『무위당 장일순의 노자 이야기』, 281쪽.
81) 장일순·이현주, 『무위당 장일순의 노자 이야기』, 45쪽.
82) "인간에 대한 신뢰는 인간보다 도에 대한 신뢰의 다른 표현 아니겠나? 그가 믿은 것은 피조물인 인간이 아니라 그와 만물을 있게 한, 만물의 어미인 도였지. 기독교식으로 말하면, 그는 사람을 믿은 게 아니라 모든 사람의 아버지인 하느님 그분을 믿은 거라. 바로 그 믿음이 노자에게 무위로써 다스려지지 않는 게 없다는 말을 거듭할 수 있게 했다고 보네." 장일순·이현주, 『무위당 장일순의 노자 이야기』, 560쪽.

비롯한 중앙의 굵직한 저항운동과 관련되어 있었다. 장일순의 호 '조한알'에서 드러나듯이, 장일순은 개체와 전체의 상호연관성을 강조했으며 생명의 전일성을 강조했다. 그 관계 속에서 변화는 자연스런 무위, 수동적 적극성을 통해 이뤄진다.

네 명의 사상가에서 드러나는 풀뿌리민주주의운동

지금까지 살펴본 이론들에서 몇 가지 공통점을 찾을 수 있다.

첫째, 네 명의 사상가들 모두 민중이 변화의 주체여야 한다는 점을 강조했다. 전위조직이나 앞장서는 싸움이 아니라 민중이 스스로 자각하고 조직하는 과정 속에서만 진정한 변화가 이뤄질 수 있다는 점을 네 사람 모두 강조했다. 물론 그런 스스로 함은 아무런 자극 없이 이뤄지지 않는다. 운동이나 활동가는 민중을 계몽하고 이끄는 역할이 아니라 민중의 의식화와 조직화를 돕는 역할을, 조정자coordinator의 역할을 맡는다. 민중이 어디에 서 있고 어떻게 흘러왔는지를, 그들이 스스로 자신의 역사를 깨달을 수 있도록 해야 한다. 풀뿌리민주주의운동은 민중의 구체적인 조건에서 시작하고 민중에 대한 낙관이나 비관을 미리 예상하지 않는다. 그것은 억압받는 사람들의 상식에서 시작해 전체적인 사회구조를 깨달을 수 있도록 지원한다.

둘째, 그러기 위해 운동은 민중을 믿고 그 속으로 들어가야 한다. 속으로 들어간다는 것은 단순히 민중과 관련된 사업을 하거나 때때로 접촉하는 것을 의미하지 않는다. 바닥으로 긴다는 것은 그들의 경험과 상식, 전통을 이해하고 그들의 언어로 대화를 나누며 민중을 모시고 살릴 때 가능하다. 단순히 민중을 일방적으로 돕기 위해서가 아니라 나 자신이 그 속에서 변화를 경험하고 배울 때, 진정 민중의 속으로 들어갈 수 있다. 풀뿌리민주주의운동은 사람들이 서로 울고 울리며 자신의 뿌리를 찾아가고, 민중이 꿈틀거리며 사회를 변화시키도록 지원한다.

셋째, 활동의 구체적인 성과보다는 민중이 그 활동의 의미를 이해하고 성장하는 과정이 중요하다. 즉 성과보다는 과정에서 드러나는 다양한 능동성이 중요하다. 풀뿌리민주주의운동의 성과는 그것이 가진 방향과 목표에 따라 평가되어야 하겠지만, 가장 중요한 평가지표는 그것이 얼마나 많은 새로운 기운을 자극했는가이다. 풀뿌리민주주의운동은 특정한 제도를 도입하거나 특정한 권력을 강화시키는 운동이 아니라 민중의 얼을 살리고 생각하게 만들며 권력을 와해시킨다.

물론 네 명의 사상가는 공통점만이 아니라 차이점도 가진다. 가장 근본적인 차이점은 세계를 바라보는 방식, 즉 전일적인 세계관이라고 얘기할 수 있다. 함석헌과 장일순이 '하나'와 '도'를 중요시하며 각 개체가 그물망처럼 연결되어 있음을 강조했다면, 프레이리와 알린스키는 계급이나 집단의 의식과 이해관계가 다른 집단의 그것과 대립적일 수 있다고 믿었다.

하지만 이런 차이점을 부정적으로만 인식할 필요는 없다. 오히려 함석헌과 장일순이 풀뿌리민주주의운동의 근본적인 원리와 윤리를 얘기했다면, 프레이리와 알린스키는 그 원리와 윤리를 어떻게 실현할 것인가라는 전략과 방법을 얘기했다고 할 수 있다.

　지금까지 살펴봤듯이 알린스키, 프레이리, 함석헌, 장일순의 사상은 '나로부터의 변화'가 어떻게 큰 변화를 만드는지를 잘 설명해준다. 흔히들 풀뿌리민주주의 같은 지엽적인 작은 변화로 어떻게 국가 전체를 바꾸는 힘을 만들 수 있느냐고 묻는다. 하지만 작은 변화는 전체적인 큰 변화와 무관하지 않다. 큰 바위를 쪼개는 물방울이나 나무뿌리의 힘처럼 질기고 작은 생명력이 결국에는 큰 변화를 가져오는 동력을 만든다. (하승우)

11. 낙원구 행복동과 용산참사
조세희가 상기시킨 정치적 비평

2009년 1월 20일 새벽. 재개발이 진행 중인 용산 철거건물의 옥상 망루가 거대한 화염에 휩싸였다. 5명의 철거민과 1명의 경찰특공대원이 화염에 목숨을 잃었다. 언론은 건조한 톤으로 용산 재개발 지역에서 참사가 발생했다는 속보를 내보냈다. 참사가 일어나기 직전까지, 부끄럽게도 나는 재개발을 둘러싼 영세상인의 고통에 대해 사실상 전혀 의식하지 못하고 있는 상태였다. 그것은 커다란 부끄러움이었다. 그 부끄러움은 자못 세련된 언어로 사회적 타자 또는 약소자의 고통에 대한 공감능력의 복원이야말로 인문학적 숙고의 근거임을 역설해왔던 내 알량한 글쓰기조차, 이성의 빛이 닿지 않는 '일식'의 사유에 빠져 있었음을 반증하는 사례로 여겨졌다.

그런데 이 일식과도 같은 사유의 진공상태는 심각한 아이러니를 내포하고 있었다는 점이 문제적이다. 그것은 용산참사가 일어난 바로 다음 날 접하게 됐던 소설가 조세희의 발언을 목격하게 되면서 분명해졌다. 참사가 일어났던 바로 그 날 늦은 저녁에 나는 골똘하게 스스로에게 이렇게 자문하고 있었다. 만약 소설가 조세희라면 이런 현실 앞에서 어떤 말을 할 수 있을까. 참사의 자못 끔찍스런 전후 정황들이 뒤늦게 저널리즘의 보도를 통해 드러나기 시작하면서, 나는 소설가 조세희를 떠올렸다.

2008년은 조세희의 『난장이가 쏘아올린 작은 공』이 출간된 지 30주년을 맞는 해였다. 그 소설에서 작가는 낙원구 행복동에 거주하고 있는 꼽추와 앉은뱅이, 난쟁이로 상징되는 도시철거민을 등장시켜 산업화가 이 왜소한 풀뿌리 민중에게 가하는 거대한 폭력을 가감 없이 고발하고 절규했다.

그 해 조세희의 문학을 기리는 후배 문인들이 중심이 되어 『침묵과 사랑』이라는 30주년 기념문집을 발간했는데, 나는 그 문집에 「릴리푸트읍으로의 귀환」이라는 평론을 실은 바 있다. 이 평론은 조세희의 사상적 근거를 풀뿌리 민중의 자치와 협동에 대한 전망에서 찾고, 거기에 '무정부주의' 또는 '반강권주의'로 번역되는 아나키즘 사상의 흔적이 내포되어 있음을 밝혀보려는 의욕에서 나온 것이었다. 그러나 중요한 것은 이 평문에서 제기되고 있는 주장의 정합성이나 해석의 타당성이 아니라, 글을 쓰는 과정에서 조세희와의 개인적인 전화통화를 통해, 혹은 직접대면을 통해 감지하게 된 어떤 절박함이었다. 원고를 써내려가는 와중에 나는 작가의 미완성 장편소설인 『하얀 저고리』를 검토하기도 했는데, 이 작품은 동학농민혁명에서 1980년 5월의 광주민중항쟁까지를 소설의 시간적 배경으로 해, 국가기구에 의한 민중의 그 끝없는 학살과 이에 저항하는 풀뿌리 민중들의 항쟁을 비리얼리즘적인 수법으로 형상화하고 있는 작품이었다.

작가는 10여 년의 세월 동안 이 작품을 붙들고 있었고, 그러면서도 요동치는 한국 사회의 반민중적 쇠락이라는 엄혹한 정치경제학적 상황에 거듭 분노하고 있었으며, 그것이 작가로 하여금 원고지 앞에서 망설이게 했고, 자꾸만 농민들과 노동자들이 학대받는 거리로 카메라를 들고 나가 그 절망의 순간을 포착하게 만들었다고 했다. 그런 고압적 긴장감이 작가의 지병을 깊게 만든 원인이었고, 소설 쓰기를 자꾸만 지체하게 만든 계기가 됐을 것이다.

　작가는 스스로의 작품에 대해 부끄러워하면서, 오늘의 신자유주의 세계화가 풀뿌리 민중들에게 전가하는 고통의 압력에 대해 오늘의 젊은 작가들이 너무 무감한 것이 아니냐, 오늘의 문학이 무책임한 것이 아니냐는 반문을 거듭 제기했다. 그런 작가의 쉰 목소리를 들으면서, 알량한 비평가인 나는 대체로 침묵함으로써 묵시적인 동의를 펼쳤는데, 그러면서도 나는 소설 바깥의 현실이 아니라 소설 안쪽의 상황을 공들여 독해하는 일에 집중하고자 했다.

　이것은 오늘의 미끈한 제도 안에서, 인문주의적 숙고를 진행해 나간다고 자처하는 거의 모든 비평가들, 좀더 범위를 확대하면 인문학적 지식인들의 일반화된 태도일 확률이 높다. 그런 점에서 이 비평가들의 삶은 언어와 담론의 밀도는 치열해 보이지만 생활세계는 지극히 창백하고 관조적인 삶, 즉 영화 속의 베로니카와 같은 유형화된 이중생활일 수도 있다. 이런 상황은 아마도 팔레스타인계 미국인 에드워드 사이드가 "예술은 야수적 지반 위에 있는 통제할 수 없는 미스터리나 일상생활 속 파괴의 흔적과는 화해 불가능한 상태로 강렬히 존재"[1] 한다는 주장과도 유사한 것일 터이다.

---

1) 에드워드 사이드, 김정하 옮김, 『저항의 인문학』, 마티, 2008, 97쪽.

그렇다면 비평가의 입장에서 이 "화해 불가능한 상태"에 적극적으로 저항하는 일은 어떻게 가능한가. 아마도 가장 행동주의적인 해법으로 텍스트에 대한 관심을 일단 닫은 후, 빠른 속도로 고통의 현장으로 달려가는 일이 가능할 것이다. 지난 1980년대의 청년 문인들의 많은 수는 바로 그런 방향전환을 통해 현장으로 떠나갔다. 과거에만 그랬던 것이 아니라 오늘도 시인 송경동과 같은 문인들은 스스로의 시인됨을 유보하고, 직접적인 싸움의 현장에 그렇게 서서 쉰 목소리로 추모시와 투쟁시를 읊고 있다.

물론 어떤 냉소적인 문인들은 그런 시적 실천의 궤적에 대해, 시학적 완성도를 희생하면서 산출되는 낡은 은유를 문제 삼고 있기도 하다. 그것은 문인 집단의 장인적 전문성이라는 관점에서는 이해할 만한 비판이라고도 생각되지만, 시적 소통공간의 대중적 열림을 통해 가능해지는 사회미학적 측면을 일면적으로 부정하는 편협함일 수 있다고 나는 생각한다. 낡은 은유를 문제 삼기 전에, 더 낡아빠진 폭력적 상황에 우리는 주목해야 하는 것이 아닐까.

나의 고민은 오히려 다른 곳에서 온다. 조세희의 소설을 읽으면서 깨닫게 된 것 중의 하나는 현장에 대한 밀도 높은 죄의식과 그것의 반대급부로 생성시킨 미학적이면서도 윤리적인 정열을 제 몸의 고통으로 끌어안는 행위 전체였다. 그리하여 비통한 절망 속에서 써야 하고 또 쓰는 일을 포기할 수 없었던 증언의 글쓰기야말로, 저 압도적인 시간의 풍화작용과 침식작용 속에서도, 나와 같은 비평가의 일식과도 같은 어두운 사유에 빛을 비추어주는 일을 추동한다는 점에서 나의 고민이 나온다. 이것이 30여 년의 세월 이편에서 윤리적이면서도 실천적인 행동주의를 다시금 결단하게 만드는 에로스

와도 같은 강렬한 혁명적 효과를 산출할 수 있다는 점이다. 이런 생각 속에서 조세희가 『난장이가 쏘아올린 작은 공』 개정판의 「작가의 말」에서 피력한 바를 다시 읽다보면 그 감흥은 아연 넓고도 깊다는 사실을 발견한다.

어느 날 나는 경제적 핍박자들이 몰려 사는 재개발 지역 동네에 가 철거반—집이 헐리면 당장 거리에 나앉아야 되는 세입자 가족들과 내가 그 집에서의 마지막 식사를 하고 있는데, 그들은 철퇴로 대문과 시멘트 담을 쳐부수며 들어왔다—과 싸우고 돌아오다 작은 노트 한 권을 사 주머니에 넣었다. '난장이 연작'은 그 노트에 씌여지기 시작했다. 비상계엄과 긴급조치가 멋대로 내려지는, 그래서 누가 작은 소리로 자유와 민주주의라는 말만 해도 잡혀가 무서운 고문 받고 감옥에 갇히는 '유신헌법' 아래서 나는 일찍이 포기했던 '소설'을 한 편 한 편 써나갔다. 사람들이 바로 말을 안했을 뿐이지, 그때 우리나라는 인류가 귀중한 가치로 치는 것들이 모조리 부정되는 세상, 예를 들면 소모사가 유린한 니카라과나 이디 아민이 통치한 우간다, 응게마가 지배한 적도 기니와 다를 것이 없었다. 나는 지금도 박정희·김종필 등 이 땅 쿠데타의 문을 활짝 연 내란 제일세대 군인들이 무력으로 집권해 피 말리는 억압독재를 계속하지 않았다면 『난장이가 쏘아올린 작은 공』은 태어나지 않았을 것이라고 생각한다.[2]

---

2) 조세희, 『난장이가 쏘아올린 작은 공』(개정판), 이성과 힘, 2000, 9쪽.

조세희가 '난장이' 연작을 발표하던 1970년대 중반의 상황을 소설을 통해 읽어나가다 보면, 오늘의 갈등 상황이 과거에 비해 전혀 호전되지 못했다는 것을 발견하게 된다. 이 연작소설집의 맨 앞에는 「뫼비우스의 띠」라는 작품이 있다. 이 단편소설은 일종의 액자소설의 형태를 취하는데 외화外話는 고등학교 3학년 교실의 수학선생이 수수께끼 같은 문제를 그의 학생들에게 내는 장면, 내화內話는 재개발로 살고 있던 집을 철거당한 '꼽추'와 '앉은뱅이'가 입주권을 빼앗은 '사나이'를 살해하는 장면을 다루고 있다.

바깥 이야기의 서술자인 수학선생은 교실의 학생에게 '굴뚝청소'를 한 두 사람의 이야기를 하고 있는데, 첫 번째 물음은 이런 것이다. "두 아이가 굴뚝청소를 했다. 한 아이는 얼굴이 새까맣게 되어 내려왔고, 또 한 아이는 그을음을 전혀 묻히지 않은 깨끗한 얼굴로 내려왔다. 제군은 어느 쪽의 아이가 얼굴을 씻을 것이라고 생각하는가?" 학생 중의 하나가 이렇게 답변한다. "얼굴이 더러운 아이가 씻을 것입니다." 그러자 교사는 이렇게 대답한다. "한 아이는 깨끗한 얼굴, 한 아이는 더러운 얼굴을 하고 굴뚝에서 내려왔다. 얼굴이 더러운 아이는 깨끗한 얼굴의 아이를 보고 자기도 깨끗하다고 생각한다. 이와 반대로 깨끗한 얼굴을 한 아이는 상대방의 더러운 얼굴을 보고 자기도 더럽다고 생각할 것이다."

학생들은 놀라는 소리를 내는데, 교사는 곧바로 이어서 동일한 질문을 학생에게 던진다. 똑같은 질문에 한 학생이 다음과 같이 대답한다. "저희들은 답을 알고 있습니다. 얼굴이 깨끗한 아이가 얼굴을 씻을 것입니다." 그러자 교사는 "그 답은 틀렸다"면서 다음과 같이 말한다. "더 이상의 질문을 받지 않을 테니까 잘 들어주기 바란다. 두 아이는 함께 똑같은 굴뚝을 청소했다. 따라서 한 아이의 얼굴이 깨끗한데 다른 한 아이의 얼굴은 더럽다는 일은 있을 수가 없다." 그러면서 교사는 '뫼비우스의 띠'를 칠판에 그린다.

왜 교사는 학생들에게 이런 말을 하고 있는 걸까? 교사는 이어서 이렇게 말한다. "차차 알게 되겠지만 인간의 지식은 터무니없이 간사한 역할을 맡을 때가 많다. 제군은 이제 대학에 가 더 많은 것을 배우게 될 것이다. 제군은 결코 제군의 지식이 제군이 입을 이익에 맞추어 쓰여지는 일이 없도록 하라. 나는 제군을 정상적인 학교 교육을 받은 사람, 사물을 옳게 이해할 줄 아는 사람으로 가르치려고 노력했다."[3]

수학교사의 기묘한 수업이 진행되는 다른 한 축에는 앞서 말한 것처럼 재개발로 살던 집을 철거당한 꼽추와 앉은뱅이가 하루 동안 겪은 사건이 제시된다. 이 소설의 안 이야기에서 가장 핵심적인 장면은 철거다. 이 장면을 작가는 다음과 같이 서술하고 있다.

사람들이 꼽추네 집을 무너뜨렸다. 쇠망치를 든 사나이들이 한쪽 벽을 부수고 뒤로 물러서자 북쪽 지붕이 거짓말처럼 내려앉았다. 그들은 더 이상 꼽추네 집에 손을 대지 않았고, 미루나무 옆 털여뀌풀 위에 앉아 있던 꼽추는 일어서면서 하늘을 쳐다보았다. 그의 부인은 네 아이와 함께 종자로 남겨두었던 옥수수를 마당가에서 땄다. 쇠망치를 든 사나이들은 다음 집으로 건너가기 전에 꼽추네

---

3) 조세희, 『난장이가 쏘아올린 작은 공』, 13~15, 29쪽.

식구들을 말없이 바라보았다. 아무도 덤벼들지 않았고 아무도 울지 않았다. 이것이 그들에게 무서움을 주었다.[4]

이 소설의 또 다른 주인공인 앉은뱅이의 집 역시 철거당한다.

앉은뱅이는 쇠망치를 든 사나이들이 다가오자 코스모스가 한창인 길옆으로 비켜 앉으며 집을 가리켰다. 앉은뱅이네 식구들은 꼽추네 식구들보다 대가 약했다. 부인은 펌프대 뒤쪽에 쪼그리고 앉더니 때 묻은 치마를 올려 얼굴을 감쌌다. …… 지붕과 벽은 순식간에 내려앉고 먼지만 올랐다.[5]

꼽추와 앉은뱅이로 설정된 인물은 자신들의 집이 철거되는 상황 속에서도 일견 체념에 빠져 있는 것처럼 보인다. 기묘한 것은 쇠망치를 들고 철거를 감행하고 있는 사람들 역시 표독스러워 보이기보다는, 침묵하고 있는 이들 가족을 최소한의 인간적 양심 때문에 두려워하고 있다고 작가가 서술하는 점이다.[6]

이 부분에서 작가가 시선을 돌려 문제 삼고 있는 인물은 승용차를 타고 입주권을 헐값에 구입해 부당이익을 취하고 있는 개발업자다. 앉은뱅이와 꼽추는 이 사나이에게 이런 행위의 부당성을 역설한다. 사나이는 이들의 이야기를 수용하지 않는다. 꼽추는 사내를 승용차에 가둔 후 전기테이프로 꽁꽁 감는다. 그리고 검은 가방에

---

4) 조세희, 『난장이가 쏘아올린 작은 공』, 16쪽.
5) 조세희, 『난장이가 쏘아올린 작은 공』, 17쪽.

서 사나이가 부당하게 착취한 자신의 집값을 꺼낸 후 철거된 자신의 마을로 돌아간다. 그들이 떠난 후 승용차의 폭발음이 들려온다. 꼽추와 헤어지면서 앉은뱅이는 이렇게 말한다. "가. 막지 않겠어. 나는 아무도 죽이지 않았어." 꼽추가 돌아서면서 말한다. "무슨 해결이 나야 말이지."[7]

수학교사의 수수께끼와, 꼽추와 앉은뱅이가 처해 있는 상황 사이에는 아마도 어떤 내적 연관이 있을 것이다. 비평가가 해석해야 하는 것은 이 연관의 의미론적 맥락일 것이다. 수학교사는 인간의 지식이 탐욕을 위해서 사용되어서는 안 된다는 메시지를 던지고 있다. 그러나 꼽추와 앉은뱅이가 직면하게 되는 뿌리 뽑힌 삶의 저변에는, 그런 인간의 탐욕에 의해 총체적인 불행에 직면하게 되는 철거민들로 가득하다. 소설 속의 철거민들은 일견 이 불행을 수동적으로 받아들이는 것처럼 보이지만, 그러면서도 자신들의 인간적 품위를 위한 생존권을 둘러싼 투쟁에서 물러서지는 않고 있다.

그러나 이 선량하고 나약하고 무력한 꼽추와 앉은뱅이, 나아가

---

6) 30년 전과 비교해 오늘의 상황이 얼마나 '반인간적'인 추악함을 보여주고 있는지는 조세희의 다음과 같은 진술에서 다시금 확인할 수 있다. "그 당시에는 철거용역이 달려가서 망치를 이렇게 들었다가 때리려고 그러다가 눈과 마주치면 후퇴래도 했어. 자기가 때려야 할 사람이 인간이란 걸 감지하는 거지. ……『난쏘공』쓸 때 거기에 철거 가정집에 내가 방문한 날이야. 그 사람이 딴 데 옮겨 가니까, 내가 작가의 말에 잠깐 썼는데, 식사래도 같이 하자고 소고기 사갖고 가서 국 끓여 먹는데 쿵하고 쳐. 제까짓 것들이 밥 먹을 때까지 기다리겠지 했더니, 밥 못 먹었잖아. 쳐 들어와서. 근데 그때는 망치, 뭐 좀 큰 해머 요런 것들이 장비야. 지금은 그렇지 않잖아. 지금은 치면 그냥 단숨에 다 나갈 것들이지. 그때도 그렇게 충격을 받았는데 30년 후면은 뭐가 발전해져 있어야 되는데 더 끔찍한 일이 일어났잖아……. 우리 전체가 다 불행한 일이에요." 박수정, 「이 선을 넘으면 위험하다: 조세희 작가에게 듣다」, 『참세상』, 2009년 1월 30일자.
7) 조세희, 『난장이가 쏘아올린 작은 공』, 28~29쪽.

소설에 등장한 난쟁이들이 그들에게 강림한 비극을 지양할 수 있는 사회적 전망은 결코 보이지 않는다. 때문에 그것의 개인적 해법으로 등장하는 부조리한 행위가 살인이다. 소설 속에 등장하는 이 살인은 풀뿌리 민중의 격발된 저항에 대한 알레고리로 읽힐 수 있다. 「뫼비우스의 띠」를 쓸 당시 작가는 체제의 모순을 근본적으로 지양할 동력과 전망이 무력한 현실에 크게 절망했을 것이며, 그럼에도 불구하고 그런 절망적 체제를 구조화하는 현실에 대한 저항을 어떤 방식으로든 자기 소설의 내부에 삼투시키고자 했을 것이다.

그 저항이 한편에서는 앉은뱅이의 살인으로 나타나는가 하면, 연작소설의 주동 인물에 해당하는 난쟁이 아버지 김불이의 자살이라는 상황으로 나타나는 것이다. 극단적인 죽음을 통해서 체제로부터 배제되고 모욕당하는 삶에 대한 저항을 실현할 수밖에 없다는 점은 난쟁이들이 처해 있는 구조적 비극성의 밀도를 작가 편에서든 독자 편에서든 심각하게 고뇌하게 만든다.

그러나 소설을 읽으면서 우리들이 자못 심각하게 고민해야 될 부분은 실상은 꼽추와 앉은뱅이, 그리고 난쟁이 일가들을 극단적인 상황에 처하게 만드는 산업화와 개발주의의 탐욕 자체가 엄밀한 의미에서 '죽음의 체제' 라는 진실이다. 이 소설적 '진실' 앞에서 난쟁이와 꼽추의 다소 히스테릭한 살인이라는 '사실' 은 재해석되어야 한다는 것이 작가의 창작상의 작의作意였다고 나는 이해한다. 이 소설을 통해서 독자들이 진지하게 고민해야 할 것은 사실이라고 강변되는 현실의 이면에서 작동하고 있는 엄연한 '진실' 의 존재 방식이다. 그러니까 누가 죽었고, 누가 죽였느냐는 문제가 소설에서 핵심적인 사건이 되는 것이 아니라, 순진하기 짝이 없는 꼽추와 앉은뱅이로 하여금 살인을 결심하게끔 만든 분노의 원인과 구조란 무엇인가라는, 체제에 대한 근본적인 질문을 던져야 한다는 것이 당시 작가의 생각이었을 것이다.

2009년 1월 20일의 용산참사 직후 작가 조세희는 참사 현장을 방문해 이것은 공권력에 의한 '학살'이라고 절규했다. '학살'이라는 말의 타격은 둔중했다. 나는 그 장면을 다음 날 한 일간지에서 읽었다. 나중에 르포작가인 박수정과의 인터뷰를 읽어나가면서, 나는 그 '학살'이라는 작가의 명명법이 단순히 참사 현장에서 벌어진 죽음으로 국한된 것이 아니라는 사실을 확인했다. 작가의 육성을 들어보도록 하자.

국민이라는 것은, 이 공동체 안에서 국민이라는 것은 뭡니까? 권력이 우리한테서 나온다고 그러는데 그것은 우리를 지켜달라고 우리를 대표할 수 있는 사람들이 일을 하게 해야 하고 그렇지. 우리에게도 물론 잘못한 게 있어요……. 경제적인 얘기로 하자면 우리가 우선 한국의 경제를 위해서 희생만 당하는 가난뱅이들을 그냥 놔두고 너희는 죽어나라 하는 거. 이건 굉장히 큰, 아주 못된 잔인함이 있는 거예요. 그건 늘 학살을, 늘 날마다 하는 거와 똑같은 거예요. 그런 생각은. 그걸 피해가지 않으면 안 되는 거지요……. 이 여섯 명 돌아가신 희생자들이 그 불행 안에서 일어난 일이에요.[8]

여섯 명의 가시적인 죽음이 드러난 후, 평범한 보통의 시민들은

---

8) 박수정, 「이 선을 넘으면 위험하다」.

그들을 죽음이라는 극단적인 상황 속에 갇혀버리게 만든 현실을 마치 이제야 비로소 발견한 듯 충격을 느꼈다. 그러나 많은 사람들이 수없이 경고해온 바대로 실상 우리들이 갇혀 있는 이 절대자본주의(신자유주의) 체제야말로 진정한, 그러나 미끈하게 은폐되어 보이지 않는 것처럼 느껴지는 학살의 체제 자체다.

이 체제는 인간다움의 유력한 표지인 타자에 대한 공감능력과 연대감 모두를 자본의 분쇄기로 해체시켜버리는 매우 폭압적 체제이다. 문제는 적敵이 이미 우리의 욕망 안에 뿌리깊이 들어와 있는 상태라는 점이다. 그렇기 때문에 이런 욕망의 연루 상태로부터 스스로를 과감하게 분리시키지 않는 한 철거민들의 죽음은 타자화될 수밖에 없다는 것도 문제이다. 경찰을 포함한 공권력은 철거민들을 폭력적으로 진압하면서, 그들을 일종의 도시 테러리스트로 간주했다. 이것은 공권력이 싸늘한 도시개발의 와중에 삶의 뿌리를 박탈당한 풀뿌리 민중들을 주권자인 국민이나 시민권을 가진 시민으로 간주하지 않았다는 것을 의미한다.

이는 오늘날 국민이나 시민이라는 주권의 표지가 과거에도 그러했지만 더 냉혹한 형태로 불균등한 자본의 소유 여부에 따라 부여되기도 하고 소거되기도 한다는 사실을 우리에게 잘 알려주고 있다. 그러면서 이 체제는 정치·경제·사회·문화적 권리 모두를 탐욕적인 시장에 거래의 대상으로 양도하면서, 시장의 동맹세력인 국가가 시민권을 요구하는 풀뿌리 민중의 요구에 대해서는 국가폭력을 통해 여과 없이 제압하고 있다는 것을 잘 보여준다.

지금 조세희가 문제 삼고 있는 것은 자본의 논리와 결합한 국가폭력의 심각성인 동시에, 내적으로 그것을 지탱하게 만드는 경제지

상주의, 또 그것에 의해 가일층 구조화되고 있는 욕망의 파시스트적 가속도, 이에 따른 민주주의의 총체적 붕괴 현상이다.

때문에 이 부분에서 우리가 심각한 성찰에 임해야 되는 문제는 다시금 민주주의다. 그 민주주의는 국가와 풀뿌리 민중의 관계에 대한 근본적인 성찰을 우리에게 요구하고 있다. 무엇이 공권력으로 위장된 여과 없는 국가폭력에 합법성을 부여하면서, 풀뿌리 민중의 생존권과 연대감을 '합법적으로' 분쇄하는 것을 당연시하게 만드는가. 조세희의 다음과 같은 진술은 의미심장하다.

어저께 들어갔던 김 누구의 경찰 부대는 21세기의 경찰이 아니에요. 조선시대, 인구가 5~600만 명에 불과했던 조선시대의 관군과 같습니다. 국가에, 조선에 재난이 들어서 농민들이 기근, 흉년이 들어서 먹고살 게 없을 때 성안에 있는 곡식을 먹기 위해서 쳐들어가는 거예요. 그 성을 지키는 게 관군이에요. 이 관군은 무슨 전력이 있는가 하면, 일본군, 중국군, 원나라 군대부터 그냥 외국군이 들어왔을 때 백전백패했어요. 동족을 상대했을 때는 백전백승을 해요. 어저께 들어갔던 경찰은 조선시대 어느 날 삼지창으로 동족을 찔렀던 그 조선시대의 관군과 똑같아요. 5·18 때 그 어리석은, 제3세계 동족학살 미개군인과 똑같은 거죠. 명령대로 따라하면 된다고 그러는 거죠.[9]

조세희의 이 발언은 용산참사에 직면해 나온 것이저만, 실상 국

---

9) 박수정, 「이 선을 넘으면 위험하다」.

가폭력과 풀뿌리 민중 간의 항쟁의 역사에 대한 시각은 오래전부터 생성된 것이었다. 실상 조세희가 미완의 장편으로 남겨두고 있는 『하얀 저고리』의 중심주제가 그것이며, 이런 작가의 생각은 『난장이가 쏘아올린 작은 공』에서 이미 맹아적 형태로 나타나고 있는 것이다. 물론 『난장이가 쏘아올린 작은 공』에서 조세희가 공들여 애정 어린 묘사를 하고 있는 것은 꼽추와 앉은뱅이, 그리고 난쟁이로 상징되는, 시민적인 권리가 완벽히 박탈되어 있는 약소자들의 눈물겨운 연대와 체제에 대한 분노다.

그것이 1970년대라고 하는 상황 속에서는 명료한 리얼리즘의 형식으로 제시되지는 못했고, 거기에는 유신독재로 상징되는 엄혹한 사회적 기후가 창작상의 압력으로 작용하고 있었다. 그래서 『난장이가 쏘아올린 작은 공』에서 조세희가 꿈꾸고 있는 유토피아는 난쟁이 김불이가 가고자 했던 '달나라'나 순정한 어린왕자의 '소혹성'으로 제시될 수밖에 없었던 것이다. 그것의 비교적 현실적인 유토피아 전망으로 제시된 것이 「은강 노동 가족의 생계비」에 등장하는 릴리푸트읍이었을 것이다.

릴리푸트읍은 국제 난장이 마을이다. 여러 나라의 난장이들이 그곳에 모여 살고 있다. 키가 칠십팔 센티미터로 세계에서 제일 작은 사나이인 터키인 난장이도 최근에 그곳으로 이주했다. 릴리푸트읍의 난장이 인구는 늘어만 간다. 릴리푸트읍을 제외한 곳은 난장이들이 살기에 모든 것의 규모가 너무 커서 불편하고 또 위험하다. 난장이들에게 릴리푸트읍처럼 안전한 곳은 없다. 집과 가구는 물론이고, 일상생활용품의 크기가 난장이들에게 맞도록 만들어져 있다. 그곳에는 난장이의 생활을 위협하는 어떤 종류의 억압, 공포, 불공평, 폭력도 없다. 권력을 추종자에게 조금씩 나누어주고 무서운 법을 만드는 사람도 없다. 릴리푸트읍에는 전제자가 없다. 큰 기업도 없고, 공장도 없고, 경영자도 없다. 여러 나라에서 모인 난장이들은 세계를 자기들에게 맞도록 축소시켰다. 그들은 투표를 했다. 그들은 국적 따위는 무시했다. 모두 열심히 투표에 참가해 마리안느 사르를 읍장으로 뽑았다. 여자 읍장의 키는 일 미터이다. 독자적인 마을을 열망한 작은 힘들이 난장이 마을을 세웠다.[10]

여과 없는 국가폭력이 철거민들에게 가해지고 있는 2009년 오늘의 현실과 『난장이가 쏘아올린 작은 공』 속 릴리푸트읍을 비교해 보면 오늘의 체제가 1970년대 당시에 비해서도 얼마나 심각한 수준으로 쇠락하고 있는가를 우리는 잘 알 수 있다. 무엇보다도 난쟁이로 상징되는, 시민적 주권이 박탈된 약소자들이 재현 영역에서 완전히 실종된 현상이 눈에 띈다.

조세희는 의도적으로 꼽추와 앉은뱅이, 난쟁이와 같은 사회적 약소자들을 자신의 소설 속 주동 인물로 제시했다. 그것은 조세희가 참으로 진심어린 시선으로 공감했고 또 국가폭력에 의한 압력 속에 여과 없이 노출된 존재로 생각했던 존재가, 오늘날 시장권력과 욕망의 쓰나미에 휩쓸린 시민계층이 아니라, 시민적 주권에도 결코 도달할 수 없는 풀뿌리 민중이었다는 사실을 상기시킨다. 그 풀뿌리 민중들은 철거민으로 또는 장애인으로 소설 속에 등장하지

---

10) 조세희, 『난장이가 쏘아올린 작은 공』, 195~196쪽.

만, 조세희의 소설을 읽어나가면서 우리들이 정작 깨닫게 되는 것
은 이런 사회적 약소자들에 대한 공감능력을 갈수록 상실해가는 오
늘의 시민계층이 침전되어 있는 정신적 불구성이다.

　이명박 정부의 출범과 뉴타운 공약에 휩쓸려 한나라당의 전면
적인 세력화를 초래하고, 이에 따른 자연스런 반동으로서의 '파시
즘 이행기'를 초래한 작금의 한국 사회의 상황은, 실상 속물주의로
전락한 오늘의 부르주아적 시민성에 대한 날카로운 자기성찰의 부
재에서 온 것이다. 그런데 이런 시민계층의 속물화(또는 경제동물
화)는 다른 한편에서 소설을 포함한 문학이 대중으로부터 전면적으
로 소외되는 현상을 초래했다. 게오르그 루카치가 일찍이 간파한
대로, 소설이라는 양식의 출현과 그 정당화는 절대왕정에 대항해
상승하는 시민계급의 진보적 세계관을 가장 유력하게 보여주는 미
학적 양식에 기반하고 있었다.

　그러나 오늘과 같이 시민계급이 절대자본주의 체제의 욕망의
수로에 휩쓸려감으로써, 상층부는 사회귀족화하고 대다수는 계층
적으로 추락해 사회적 약소자로 전락한 상황에서, 부르주아적 시민
성은 이제 진보적 성격을 상실하게 되고, 소설을 포함한 근대문학
역시 잠재 독자를 광범위하게 상실하게 되어 우리가 목격하는 대로
대중적 오락산업의 일환으로 전락·포섭되는 경로를 밟게 됐던 것
이다(가버린 부르주아 시대!).

　그렇다면 이런 구조적 압력에 투항해, 작가들은 자신의 글쓰기
를 대중적으로 전환시키는 것으로 그 장인적 전문성을 한정할 것인
가. 조세희의 절규에서 우리들이 다시금 확인하게 되는 것은, 오히
려 이런 상황의 구조적 압력을 거슬러 오늘의 문학이 이 시대에 우

리들이 도처에서 목격하고 있는 새로운 꼽추와 앉은뱅이, 난쟁이들에게로 그 시선을 이동시켜야 한다는 것이다. 냉정하게 보자면 사실상 오늘의 절대자본주의 체제 하의 풀뿌리 민중들은 모두가 '난쟁이'의 상태에 처해 있다.

아마도 용산참사는 그것이 뚜렷이 가시적인 비극으로 우리에게 강림했기 때문에 우리들의 독해의 영역에 들어올 수 있었겠지만, 분명한 진실은 오늘의 지배체제는 한층 잔혹하면서도 더욱 은밀하게 이 구조적 고통을 은폐함으로써, 작가들과 비평가들의 인문학적 숙고를 봉쇄하는 절대자본주의의 메커니즘을 갈수록 강화하고 있다는 것이다.

역설적인 것처럼 느껴지기도 하지만, 바로 그렇기 때문에 오늘의 문인과 예술가들은 더욱 끈질긴 비평적 숙고와 성찰을 진행시켜야 한다. 그것은 텍스트를 토대로 엄밀한 숙고의 작업을 진행하는 일이 장인적 전문성에 안전하게 침윤되는 일이 되지 않도록, 그것을 텍스트 바깥의 보다 광범위한 현실과 결합시키는 '메타정치적 비평'을 끝없이 우리에게 요구하고 있다. 용산참사에 직면한 조세희의 절규는 그런 작가적 태도의 전환을 날카롭게 촉구하는 제안이라고 나는 생각한다. 조세희는 오늘의 이 비극적 용산참사를 단순히 현재의 상황 안에 갇히게 하지 않고, 30여 년 전 낙원구 행복동에서 삶의 근거를 뿌리 뽑혔던 난쟁이들의 고통과 연결시킨다. 조세희는 거기서 시선을 더욱 확대해 조선 후기의 민중봉기와 1980년 광주민중항쟁에 이르는 유장한 역사의 진행 과정 속에서 재현되고 있는 풀뿌리 민중에 대한 국가권력의 폭력을 『하얀 저고리』를 통해 끈질기게 숙고하고 있는 것이다.

조세희는 용산에서 자행된 국가폭력에 의한 철거민들의 죽음을 간명하게 '학살'이라고 말했다. 이것은 사태의 엄연한 진실을 철거민들의 '테러리즘'으로 전도시키는 국가폭력의 압력, 즉 이데올로기적 선전술에 대항해 인문주의적 숙고와 저항을 뚜렷이 한 것이다. 그렇게 작가는 명명하는 자다. 조세희가 「뫼비우스의 띠」의 수학교사를 통해 일찍이 말한 바 있듯이 오늘의 지식은 폐색 상황의 저널리즘 환경이 상기시키듯 "터무니없이 간사한 역할을" 하고 있다. 비평가는 이 간사한 지식에 대한 비판적 숙고를 자못 끈질기게 진행시켜야 한다. 독해의 폐기를 권유하는 선전기관의 구조적 압력을 거슬러 텍스트와 현실, 오늘의 상황과 역사적 상황을 끈질기게 연계시키는 비판적 숙고와 정치적 비평을 날카롭게 지속해야 한다. 수학교사의 수업시간은 아직 끝나지 않았다. (이명원)

12. 술자리 품평회 정치와 좋은 정치

매일 아침 신문을 펼치기가 두려울 만큼 우리 사회는 위기로 치닫고 있다. 연일 전세계를 강타하는 경제위기와 지구온난화는 지금 당장의 변화를 요구하고 있다. 하지만 우리에게는 변화의 가능성이 막혀 있는 듯하고, 그 무기력함의 뿌리가 마치 과거로 돌아가는 듯한 우리의 정치 현실에 있음을 부정할 사람은 없다.

물론 그런 지저분한 정치가 온전히 정치인들만의 몫은 아니다. 그런 정치인들과 결탁해서 이득을 취해온 기업가와 언론, 지역 토호 같은 기득권층도 정치를 혼탁하게 만드는 주요 원인이다. 현재의 정치 상황은 대다수 시민을 소외시키며 권력을 장악한 소수에게 점점 더 많은 힘을 몰아주고 있다. 이런 상황에서는 단순히 "못살겠다, 갈아보자" 같은 정치구호만으로 변화를 일으킬 수 없다.

하지만 연꽃이 더러운 연못에서 자라듯이 이런 절망적인 정치 상황에서도 새로운 희망의 가능성이 조금씩 자라고 있다. 2008년을 뜨겁게 달궜던 촛불집회와 촛불산책, 명동 무한도전×2가 바로 그런 희망의 싹이다. 아고라와 블로그, 카페 등의 인터넷 공간에서, 그리고 길거리와 광장, 학교와 동네 같은 현실공간에서도 이 싹은 조금씩 계속 자라고 있다. 이제 시민들은 영웅이나 지도자가 자신을 대신하길 바라지 않고 스스로 주권을 행사하려 하고 있다. 책이나 교과서에서 외우기만 했던 민주주의가 구체적인 물음으로 풀이되고 있고 민주공화국이 대체 어떤 체제인지에 대한 학습도 진행되고 있다. '왜'라는 물음표가 늘어나는 만큼 그 사회는 활력을 가질 수 있으니 절망하기에는 아직 이른 셈이다.

품평회 정치에서 좋은 정치로

어떤 일이 터지거나 선거 때가 되면 한국의 웬만한 술집들은 정치 평론가들의 토론장으로 변한다. 각자 자신이 모은 정보를 안주거리 삼아 열띤 토론을 벌이고, 사회를 바꿀 갖가지 아이디어들이 등장한다. '정치적 무관심'이라는 말이 무색할 정도로 그 토론의 수준은 웬만한 전문가의 것을 뛰어넘기도 한다.

하지만 문제는 그런 정치토론이 다음 날 술이 깨면 헛된 말들의 잔치로 변한다는 점이다. 신데렐라의 유리구두처럼 술이 깨면 그 열정은 어디론가 사라지고 없다. 밤의 정치토론에 지나치게 많은 에너지를 사용하는 반면에, 우리는 낮의 정치참여를 여전히 부담스러워 한다. 누가 어떻고 어떤 정책이 좋다는 '품평회 정치'를 즐기지만 정작 자신이 정치의 주체로서 권리와 책임을 행사하는 주체적인 실천은 부족하다.

변화가 필요하다는 점에는 공감하지만 왜 굳이 내가 그 일에 뛰어들어야 하는가라는 물음은 나를 머뭇거리게 한다. 당장 아이들

공부시키고 빌린 돈 갚고 직장에서 좋은 평가를 받기 위해 노력하는 것만 해도 가랑이가 찢어지는데 다른 문제에 신경을 쓸 겨를이 당최 없기 때문이다.

그런데 그런 초조함이 바로 권력을 가진 기득권층을 안심시키며 사회를 파국으로 몰고 가는 주요 동기이다. 외부 일에 관심을 쏟지 않고 자기 일과 가정에만 성실한 태도는 사회라는 더 큰 가정을 무너뜨리고 결국에는 자신조차 파괴시킨다. 무한경쟁이 벼랑 끝으로 삶을 몰아가는 사회에서는 아무리 혼자 노력해도 구조적인 위기를 벗어날 수 없다. 아무리 아이들 공부를 채찍질하고 대출받아 집을 장만해도 결국에는 족집게 고액과외를 받으며 자란 아이들이 학벌사회의 정점을 차지하고 부동산 이득은 다른 놈들이 챙기기 때문이다. 더구나 혼자서 아무리 노력해도 곧 찾아올 에너지와 식량위기를 극복할 방법은 없다.

각자 알아서 자신의 문제를 해결하라는 게 기득권층의 논리라면, '좋은 정치'의 논리는 공동의 문제를 함께 풀어가는 것이다. 비슷한 처지에 있는 사람들이 힘을 모아 자신들의 이익과 생명을 지키려 나설 때 다른 정치의 가능성이 드러난다. 그렇기에 좋은 정치는 나로부터 시작해서 우리로 향한다.

내 이익을 지키려는 것과 이기적인 것은 다르다. 비슷한 처지에 있는 또 다른 나의 이익을 지키는 것이 우리의 이익을 지키는 것이고, 그런 노력은 나만의 이익을 위해 다른 생명을 희생시키는 이기심과 다를 수밖에 없다. 이상적인 사회는 착한 사람들의 공동체가 아니라 더불어 삶을 살려 하는 평범한 사람들의 공동체이다. 『예기』는 그런 사회를 "재물을 땅에 버리는 낭비를 싫어하지만 결코 자기만을 위해 소유하지 않으며, 노동하지 않는 것을 부끄러워했으나 반드시 자기만을 위하지 않는" 대동사회大同社會라 불렀다. 똑같은 사람들이 살지 않고 각기 다른 사람들이 더불어 살아가는 대동사회를 이루는 방법은 바로 좋은 정치이다.

좋은 정치와 생활정치

2008년 촛불집회에서 화두로 떠오른 말이 '생활정치'이다. 생활정치란 단순히 교육이나 보건, 주거 같은 생활의 문제들을 정치적인 의제로 만드는 것을 뜻하지 않는다. 생활정치는 내 삶의 경험이나 의식과 분리되지 않은 정치구조를 만드는 것이고, 삶 자체를 정치적으로 재구성한다는 의미를 담고 있다.

그래서 미국산 쇠고기를 먹지 않으려는 건 생활정치를 자극하는 원인이지만 단지 그런 자극만으로 변화가 생기지는 않는다. 먹기 싫으면 안 먹으면 될 것 아니냐는 그릇된 대답을 듣지 않으려면 내가 먹고 누리고 생활하는 것이 어디서 어떻게 결정되는지 관심을 쏟고 참여해야 한다.

자유로운 무역free trade이 아니라 공정한 무역fair trade을 요구하는 목소리가 높아지듯이, 생활정치는 공동체의 중요한 결정에서 공정함과 정의로움을 요구한다. 그러려면 힘을 가진 자가 마음대로 권력을 행사하지 못하도록 그 힘을 감시하고 제한할 뿐 아니라, 작게 쪼개서 그것을 나와 우리가 누릴 수 있도록 만들어야 한다. 내가 권력을 가질 수 있다면 그것은 더 이상 부정적인 것이 아니고 내 삶을 구성하는 능동적인 요소이다. 따라서 생활정치는 주체적인 면에서 나의 경험과 의식이 정치의 주체로 '성장' 하는 것을 뜻한다. 나이를 먹으면 자연스레 시민이 되는 게 아니다. 좋은 정치의 주인이 되려면 전체 공동체의 일에 관심을 가지고 참여해야 한다. 고대 그리스의 정치인 페리클레스는 정치에 관심을 갖지 않는 사람을 자기 일에만 몰두하는 사람이라 부르지 않고 아테네에 아무런 쓸모가 없는 사람이라 말했다. 내가 쓸모 있는 사람이 되어야만 공동체가 살아날 수 있다.

그러니 정치나 권력을 더러운 것이라 부르지 말고 적극적으로 참여해서 내가 그것을 쥐고 통제하려 노력해야 한다. 권력을 부정적인 것으로 바라보는 시선은 그 힘의 근원을 깨닫지 못한다. 미국 최초의 흑인 대통령 버락 오바마에게 영향을 미쳤던 미국 빈민운동의 선구자 사울 알린스키는 자기 목소리를 내지 못하는 사람들이 힘을 가지려면 권력을 잡아야 한다고 강조했다. 권력은 세상을 바꾸거나 변화에 저항하거나 간에 언제나 작동하고 있는 본질적인 생명력이기 때문에 권력에 대해 냉소하지 말아야 한다.

설사 아무것도 바꾸지 못했다 할지라도 내가 그 속에서 무언가를 했다면 그 실천은 소중한 것이다. 혼자라고 두려워할 이유가 없다. 내가 움직이는 순간 그 움직임에 공감하는 다른 누군가가 내 옆자리를 채워줄 것이다. 군주는 갈아치울 수 있지만 평범한 백성들이야말로 영원히 갈아치울 수 없는 소중한 존재라는 맹자의 말처럼 우리가 바로 권력의 주체이기 때문이다.

만일 잘못된 권력에 시민들이 맞서 싸우지 않았다면 지금 세상은 어떻게 됐을까? 우리는 권력을 가진 자들이 우리의 신념과 자유를 짓밟을까 두려워하지만, 시민들의 저항이 거세지면 그들 역시 두 다리 뻗고 잠을 청할 수 없다. 그것은 아주 간단한 정치의 법칙 때문이다. 즉 제아무리 강한 권력자라도 형식적으로는 국민의 '동의'를 구할 수밖에 없기 때문에 그도 어느 순간이 되면 '국민' 또는 '시민'을 내세워 자신을 정당화시켜야 한다.

그러니 우리는 질문을 던지는 방식을 바꿔야 한다. "시민들은 왜 저항하는가?"라는 물음은 정치의 본질을 건드리지 못한다. 왜냐하면 시민들이 언제나 권력의 부조리에 맞서 자유나 평등, 정의와 같은 큰 뜻을 실현하기 위해 저항해왔기 때문이다. 그리고 "시민들은 어떻게 저항하는가?"라는 물음 역시 핵심을 건드리지 못한다. 왜냐하면 시민들은 자신이 취할 수 있는 모든 방법을 동원해서 엄청난 권력에 저항해왔기 때문이다. 지나친 권력이 있는 곳엔 언제나 시민의 저항이 있었다.

우리 역사를 살펴봐도 시민들은 언제나 저항해왔다. 우리 헌법이 지목하는 대표적 저항인 3·1운동과 4·19민주화운동은 누가 어떻게 시작한 사건인가? 가장 억압적인 제국주의 지배나 잔혹한 독재 속에서도 시민들은 각자 삶의 터전에서 자발적으로 다양하게 저항했다. 동학농민운동이나 각종 민란, 제주도와 광주, 마산, 부산 등 지역사회의 크고 작은 저항들도 시민들이 자신의 목소리를 내기 위해 끊임없이 권력에 맞섰다는 점을 증명한다. 권력의 비리와 억압이 있는 곳이면 어디서나 시민들은 저항했다.

따라서 우리는 "권력이 어떻게 시민의 저항을 가로막고 그 의미를 왜곡시켜왔는가?"라고 물어야 한다. 그렇게 물어야 저항의 실마리를 놓치지 않고 이어갈 수 있다.

시민 없는 시민참여제도

한때 '시민 없는 시민운동'이라는 말이 유행했다. 그동안 한국의 시민사회운동에서 전문가나 활동가가 핵심적인 역할을 담당했다는 점은 분명하지만 이들 역시 시민이라는 점에서 이 말은 '절반의 진실'만을 담고 있다. 그런데 권력을 가진 자들은 이런 말을 열심히 퍼트려서 시민들이 시민사회운동을 자신과 '무관한' 것으로 받아들이고 이들의 말에 동의하지 않기를 원했다.

그러면서 힘을 가진 자들은 자신들이 독점하고 있는 권력의 크기를 계속 키웠다. 국회의원, 대통령, 공무원, 법관, 그리고 그들과 결탁한 재벌과 중앙언론들은 평범한 시민들이 접근할 수 없는 정보와 힘을 가진 채 시민들을 지배해왔다. 관존민비라는 거짓된 상식을 널리 퍼트리면서 그들은 자신의 권력에 도전하거나 그 힘을 줄이려는 시도들을 억눌러왔다.

시민의 불만을 억누르기 위해 그들은 그런 시도를 잠재울 '시민 없는 시민참여제도'를 만들었다. 동에서 구, 시, 도까지 설치된 각종 자문위원회들은 권력의 일방적인 정책결정을 정당화하는 역할을 담당해왔다. 그래서 소위 민의를 수렴한다는 절차는 언제나 그들을 무조건 지지하는 배후세력이 되어왔다. 힘을 가진 자들은 자신의 말에 복종하는 자들만을 시민으로 인정하고 저항하는 자들을 시민이 아닌 폭도나 무지한 군중으로 내몰았다.

그리고 귤이 회수를 건너면 탱자가 된다^{橘化爲枳}는 말처럼, 좋은 제도들도 한국으로 건너오면 하나같이 시민참여를 가로막는 제도로 악용되고 있다. 그동안 우리 사회에도 '소리 소문 없이' 대의민주주의의 문제점을 보완한다는 직접민주주의 제도가 도입됐다. 중앙정부 차원에서는 여전히 직접민주주의가 '불가능한 신화'로만 얘기되고 있지만, 지방정부 차원에서는 서서히 직접민주주의 제도가 도입되고 있는 것이다. 주민발의, 주민소환, 주민투표처럼 널리 알려진 제도만이 아니라 주민참여예산제나 시민감사옴부즈만 같은 제도들도 이미 한국에 도입되어 있다.

하지만 이런 제도는 거의 제 역할을 하지 못하고 있다. '함께하는 시민행동'의 조사에 따르면, 2002년 7월부터 2006년 6월까지 5년 동안 시민 138만 명이 총 123건의 조례를 발의했지만 그 중 원안대로 의결된 것은 12건 뿐이고, 54건은 수정된 채 의결됐다. 주민투표제도는 법 제정 이후 단 3건만 실시됐고, 3건 모두 지방정부나 중앙정부가 추진한 관 주도 주민투표였다. 주민소환제도는 여러 지역에서 추진했지만 실제로 소환한 곳은 경기도 하남시뿐이다. 새로운 민주주의의 희망이라던 참여예산제도 역시 토호들의 민원청탁용 창구로 전락해버렸다.

사실상 한국에서는 평범한 시민들이 정책결정에 참여하거나 힘을 가진 자들에게 책임을 묻는 것이 불가능하다. 왜냐하면 그런 제도를 활용하는 데 엄청난 노력이 들 뿐 아니라 설령 활용하더라도 그 효과를 거두기 어렵기 때문이다. 예를 들어 서울시의 경우 주민발의를 하려면 약 14만 명의 서명이 필요하고, 서울시장을 소환하려면 약 80만 명의 서명이, 주민투표를 신청하려면 약 40만 명의 서명을 받아야 한다. 그냥 서명을 받으면 되는 게 아니라, 서울시의 경우 선관위에 미리 신고한 사람들이 주민발의나 주민투표의 경우 90일, 주민소환은 120일 이내에 서명을 받아야 한다. 시보다 작은 구로 내려가도 용산참사를 빚었던 용산구의 경우, 주민발의는 90일 동안 약 4천6백 명, 주민투표는 약 1만7천 명, 주민소환은 약 2만8천 명의 서명을 받아야 한다. 돈을 주고 사람들을 사서 서명을 받지 않는다면 엄두를 내기 힘든 일이다.

더구나 중앙정부는 주민발의나 주민투표, 주민소환의 내용을 정해서 시민의 참여를 차단한다. 국가의 권한이나 사무에 속하는 사항, 법률에 위반되거나 행정기구에 관한 사항, 자치단체의 예산과 관련된 내용은 아예 투표나 발의의 대상조차 될 수 없다.

그러니 한국의 시민참여제도는 하나같이 토호들을 위한 참여제도이거나 허수아비/꼭두각시 참여제도인 셈이다. 힘을 가진 자들은 이렇게 허울뿐인 제도로 시민들의 참여의지를 꺾고 아무리 노력해도 세상이 변하지 않으니 자기 몸이나 잘 간수하라는 생각을 심어왔다. 그리고 힘없는 사람들에게 재갈을 물리고 입을 막으며 언제나 자신들을 통해서만 얘기하라고 강요했다.

흥미로운 점은 진보와 보수를 막론하고 이미 자신의 발언권을 확보하고 있는 사람들은 하나같이 직접민주주의를 싫어하며 자신을 통해서만 말할 것을 강요한다는 사실이다. 그런데 2008년을 밝혔던 촛불집회는 바로 이런 잘못된 상식에 도전했다.

촛불이 밝힌 시민저항의 가능성

온라인에서의 소통이 오프라인의 활동으로 직접 연결되기는 쉽지 않다. 근본적인 이유로는 '속도의 차이' 때문이다. 온라인에서의 정보와 논의는 망을 타고 빠른 속도로 퍼지지만 현실에서의 활동은 삶의 다양한 조건들과 맞물려 있기 때문에 그렇게 빨리 움직일 수 없다. 마우스를 클릭하기만 하면 되는 온라인과 달리 오프라인의 실천은 항상 참여에 필요한 시간과 노력을 요구한다.

하지만 오히려 시민들의 저항은 끊이지 않고 조금씩 퍼지고 있다. 경제가 나빠지면 시민들의 마음이 온통 4대강 정비사업이나 대운하로 몰릴 것이라는 비관적인 예상과 달리, 시민들의 관심은 다양한 방면으로 퍼지고 있다(사실 이명박 정부가 등장하고 난 뒤 그런 암울한 예상을 뒤엎은 것도 촛불문화제였다). 진보적이든 보수적이든 발언권을 가진 엘리트들은 시민들의 저항을 낮게 평가하지만, 시민들의 움직임은 그런 평가를 비웃듯이 활발해지고 있다.

촛불집회 이후 이미 시민저항이 다양한 형태로 퍼지고 있다. 비리나 부조리가 있는 곳이면 어디서든 사람들이 촛불을 손에 들고 나온다. 그러면서 촛불이 일종의 저항의 상징으로 규정됐고, 촛불을 드는 행위 자체가 저항의 정체성을 드러내게 됐다(대표적인 예가 촛불산책이다). 그리고 이런 저항은 한동안 한국 사회에서 자취를 감췄던 '참여문화'를 형성하고 있다.

2008년 연말을 달궜던 '명동 무한도전×2 널 기다릴깨' 역시 시민들의 뛰어난 아이디어가 빛을 발했던 저항이다. 매일 2배의 사람들이 모여 자신의 목소리를 낸다는 생각은 경찰의 방해를 받으면서도 추운 거리를 밝히는 횃불이 됐다. 그리고 '반쥐원정대'나 '보신각 촛불타종' 역시 시민들의 반짝이는 아이디어를 드러낸 사건들이다. 기륭전자, KBS, YTN, 여의도 등을 누비는 촛불의 발걸음은 새로운 정치문화의 출현을 예고했다.

왜 시민들은 이런 어려움을 몸소 겪으려 할까? 자신이 거리로 나서도 세상을 전혀 바꿀 수 없으리라 믿었다면 시민들은 거리로 나오지 않았다. 어쩌면 시민들은 권력을 쥔 자들이 가장 두려워하는 진리, 시민의 동의를 구하지 못한 정부가 무너질 수밖에 없다는 진리를 깨달았기 때문에 열심히 거리로 나오는 것일게다. 그리고 자신들을 대변한다는 세력을 믿을 수 없기 때문에 스스로 거리에 나서야 한다는 점도 깨달았을 것이다.

더구나 시민들은 저항을 통해 권력의 억압성을 몸으로 느끼며 그에 대한 두려움을 벗어던질 즐거움과 여유도 만들어가고 있다. 권력을 조롱하고 비웃는 시민들의 저항은 기성 권위와 질서를 파괴하며 엄청나게 빠른 속도로 확산되기에 지상의 그 어떤 권위도 그것을 막을 수 없다. "임금님 귀는 당나귀 귀"라는 말이 터져 나온 순간 그것은 막을 수 없는 진실이 되고, 인터넷에서 무수히 복제되어 전파된다. 그렇게 시민의 웃음으로 폭발한 촛불의 힘은 세상을 바꾸는 힘이 되고 있다.

인터넷에 수많은 저항카페와 커뮤니티가 만들어지고 있고, 자신의 취미가 이 정부와 쉽게 어울릴 수 없음을 여러 동호회들도 자각하고 있다. 이들은 더 이상 화면이나 텔레비전 앞에 머물지 않고 자신이 거리로 나가야 할 이유를 찾으며 시민으로 변하고 있다. 이미 진실이라는 바이러스는 온/오프를 넘나들며 사람들을 감염시키며 새로운 정치문화의 출현을 알리고 있다.

다만 자신의 목소리를 직접 낼 수 있는 가장 좋은 방법을, 그리고 경찰이나 검찰의 탄압을 받더라도 자신의 삶을 심하게 해치지 않는 수준에서 저항을 펼칠 방법을 시민들은 고민하고 있다. 그리고 그런 저항이 단지 권력의 나쁜 면을 폭로하거나 다그칠 뿐 아니라 우리의 공적인 이익을 실현할 수 있는 방법 역시 고민한다. 그렇게 고민하고 스스로를 의식화하고 조직화하며 시민들은 다음 저항을 준비하고 있다. 그리고 그 저항을 북돋우며 손을 맞잡을 사람들은 계속 늘어나고 있다.

민중을 위한 정치에서 풀뿌리 민중의 정치로

1919년 3월 1일 일본 제국주의에 대한 민중의 저항이 시작됐다. 교과서는 마치 기미독립선언서를 작성한 민족대표 33인이 이 저항을 일으킨 양 묘사하지만 3·1운동은 민중의 거대한 꿈틀거림이었다. 자신이 자주민自主民임을 자각한 민중은 그 이후 60일 동안 1,214회의 만세운동을 벌였다. 역사가 박은식에 따르면 숱한 탄압을 받으면서도 200여만 명이 참가했고, 그 중 7,509명이 사망하고, 15,850명이 부상당했으며, 45,306명이 체포됐다(조선총독부는 106만 명이 참가해 진압 과정에서 553명이 사망하고 12,000명이 체포됐다고 밝혔다). 독립선언서가 이 운동을 자극했을지는 모르지만 엄청난 물결을 움직인 힘은 민중의 밖이 아니라 그 안에서 나왔다.

그래서 사상가 함석헌은 이 3·1운동 때부터 이 땅의 지식인들이 민중을 향해 겸손하게 얘기를 걸었고 민중을 주인으로 불렀다고 주장한다. 그 전의 역사가 정치가의 역사, 지배자의 역사, 영웅주의의 역사였다면, 3·1운동 이후는 씨알의 역사이고 자주하는 민民의 역사였다. 이런 민중의 힘을 깨달은 지식인들은 3·1운동이 일제의 탄압으로 잦아든 뒤 조직화를 모색하기 시작했다. 사회주의와 아나키즘 같은 사회적인 대안에 관한 논의가 활성화된 것도 바로 그 즈음이다. 3·1운동 이후 어떤 미래를 만들 것인가에 대한 고민이 구체적으로 시작된 것이다.

그로부터 90여 년이 지난 뒤에 일어난 2008년의 촛불집회 역시 자주하는 민의 역사가 시작됐음을 알리고 있다. 집단지성, 다중지성, 떼지성, 그 무엇이라 부르든 다양한 공간에서 풀뿌리 민중은 자신이 어떤 사회에 살고 있는지를 조금씩 깨닫고 있다. 그리고 기존의 무능력한 정치체제가 희망일 수 없다는 점을 깨달으며 스스로 자기조직화를 시도하고 있다.

3·1운동이 민중을 조롱하고 무시하는 기존의 운동 흐름을 바꿨듯이, 이런 자기의식화와 자기조직화는 그 뜻을 담을 '올바른 정치조직'을 요구한다. 새 술을 새 부대에 채워야 하듯, 생활정치는 그에 걸맞는 새로운 정치조직을 요구한다.

그렇다면 '올바른 정치조직'이란 무엇일까? 권위적이지 않고 수평적으로 의견을 나누고 토론하며 결정하는 정치조직, 민중을 정치의 대상으로 소외시키지 않고 그들을 주체로 단련시키는 정치조직, 민중이 정치주체로 성장하도록 지원하는 정치조직이 좋은 예가 될 것이다. 무엇보다도 그런 정치조직은 다음과 같은 노자의 뜻을 품을 것이다. "민중에게 가서 민중에게 배우라. 민중과 함께 살고, 민중을 사랑하라. 민중이 알고 있는 것에서 출발하고 민중이 가지고 있는 것으로 만들어라. 그러나 최고의 지도자는 모든 일이 끝나고 모든 것이 이뤄졌을 때, '우리 힘으로 이 일을 해냈다'고 민중 스스로 말하게 할 수 있는 자일지니."

이런 올바른 뜻을 품는다면 정당이건 시민사회단체이건 그 조직은 풀뿌리 민중의 마음을 얻고 민중과 함께할 것이다. 반대로 이런 뜻을 깨닫지 못한다면 정당이건 시민사회단체이건 그 조직은 일시적으로 지지를 받을지 모르지만 곧 무너질 것이다. 그러니 새로운 정치조직이 과거의 것과 다를 바가 없다고 푸념하기 전에 그 뜻을 먼저 헤아려야 한다.

올바른 정치조직은 선거 때만이 아니라 일상적인 생활과 결합되어 많은 정보를 제공하고 다양한 토론의 기회를 마련하며 풀뿌리 민중의 삶 속으로 스며들어야 한다. 그런 정치조직은 선거조차도 정당의 거수기가 아니라 자신의 정치적인 의견과 신념을 주장하고 나누는 축제의 장으로 만들 수 있을 것이다.

신자유주의의 물결이 세계를 보수적으로 만들었다고 하지만 저항의 흐름은 끊이지 않았다. 더 이상 노예로 살지 않으려는 새로운 스파르타쿠스, 만적과 망이, 망소이들이 반란을 모색하고 있다. 작년 말 그리스에서 시작해 유럽 전역을 달궜던 시민들의 저항도 마찬가지이다. 그리스 군부에 맞섰던 1970년대의 역사를 딛고 '700유로세대' 라 불리는 그리스 청년들과 시민들은 경찰과 정부에 맞서 저항을 벌였다. 높은 실업률과 열악한 교육환경, 경제정책의 실패, 경찰의 만행 등을 비판하는 시위가 매일 이어졌고, 노동자들이 총파업을 하고 농민들이 국경을 봉쇄하는 일까지 벌어졌다. 그리고 시위는 경제위기를 맞이해 전 유럽으로 퍼지고 있다. 누가 이 저항의 불길을 다스릴 수 있을까?

미국의 역사학자 하워드 진의 『권력을 이긴 사람들』이나 에이프릴 카터의 『직접행동』을 보면 인류가 억압적인 권력에 맞서 얼마나 치열하게 싸워왔고 지금도 싸우고 있는지가 잘 묘사되어 있다. 진은 "시민들이 복종하지 않을 때, 노동자들이 일하기를 거부할 때, 군인들이 총을 들지 않을 때, 기존 권력은 힘을 잃고 항복할 수밖에 없습니다"[1]라며 확신을 가지고 얘기한다. 초강대국 미국 내에서 미국에 저항하는 다양한 운동들이, 즉 백인-남성-부자에 맞서는 노동계급, 빈민, 흑인, 여성, 원주민들의 불복종과 저항이 이와 같은 힘을 만들고 있다는 것이다.

카터 역시 대의정치에서 소외된 원주민들이 자신의 권리를 지키려는 운동, 석유회사와 같은 다국적기업을 반대하는 불매운동이나 저항운동, 세계은행과 같은 국제기구의 지원을 받는 댐 건설을 반대하는 비폭력 저항운동, 최빈국을 위해 외채탕감을 주장하는 직접행동, 다자간투자협정을 반대하는 운동, 세계무역기구를 반대하는 운동, 토지를 요구하는 농민들의 직접행동, 전지구적 신자유주의에 반대하는 원주민공동체, 농민, 학생, 노동자, 실업자의 운동 등 민주주의를 실천하려는 다양한 형태의 운동을 얘기한다. 카터의 설명에 따르면 시민들은 이런 운동을 통해 자기 자신의 역량을 강화하는 효과empowering effect, 즉 "공개적으로 자기 목소리를 당당하게 냄으로써 자부심과 존엄함을 얻을 수 있고, 두려움을 떨쳐버릴 수 있으며, 타인과 연대감을 고양"[2]시키는 경험을 얻게 된다. 그리고 이렇게 담금질을 경험하고 나면 시민들은 타인의 고통에도 귀를 기울이는 세계시민으로 거듭난다고 말한다.

----

1) 하워드 진, 문강형준 옮김, 『권력을 이긴 사람들』, 난장, 2008, 12쪽.
2) 에이프릴 카터, 조효제 옮김, 『직접행동』, 교양인, 2008, 515쪽.

물론 자연발생적인 시민들의 운동은 흐름을 형성할 뿐 그 힘을 집중시키지 못한다. 이미 조직화된 정당이나 단체가 스스로를 의식화하고 조직화하는 시민들의 힘을 증가시키고 그 힘에 일정한 방향을 줄 수도 있다. 하지만 시민들을 소외시키지 않고 변화의 성과를 시민들의 것으로 돌릴 때에만 그런 어울림이 가능하다. 왜냐하면 권력은 결코 진실하지 않기 때문이다. 권력은 시민을 이길 수 없고 속일 뿐이다. 우리를 속이기에, 거짓을 줄이려면 정당이나 단체의 내부구조나 성격 자체가 분권화되고 투명해야 한다. 그런 자기변화 없이 시민들과 어울리는 것은 불가능하다(그런 점에서 반이명박연대는 또 다른 거짓말을 낳을 수밖에 없다).

그런 과정에서 시민들은 이미 존재하는 방식을 사용할 수도 있다. 이미 만들어진 참여제도를 활용하는 법도 그 중 하나이다. 2010년 지방선거를 활용하거나 기득권층의 독점물로 전락한 각종 참여제도를 시민들의 것으로 만드는 것도 방법이다.

하지만 제도는 참여를 감싸는 껍데기일 뿐이다. 제아무리 훌륭한 제도가 있다 하더라도 그 제도를 활용하려는 능동적인 참여의지와 그런 의지를 자극하는 정치문화가 없다면 그 제도는 쓸모없는 것이다. 스위스의 직접민주주의를 다룬 『직접민주주의로의 초대』에서 우리는 중앙으로 집중된 권력을 나누고 시민들의 통제를 받는 제도, 시민권을 실현하려는 시민들의 의지, 민회를 통한 참여의 전통과 문화가 얼마나 중요한지를 확인할 수 있다.

먼 길일수록 돌아가라고 했다. 역사의 경험은 저항의 불꽃이 뿌리를 내려야 한다고 강조한다. 외부의 조건에 흔들리지 않으려면 이 땅에 든든히 뿌리를 내리고 스스로 필요한 것을 마련하고 서로 나누며 함께 결정해야 한다. 시민저항의 싹은 자급自給, 자치自治, 자결自決의 기반을 마련할 때 활짝 피어날 수 있다. 그런 기반을 마련하지 못한다면 시민저항은 언제나 권력의 거짓말에 포섭될 수밖에 없다. 조급하지 말고 기반을 튼튼히 다질 때이다.

물론 지금 당장은 그런 꿈틀거림이 헛되고 불완전해 보인다. 하지만 조그만 싹이 혹독한 겨울을 견디고 봄에 그 잎을 틔우듯이 그 꿈틀거림은 변화의 물결을 일굴 것이다. 민중의 꿈틀거림이야말로 생生의 항의抗議이고, 삶의 외침이며 하나님의 명령이라는 함석헌의 말처럼 꿈을 틔우는 봄이 곧 찾아오기 때문이다. (하승우)

농민공동체와 자치

13. 농민적 세계관과 연대의 감수성
이문구의 『우리 동네』에 대한 재해석

이문구(1941~2003)가 1975년 발표한 장편소설 『오자룡』은 조선 시대를 배경으로 한 의협소설이다. 이 소설은 천민 출신인 막대(오자룡)가 주인 박자정의 횡포 못 이겨 탈출했다가, 8년 만에 귀향해 복수한다는 내용을 담고 있다. 하지만 이 소설은 미완의 옥玉으로 남고 말았다. 『월간중앙』 1975년 1월호부터 12월호까지 게재되던 소설이 돌연 연재가 중단된 것이다. 어떤 이들은 이 소설이 황석영의 『장길산』(1984)에 버금가는 작품이 될 뻔했다고 아쉬워하기도 한다. 이문구 스스로는 '불성실한 집필' 때문이라고 연재 중단의 사유를 밝혔을 뿐 자세한 이야기는 삼갔다. 다만, 소설가 윤흥길을 다룬 실명소설 「한 켤레 구두로 산 사내」라는 작품을 발표하면서 간략히 속내를 내비쳤을 뿐이다.

계간잡지 『문예중앙』 편집부의 허술 씨가 시외전화로 한번 보았으면 하기에 틈을 내어 가니 김석성 주간이 기다리고 있었다.
김 주간은 내가 『월간중앙』에 『오자룡』이라는 소설을 1년간 연재한 뒤 마지막 회분이 말썽이 되자 잡지 측 대표로 불리어가서 하룻

밤 고생을 하고 온 분이었으므로, 그런 일이 있고부터는 그분에게 송구스러움이 앞서 늘 어렵게 알아온 터였다.[1]

잡지 편집주간이 하룻밤 취조를 받았을 정도면 작가가 겪은 고초는 만만치 않았을 것이다. 이문구는 1974년에는 '문인구국 61인 개헌청원'에 참여했고, 자유실천문인협의회 창립을 주도했다. 또한 1975년에는 동아일보 광고탄압에 맞서 문인 격려광고를 조직하기도 하는 등 박정희 정권과 대립했다. 『오자룡』의 집필 동기도 진주민란에서 착상을 얻어 민중봉기 소설을 집필함으로써 독자로 하여금 유신에 대한 비판적 시각을 갖게 하는 데 있었다.

이문구의 활동을 견제하기 위해 중앙정보부가 나선 것은 1975년 12월 22일이었다고 한다. 두 명의 중앙정보부 요원이 이문구의 집에 들이닥쳐 그를 연행해간 것이다. 『오자룡』에서 문제 삼은 내용은 소작농 그믐산이 마름집의 장두립을 상대로 자신의 어린 아들 삼형제에게 부과된 '방위세(군포)'에 대해 비판한 부분이었다("툭 허면 북방 오랑캐를 팔어쌓는디 그것은 멀쩡헌 공갈이우"). 중앙정보부는 "방위세를 비난한 것은 긴급조치 9호 위반이다. 사실 왜곡과 허위사실 유포죄 성립된다"고 했다. 연행된 후 겪은 일에 대해서는 그동안 묻혀 있다가, 이문구 사후에 공개된 일기를 통해 밝혀졌다. 이문구는 남산 중앙정보부에 끌려가 2박 3일 동안 취조를 받았고, "서울을 떠나 시골에서 전원생활이나 하며 글"을 쓴다는 조건으로

---

1) 이문구, 『지금은 꽃이 아니라도 좋아라』, 전예원, 1979, 223~224쪽.

방면됐다고 한다. 이문구가 겪은 고초는 『오자룡―이문구 전집 3』에 부록으로 실린 「『오자룡』 필화일기」에 자세히 나와 있다.

1년여가 지난 뒤, 이문구는 가족과 함께 경기도 화성군 향남면 행정리 205-4번지로 이사를 했다. 특별한 연고가 있는 곳도 아닌 발안 부근의 농촌에 몸을 의탁한 것이다. 그때의 스산한 심경은 산문집 『지금은 꽃이 아니라도 좋아라』에 잘 담겨 있다. 1970년대 한국 문단의 품이 넓은 활동가였던 이문구가 서울 생활을 청산하자 세간에는 부쩍 말들이 늘었다. 혹자는 "논밭을 장만해 재산을 늘렸다"고도 했고, 어떤 이들은 "남이 알아줄 만한 큰 작품을 쓰기 위해 낙향" 했다고 수군거렸다. 그 스스로는 "이젠 정말 공부를 다시 하기 위해서" 내려왔다고 했다.[2]

이문구가 서울을 떠나 행정리에 둥지를 튼 것은 한국 문단과 거리를 둠으로써 스스로의 문학을 성찰하기 위한 측면도 있었고, 복잡해진 인간관계에서 벗어나 한적한 공부를 해보고자 하는 의도도 있었을 것이다. 놓치지 않아야 할 부분은 외적 요인으로 '오자룡 필화 사건' 이 작용했다는 점이다. 한 인간의 인생에 있어 중요한 선택은 우연적 요인에 의해 이뤄질 수도 있고, 복합적 요인에 의해 필연적으로 이뤄질 수도 있다. 이문구의 1977년 행남리 이주의 경우는 후자에 가까웠던 것으로 유추할 수 있다.

이문구의 수작 『우리 동네』(1981)는 이런 필연적 과정을 통해 탄생했다. 『오자룡』의 미완성이 『우리 동네』의 완성을 도운 셈이다.

---

2) 『서울신문』, 1977년 7월 15일자, 4면.

이문구 농촌소설에 가해진 비판들

『우리 동네』는 총 9편의 단편소설로 구성된 연작소설이다. 연작소설은 낱낱의 작품이 독립된 단편으로서 의미를 가지면서도, 이들이 서로 연결되어 새로운 큰 의미를 형성하는 소설 형식을 일컫는다. 이문구의 『우리 동네』 연작은 행남리로 이주한 해인 1977년 11월호 『한국문학』에 「우리 동네 김씨」를 게재하면서 시작됐다. 이어서 「우리 동네 이씨」(『한국문학』, 1978년 5월호), 「우리 동네 최씨」(『창작과 비평』, 1978년 여름호), 그리고 「우리 동네 정씨」(『문학과 지성』, 1978년 가을호)를 발표했다. 처음에는 이 작품들이 「으악새 우는 사연」(나중에 「우리 동네 황씨」로 개제)과 함께 작품집 『으악새 우는 사연』(1978)으로 출간됐다가, 몇 개의 작품이 추가되어 연작소설집 『우리 동네』로 빛을 보게 됐다.

흔히 『우리 동네』는 개성적인 민초들의 사람 사는 이야기로 읽힌다. 이는 부분적으로는 맞고, 부분적으로는 그르다. 소설이 제목으로 김씨, 이씨, 최씨, 정씨 등을 내세우고 있지만, 사실은 농촌에서 일어난 각각의 사건을 인물에 빗대어 형상화하고 있다. 소설 속 이야기들은 가뭄에 부대끼는 농민이 관공소의 농사 개입을 신랄하게 풍자하기도 하고(「우리 동네 김씨」), 농촌지도라는 이름으로 행해지는 조합과 면사무소의 억압을 담아내기도 한다(「우리 동네 이씨」). 또한 잘못된 농업정책으로 인해 1년 농사를 망친 사례도 제시되어 있다(「우리 동네 류씨」, 「우리 동네 강씨」). 1970년대 농촌사회에서 관의 '지도'로 자행된 일상적 억압이 이들 작품에 잘 나타나 있다. 뿐만 아니라, 경쟁을 부추기는 근대 교육제도가 농촌사회를 어떻게 피폐화시켰는지를 지적하고(「우리 동네 조씨」), 부동산 투기(「우리 동네 장씨」)와 조합선거(「우리 동네 정씨」)로 만신창이가 된 농민들의 실상을 예리하게 포착하기도 한 단편들은 개인의 과도한 사적 욕망이 '보살핌의 원리'에 의해 유지되던 농촌공동체를 어떻게 파괴했는가를 여실히 드러낸다. 더 나아가 농민의 입장에서 공장 자본가들의 노동착취를 고발하고(「우리 동네 최씨」), 이윤에 눈이 멀어 농민들을 수단화하는 천박한 상업자본주의를 질타하는 사회성 짙은 작품도 있다(「우리 동네 황씨」). 이렇듯 『우리 동네』는 인물을 내세우는 듯하지만, 실상은 관권개입·교육·부동산·노농·농민공동체 등 농촌사회의 다양한 현안들을 다뤘다. 이를 통해 이문구는 1970년대 농촌사회가 '농업근대화와 농민공동체'의 첨예한 대결의 장이었음을 보여주고자 했던 것이다.

하지만 1970년대에 비평가들은 이문구 농촌소설에 대해 비판적이었다. 김우창은 『우리 동네』를 해설하면서 비교적 긍정적 태도를 취하면서도, 이 소설이 "조금 지나치게 반복적이고 진전이 부족하고 이야기가 부족하다"고 비판한 바 있다.[3] 이는 이문구 소설에 대한 비판이기보다는 연작소설이라는 형식 자체에 대한 비판이었다. 연작소설은 독립적인 이야기이면서도, 각각의 이야기가 서로 연계됨으로써 큰 이야기를 구성한다. 『우리 동네』가 제기하는 다양한 농촌문제도 개별성과 연계성이 어우러지는 연작소설 창작원리를 원용해 '농민적 세계관'을 그려냈다. 따라서 김씨·이씨·최씨·

---

3) 김우창, 「근대화 속의 농촌: 이문구의 농촌소설」, 『우리 동네』, 민음사, 1981, 346쪽.

류씨·강씨 등의 성격이 엇비슷해 이야기가 부족하다는 것은 잘못된 진단이다. 『우리 동네』는 인물의 성격화를 목적으로 쓰여진 소설이 아니라, 1970년대 농촌사회를 둘러싸고 있는 사건들을 인물에 빗대어 형상화한 소설이다. 이 사건들의 연쇄가 종국에는 농민적 세계관을 옹호하려는 소농들의 연대의식으로 이어지고 있다. 그런 의미에서 김우창의 다음과 같은 비판도 재론될 필요가 있다. 김우창은 "이문구가 그리고 있는 농촌은 문제에 차 있는 곳이다. 또 그러니만큼 불만과 저항과 분노가 질척이는 곳이기도 하다"라고 지적한 뒤에 "「우리 동네 황씨」가 보여주는 드라마를 통해서 …… 우리는 농촌의 많은 어두운 힘의 뭉클거림이 무엇엔가 눌려 있는 밝은 충동의 울부짖음이라는 것을 새삼스러이 아는 것"이라고 말하면서도 이 소설이 "공동체의 재생에 보탬을 주기보다는 오히려 그것을 파괴하는 요인으로 작용한다는 느낌을 준다"[4]고 평가했다. 이런 지적은 김우창이 『우리 동네』를 독해하는 과정에서 농촌근대화를 결정적인 요인으로 전제했기에 나온 것이다. 피할 수 없는 대세로서 농촌근대화가 자리하고 있고, 이런 주류적 흐름에 저항하는 농민들의 불만·저항·분노가 있다고 본 것이다.

사실, 이런 시각은 1970년대 비판적 지식인을 포함한 지식사회의 주류적 입장이었다. 김우창뿐만 아니라 김치수와 김주연도 비슷한 평가를 내놓고 있다는 사실에서 이를 확인할 수 있다. 김치수는 이문구가 "농촌＝가난＋무식＋선, 도시＝부＋유식＋악이라는 등식에 의해 농촌을 진단"한다면서, "가난한 사람들의 인정담이 농촌소

---

4) 김우창, 「근대화 속의 농촌」, 『우리 동네』, 346쪽.

설이 될 수 없다"고 논평했다.[5] 김주연의 비평은 김우창·김치수보다 혹독하다. 김주연의 주장에 따르면, 이문구 소설의 한 측면에는 "보수적인 가치관, 더 지나치게 혹평한다면 전근대적인 사회에 대한 맹목적인 지지"가 존재한다. 이문구의 문체는 김주연에게 요설饒舌로 폄하됐는데, 이는 "과거 혹은 과거 지향적 서술 때문에 일어나는 불가피한 현상"이다.[6]

이문구 농촌소설에 가해지는 비판은 농촌과 도시의 이항대립 속에서 보수적인 태도로 옛것을 옹호하고 있다는 부정적 평가로 수렴된다. 옛것에 대한 향수로 인해 이문구의 문체나 서사는 보수성에 사로잡혀 있으며, 변화하는 현실과 조응하지 못한다는 것이다. 1970년대 평론가들의 비평은 현재까지 이문구 농촌소설을 평가하는 무의식적 지표가 되고 있다. 이런 일반적 평가를 극복하기 위해서는 이문구 농촌소설에 대해 현대적 재해석이 절실하다. 과연 이문구 농촌소설(농민소설)이 보수적이라는 평가는 온당한 것일까? 『우리 동네』는 수구적 세계관에 기반해 있는가, 아니면 근본주의적 태도 때문에 '보수적이라는 오해'를 받고 있는가? 이 부분의 해명을 위해서는 『우리 동네』가 전근대적인 보수성을 옹호하는 작품인가, 아니면 농민적 세계관에 근거한 근본주의적 성격을 지니고 있는가가 해명되어야 한다. 이를 위해서 작품의 구체적인 면모를 파악해볼 필요가 있다.

---

5) 김치수, 「상황과 문체: 농촌소설의 경우」, 『문학과 지성』(제3호/봄), 1971, 일조각, 76쪽.
6) 김주연, 「서민생활의 요설록: 이문구의 작품세계」, 『한국문학대전집 20』, 태극출판사, 1976, 562, 565쪽.

"흙허구 물헌티 즉접 배워"서 쓴 『우리 동네』

『우리 동네』에 수록된 작품들은 대부분 '놀미' 라는 동네를 배경으로 한다. 천동면 부면장의 평가에 따르면 놀미는 "주민들의 의식이 구태의연하구 저수준이구, 해간 그중 낙후된 동네"[7]이다. 이른바 반골들이 모여 있는 곳이 놀미이다. 그래서 『우리 동네』에 등장하는 김씨, 이씨, 최씨, 류씨, 강씨 등은 '농촌근대화와 새마을운동' 에 대해 삐딱한 시선을 취하고 있다. 이들은 "옛날버텀 관공리 말 다르구 농민들 말 다른 게 원칙인 게유"[8]라며 관官의 세계관과 농민의 세계관이 같을 수 없음을 분명히 한다.

어떤 대상의 실체는 '이견'異見을 통해 오히려 명료하게 드러나곤 한다. 모두가 동일한 시점에서 대상을 바라보면 실체는 하나인데, 그것을 제대로 보지 못하는 이들이 있을 뿐이다. 하지만 삐딱한 시선이나 전혀 다른 견해들이 모여 구성하는 대상의 실체는 입체적일 수 있다. 여러 이견들의 합이 오히려 근본적이면서 본질적으로 대상의 실체를 파악하도록 도움을 준다. 1970년대 '새마을운동' 이나 '농촌근대화' 도 마찬가지다. 『우리 동네』는 농촌사회에 존재했던 다양한 이견들을 통해 '새마을운동' 과 '농촌근대화' 의 실상을 비판한다. 그것은 농민적 세계관에 입각해 '근대의 어둠' 을 미리 감지한 혜안일 수도 있고, '자연과 인간의 관계' 에 대한 근원적 성찰일 수도 있다.

---

7) 이문구, 『우리 동네』, 176쪽.
8) 이문구, 『우리 동네』, 32쪽.

1) 소농의 몰락과 농촌경제의 식민화

「우리 동네 이씨」는 농가부채가 어떤 방식으로 끊임없이 늘어나면서 농촌생활을 피폐하게 했는지 보여주는 단편이다. 크리스마스를 즈음한 연말에 틀어대는 새마을 방송은 "이장의 빚단련"으로 시작된다. 이장은 추곡수매 자금이 나오면 "내가 보증 슨 조합부채부터 싹 까제끼구설랑은이, 그 나머지만 돌려드릴 각오"⁹⁾라고 선언해 마을 사람들의 가슴을 서늘하게 한다. 이씨도 조합부채를 포함해 연말까지 갚아야 할 빚은 46만5천5백 원이다. 그 중 20만 원이 불도저 사용료인데, 생돈 들인 그 돈이 이씨의 속을 아리게 한다.

> 그러구 농사는 농민이 짓는 겐디, 실지루는 관에서 마름을 보는 심이라. 이래라 저래라 몰아대는 양을 볼 것 같으면 농업농산지 관공 농산지 당최 분간을 못허겠더라 이게여. 분명 누구 보기 좋으라구 농사짓는 게 아닌 중 알련마는, 뭐 시키는 걸 보면 관청 취미대루라. 그런다구 혹 제대로 된 게나 있으면 그러니라나 허지. 뽕나무 심으슈 심으슈 했던 게 불과 몇해 전여? 인저는 그늠의 것 캐내버리느라구 조합돈까장 은어댔으니…….¹⁰⁾

이씨는 관에서 권장해 뽕나무를 심어 몇 해 재미를 보았다. 하지만, 대일 수출창구가 막혀 고치 값 시세가 4년 전 그대로 묶여 수지가 맞지 않은 것이다. 이씨는 "누에덕을 비롯, 누에채반 누에섶

---

9) 이문구, 『우리 동네』, 45쪽.
10) 이문구, 『우리 동네』, 58쪽.

누에거적 따위 양잠기구들을 아낌없이 뭉뚱그려 여름내 한솥 화덕 쏘시개로 디밀어 버리고 뽕밭을 떠엎기에 이르는 것"[11]이었다. 그리고 20만 원이나 들여 불도저로 뽕나무 밭을 갈아엎었다. 이 작품은 농업생산물의 상품화가 농민을 궁지로 몰아간 상황을 '고치농사'에 빗대어 이야기하고 있다. 문제는 면이나 조합에서 새벽마다 나와 농촌지도라는 명목 아래 농민들을 흔들어놓는 것이다. 농가수익 증대를 위해 추진된 농업생산물의 상품화는 농업의 도시종속화를 심화시키는 방향으로 나아갔다. 이전까지의 농민경제는 가뭄이나 태풍 같은 자연의 변화에 주로 영향을 받았지만, 농업생산물의 상품화가 유도되면서 국가정책과 시장 같은 외부적 요인의 영향을 받게 됐다. 이것이 농가소득 증대만 가져온 것이 아니라, 자립적이던 농촌경제를 종속화의 길로 이끄는 계기가 된 것이다. 농사를 지으면 지을수록 조합에서 빌려 쓴 농가부채가 느는 상황이니, 소농들은 견뎌내지 못하고 도시로 이주해야 하는 상황으로 내몰리게 됐다. 농촌근대화가 실제로는 농촌경제의 종속화였던 것이다.

농민들도 처음에는 관이나 조합의 개입을 직수긋하게 따르는 듯했지만, 그 피해를 직접 감당해야 하는 처지에 놓이면서 비판적 입장을 분명히 한다. 조합은 "농약을 팔어두 특정회사 것만 팔"았고 "소금, 새우젓을 이자까장 붙여서 외상 놓"[12]는 등 자기 이익 채우기에 급급하다. 농민을 위한 조합이 아니라, 조합을 위해 농민의 희생이 강요되는 양상이다. 관의 개입은 더 직접적이면서 폭력적이기

---

11) 이문구, 『우리 동네』, 46쪽.
12) 이문구, 『우리 동네』, 56쪽.

까지 하다. 특정 종자의 볍씨를 심지 않았다고 면의 산업계장이 "재
래종 …… 싹이 트지 않도록 마세트입제를 들이붓고 휘젓는" 횡포
를 자행하는가 하면, 면장까지 나서서 "장화발로 직접 못자리를 짓
밟고 말리라"고 윽박지르는 상황이 발생하기도 한다.[13] 농민의 입
장에서는 그야말로 종자 고를 권한마저 빼앗긴 것이다. 「우리 동네
류씨」에서 류씨가 농약을 뿌리다 전신이 마비된 것도 신종볍씨를
강요하는 면사무소 공무원들의 횡포와 직접적인 연관이 있다. 면사
무소 등살에 신품종인 '노풍'을 심었다가, 그 종자가 병충해에 약해
과도하게 농약을 치다 쓰러진 것이다. 이는 1977년에 발생한 '노풍
피해보상투쟁'을 모델로 한 것이기도 하다.[14]

이런 관의 개입 아래 소농은 몰락해가고, 농촌경제는 산업자본
주의 시스템 속에서 자립성을 잃고 종속화되어갔다. 소농이 다른
사람의 노동을 착취하지 않고, 착취당하지도 않으면서 가족노동에
의해 농업경영과 생계를 유지한다고 했을 때, 소농의 몰락은 '상호
협동적인 농업공동체의 붕괴'로 이어질 수밖에 없었다. 1970년대
농촌공동체의 붕괴는 관과 조합의 개입에 의해 조장된 측면이 강하
다. 심지어는 부농마저도 쌀값 하락으로 생산비에도 못 미치는 이
익을 내곤 했다. 이렇다 보니 영세농민이 오히려 대농에게 땅을 빌
려주는 아이러니한 상황까지 나타났다. 영농비가 많이 들어 수확을
하더라도 생산비가 나오지 않는 탓에, 대농에게 땅을 맡기고 영세

---

13) 이문구, 『우리 동네』, 132쪽.
14) 장영근, 「'노풍' 피해보상투쟁」, 『농민의 마음 하늘의 마음』, 창작과비평사, 1995,
    115~123쪽.

농민들은 막일판을 떠돌았다.

조합이나 면에 휘둘리면, 빈농들이 견뎌낼 재간이 없다. 공업발전을 위해 농사꾼을 눌러왔던 국가기구의 억압적 정책이 농업을 계속 피폐화시킨 것이다. 명목상으로는 서민을 보호한다고 농산물 값을 동결시켰는데, 모순적이게도 그 서민에는 농민이 포함되어 있지 않다. 조씨의 아내는 "농사꾼은 호적 파갖구 물 근너온 의붓국민인감. 다른 물건은 죄다 맹그는 늠이 기분대루 값을 매기는디 워째서 농사꾼만 남이 긋어 준 금에 밑돌아야 혀?"라고 분해한다.[15] 그 저변에는 '저농산물가격정책'이 자리하고 있었다. 미국의 잉여농산물 무상원조로 인해 한국의 저농산물가격정책이 만들어졌고, 그 정책을 유지하기 위해 국내 농산물 부족분을 해외에서 수입하는 관행이 형성됐다. 『우리 동네』에서도 마늘, 소, 돼지 등 수입 농축산물로 인한 피해가 곳곳에서 진술되고 있다.

1970년대에도 박정희 정권의 농업정책에 대한 비판은 지속적으로 제기됐다. 박현채의 경우가 대표적인데, 박현채는 저농산물가격정책에 대해 1) 농공업 간 불균등성장으로 국민경제 전체에 악영향을 미치고, 2) 식량공급의 해외 도입 의존을 심화시켜 오히려 공업발전의 효과가 해외로 누출되며, 3) 외환 부족을 심화시켜, 4) 해외 농산물 도입으로 인해 수급에 대한 자기조정 기능을 상실할 수 있고, 5) 결국 외국에 정치·경제적으로 종속될 수 있다고 논박했다.[16] 1970년대에 이뤄진 박현채의 비판은 '농업포기정책'에 대한

---

15) 이문구, 『우리 동네』, 191쪽.
16) 박현채, 「쌀의 반세기」, 『민족경제론』, 한길사, 1978, 115쪽.

분명한 경고를 담고 있었다. 이문구의 『우리 동네』는 1970년대 농민들이 감당해야 했던 '자기존재의 상실감'을 실감어린 문학언어로 증언하고 있다는 데 의미가 있다. 그것은 산업화라는 외투를 쓴 '위장된 진보주의'와 농본적 세계관을 지켜내려는 '농민적 근본주의'의 투쟁이기도 하다.

2) 농민적 세계관과 근본주의

『우리 동네』에서 그려진 농민들의 저항이 농민적 세계관, 농본農本의 정신에 근거하고 있다는 사실은 새롭게 해석될 필요가 있다. 인간이 자신의 힘에 의지하면서도 자연을 거스르지 않고, 자연의 일부에 자신을 위치 짓는 것이 농사이다. 자연의 넓은 품에서 이뤄지는 것이 농사이기에, 그 행위는 바로 생명을 섬기는 것과 같다. 농사기술도 "책상물림헌티 배우는 게 아니라 흙허구 물헌티 즉접 배우"[17]는 것일 수밖에 없다. 이런 농민의 정신에는 섬김의 마음가짐이 깃들어 있다. 즉, 곡식을 섬기고, 짐승을 섬기는 마음가짐 속에 농민의 마음가짐이 있는 것이다. 이렇다 보니 자연을 대하는 태도 또한 남다를 수밖에 없다. 특히 「우리 동네 최씨」의 최진기가 한 다음과 같은 진술은 삶의 깊이를 절로 느끼게 해준다.

> 진실로 사람이 자연을 보호함으로써 자연으로 하여금 사람을 보호하도록 꾀하려면, 참새 한 마리라도 하찮게 다루지 않아야 옳다는 것이 그의 주장이었다. 그렇잖아도 원수 같은 게 많은 농민들이므

---

17) 이문구, 『우리 동네』, 65쪽.

로 참새한테까지 추수를 빼앗긴다면 짝없이 억울한 일이었다. 그
는 그러나, 참새도 자연에 맡겨 다스림이 바른 태도라고 믿었다.
사람이 매·새매·수리·부엉이·올빼미 따위를 보호해주면, 그것
들은 타고난 성질로 참새를 정리하게 되어 참새의 피해도 저절로
덜어질 일이던 것이다.[18]

자연은 생명을 아우른다. 인간이 아무리 우월적 지위를 주장하
더라도, 자연은 인간을 포용하는 큰 존재이다. 자연의 섭리를 거스
르면 인간은 점차 더 자신의 권능을 자연에게 증명해야 하고, 이런
악순환이 자연의 순행을 거스르는 데까지 나아갔다. 최씨가 "관향
리 일흔두 가구 중에서 가장 살기 딱한 형편"[19]임에도 세상에 대한
넓은 이해의 폭을 가질 수 있는 것은 무엇 때문일까? 이는 가난이
사람을 보다 더 자연과 가까운 존재로 이끌기 때문일 것이다. 최씨
는 "이웃 사람의 가난살이에 견주어 자기네 살림의 넉넉함을 거듭
다짐하는" 이들을 모진 사람으로 취급하면서, 스스로는 "다만 죄 중
에서도 이웃이야 어찌 되건 오로지 나만 잘 살면 그만이라는 심사
가 그중 큰 죄"[20]로 알고 살아간다. 최씨는 더불어 사는 농촌공동체
사회에서는 가난이 원인이 되어 정신적 궁핍의 나락으로 떨어지는
것만은 아니라는 사실을 잘 보여준다.
　자연을 섬기는 태도는 「우리 동네 강씨」의 강만성에게서도 확

---

18) 이문구, 『우리 동네』, 76쪽.
19) 이문구, 『우리 동네』, 74쪽.
20) 이문구, 『우리 동네』, 73쪽.

인할 수 있다. 강씨는 "여러 생명을 가꿔 먹는 우리네는 곡식 채소 짐승 같은 바닥 것이 위"일 수밖에 없으며, "땅두 위구, 땅이 위면 하늘은 그 위"라는 인식을 가져야 한다고 주장한다.[21] 농부는 "사람 목마른 건 견뎌두 곡식 타는 건 눈으로 못 본"[22]다고 했다. 이는 곡식이 단지 교환대상인 상품이 됨으로써 부富를 늘리는 수단이 되어서는 안 되고, 섭생攝生의 대상이어야 한다는 근본주의적 태도와 관련이 있다. 자신의 목마름을 견디면서 곡식을 살리는 것은 보다 넓게 사람을 살리는 일이 된다. 그렇기 때문에 농민은 단지 농작물을 다루는 기능인이 아니라 생명을 살리는 일꾼인 것이다. 농민의 근본 마음가짐이 훼손되면, 생명 전체가 위협받을 수밖에 없다. 자연의 순환주기에 맞춰 이뤄지는 경작 과정은 그 자체로 생명의 섭리를 깨우치는 과정이고, 그 순환을 견디는 농민의 삶은 위대하다. 이 위대함에 대한 자긍심 속에서 "흙 더듬는 손 빼구 다 도둑늠이여"[23]라는 당찬 외침이 나오는 것이다. 그 자부심은 다음과 같은 인용문에도 잘 나타나 있다.

내가 헐라는 말은 저기여. 벨 것이 아니라, 하늘을 쳐다보구 땅만 믿구 사는 우리찌리는 여전히 경우가 있구, 이웃두 있구, 우정두 있구, 이런 것 저런 것 다 분별이 있는디, 직업이 사람을 상대루 허는 직업은 우리가 마소나 들풀이나 돌멩이 같은 다른 저기들과 다

---

21) 이문구, 『우리 동네』, 206쪽.
22) 이문구, 『우리 동네』, 22쪽.
23) 이문구, 『우리 동네』, 209쪽.

름읇이 뵈는 모양여. 우리가 있음으루 해서 각기 직업두 생긴 겐
디, 그 직업을 한 번 붙잡었다 허면 우선 인심부터 내버리구 저기
허더란 말여. 직업을 권세루 알기루 말헐 것 같으면 하늘을 입구
흙을 먹는 우리네 위에 올러 슬 것이 읇을 텐디두⋯⋯. 그러나 우
리를 업신여긴 것치구 오래 안가데. 나는 배움이 읇어서 지난 역사
를 저기헐 수는 읇지만 아마 사람 위에 올러 스려구 버둥댄 것 치
구 저기헌 적이 읇을 겨. 그랬으니께 오늘날에 우리가 있는 게구,
우리는 또 자식들이 사는 걸 저기허면서 저기허는 게구⋯⋯.[24]

인용문은 「우리 동네 황씨」에서 김봉모가 황선주를 훈계하는
내용이다. 황씨는 고리대금업과 장사로 부를 축적한 인물로, 마을
에서 "버림치로 치부해 진작 젖혀둔 인간"이다. 심지어 "물간 새우
젓, 곯은 황새기젓"을 조합을 끼고 농민들에게 팔아, 동네 사람들의
원성이 자자한데도 이미 자본의 노예가 된 황씨는 뻔뻔하기만 하
다. 김봉모는 황씨를 닦아세우며 '비 때 비 주구 눈 때 눈을 주는 하
늘두 우리를 안 쇡이구, 쌀 때 쌀을 주구 보리 때 보리를 주는 땅두
우리를 안 쇡'[25]이는데 사람이 사람을 속이는 세상이 됐다고 한탄
한다. 그러면서 김봉모는 모든 직업의 밑바탕에는 농민이 있고, 농
민이 있은 다음에야 다른 직업도 생길 수 있었음을 강조한다. 김봉
모가 "농민을 업신여긴 것치구 오래 간 것이 없다"라고 외친 부분은
지금도 유효한 경고일 수밖에 없다.

---

24) 이문구, 『우리 동네』, 317쪽.
25) 이문구, 『우리 동네』, 314쪽.

3) 연대의 감수성과 배제된 여성

정치권력이 농민공동체를 뒤흔드는 횡포에 맞서 『우리 동네』 속 농민들은 시시때때로 "얼른 뒤집어져야지"[26], "드런 것들 뵈기 싫어서래두 얼릉 뒤집어져야지"[27], "워치게 허는 게 슨건지 몰라두 내년에는 싹 갈어쳐야 되어"[28]라고 외친다. 이런 절규 섞인 외침이 단지 푸념이나 불만에 그치지 않고, 집요한 연대적 저항으로 이어진다는 데『우리 동네』의 묘미가 있다.

　『우리 동네』에는 농민들이 함께 연대해 관권에 저항하는 모습이 자주 등장한다.「우리 동네 김씨」에서는 민방위 훈련장에서 부면장 신을종이 농민들을 훈계하려 들자, 김씨를 필두로 농민들이 서로 거들어 부면장을 궁지에 모는 장면이 나온다.「우리 동네 이씨」에서도 윤선철네 노인의 생일잔치에 온 부락 담당 면서기 서상익과 조합서기 지종길을 '놀미마을' 사람들이 합심해 궁지에 몰아넣는다. 그뿐 아니다.「우리 동네 강씨」에서는 보리수매 공판장에서 '놀미마을'의 반골들인 강만성·조태갑·이낙천·정승화가 합심해 면장을 상대로 집단적으로 항의하기도 한다. 또한 농민들의 저항은 「우리 동네 황씨」에서 산업계장 김신철과 담당서기 오근택을 포함해 황씨를 타이르며 혼내는 데로 이어져 대미를 장식한다.

　이처럼 『우리 동네』에서 묘사되는 농민들의 연대는 다음과 같은 몇 가지 부분에서 특징적이다. 첫째, 대화를 통해 관권이나 부조

---

26) 이문구, 『우리 동네』, 57쪽.
27) 이문구, 『우리 동네』, 195쪽.
28) 이문구, 『우리 동네』, 302쪽.

리한 권력의 부당성을 명확히 드러냄으로써, 권력자들을 옴짝달싹 못하게 한다. 농민들의 경작 현실과는 아무런 상관없이 통일된 도량형(근대적 질서)을 강요한다거나, 통일 계통의 벼를 농민들에게 강요(농업근대화)함으로써 농민경제를 오히려 어렵게 하는 상황에 대해 농민들은 실제적 삶을 근거로 저항한다. 그래서 궁색해진 관권의 하수인들이 "위서 시키는대루만 허면 구만인 걸유"[29]라고 변명할 수밖에 없게 되는 것이다.

둘째, 한 사람에게서 촉발된 저항이 여러 농민들의 추임새 속에서 연대적 감성으로 전이되고 있다는 점도 특징적이다. 권력을 가진 자들은 대부분 자신의 위계적 신분을 믿고, 문제를 제기하는 농민을 윽박지르려 든다. 하지만 농민들이 합심해 말을 얹으면서 서로 거들고 나서면 이내 수그리고 만다. 이는 약소자들의 연대가 부당한 권력을 이긴다는 측면에서 통쾌함을 자아내는 전개 방식일 뿐만 아니라, 농민들이 삶의 근본문제에 훨씬 밀착해 있는 현자賢者임을 보여주는 것이기도 하다.

셋째, 힘의 논리보다는 세계관의 우위를 통해 농본農本의 가치가 확인되고 있다. 『우리 동네』의 등장인물들은 "하늘과 땅과, 비바람두 눈보라두 우리를 보호"[30]해준다는 당당한 마음가짐과 권력에 부끄러운 것이 아니라 "땅임자답게 땅을 거루지 못"[31]한 것에 부끄러워하는 농자農者적 태도를 지니고 있다. 그래서 이들은 시세가 바

29) 이문구, 『우리 동네』, 56쪽.
30) 이문구, 『우리 동네』, 315쪽.
31) 이문구, 『우리 동네』, 60쪽.

뀌는 것에 적응하지 못해 곤혹스러워하면서도, "내 양심 내 정신"[32]
으로 살고자 노력한다. 이렇듯 인간의 본성에 충실하고자 하는 노
력 속에서 자신의 행위에 대한 믿음이 생기고, 권력에 대항하는 실
천적 행위가 가능해지는 것이다.

하지만『우리 동네』에서 이뤄지는 연대적 저항은 아쉬움을 남
기기도 한다. 다름이 아니라 '여성'이 빠져 있는 것이다. 소설 속에
서 대부분의 여성은 '욕망하는 주체'로 형상화되어 있다. 소비문화
에 길들여져 'TV나 전기밥솥'을 그악스럽게 소유하려 하고, 자녀
교육 문제로 인해 자본의 논리에 야합하기도 한다. 리타 펠스키는
『근대성과 페미니즘』에서 자본주의를 떠받드는 힘은 생산이 아닌
소비라고 주장하면서, 자본주의적 소비주체로 여성이 새롭게 발견
됐다는 분석을 내놓은 바 있다.[33]『우리 동네』에 등장하는 여성들은
대부분 소비문화에 매혹되어 가족 간의 갈등을 유발시키고, 농촌의
전통문화를 내적으로 붕괴시키는 역할을 하는 것처럼 그려진다. 게
다가『우리 동네』연작에는 여성이 주체로 설정되어 있는 단편이 하
나도 없어 소설이 전체적으로 가부장적인 분위기를 자아내기도 한
다. 농촌공동체 사회의 미덕이 '보살핌의 윤리'에 기반한다고 했을
때, 이는 여성성과 긴밀히 연계되어 있어야 한다. 그런데도 여성이
배제되어 있다는 사실은『우리 동네』가 갖고 있는 약점이면서, 1970
년대 한국 농촌사회에 가부장적 질서가 지배적이었음을 드러내는
문학적 증거이기도 하다.

---

32) 이문구,『우리 동네』, 50쪽.
33) 리타 펠스키, 김영찬·심진경 옮김,『근대성과 페미니즘』, 거름, 1998.

생명을 살리는 농촌공동체의 재건을 위해

이문구는 1975년 12월 26일에 쓴 일기에서 중앙정보부 수사관들에게 "전원생활이야말로 내가 소원하는 바이며, 전원에 묻혀 쓰고 싶은 글, 문학적인 글이나 쓰는 것이 내 이상이기도 하다고 말했다"고 적었다. 그리고 이문구는 『오자룡』을 '기념비적인 작품'으로 결말 짓는 것을 포기하고, 농촌 현실에 밀착한 『우리 동네』 연작을 발표했다. 역사소설이 현실을 직접적으로 이야기할 수 없는 상황에서 과거에 비추어 현실을 은유적으로 표현한 것이라면, 유신시대에 대항해 쓴 『오자룡』은 일종의 우회적 글쓰기였다. 이 우회적 글쓰기가 좌절된 상황에서 이문구는 행남리로 내려갔고, 농사를 지으면서 오히려 농촌문제를 직접적으로 형상화한 『우리 동네』 연작을 집필했다. 우회적 글쓰기에서 직접적 저항의 글쓰기로 나아간 급진적 변화는 문학사에서도 상당히 드문 사례로 꼽힐 수 있다. 이문구는 늘 상 해오던 "기틀이 뚜렷하지 못해 늘 모자라고 아쉬워 안타깝던 기초공부"를 농민들과 몸을 부비면서 직접해낸 셈이다. 이문구가 1970년대 후반의 농촌 현실에 대해 이토록 신랄한 어조로 정치권력을 비판하고, 실감 넘치는 언어로 농민의 삶을 그려냈다는 사실은 문학사적으로 재평가되어야 한다.

『우리 동네』는 농촌공동체가 급격히 해체되던 시기를 대상으로 '농업이 무엇인가'라는 근본적인 질문을 던지고 있기에 문제적이다. 일각에는 이문구의 농촌소설에 대해 보수적이며 수구적이라는 평가도 있었지만, 『우리 동네』의 '농민적 세계관'은 근본적이면서 급진적이었다. 이 소설은 1) 소농을 해체시켜 농민공동체를 궁지에

몰아넣은 박정희 정권의 농업정책을 직접적으로 비판하고 있을 뿐
만 아니라, 2) 자연과 농민의 관계를 유기적으로 바라봄으로써 농
업과 생명의 문제를 재인식하게 했으며, 3) 농촌공동체의 복원을
위해서 연대의 감수성이 얼마나 중요한가를 환기시킨다. 이 소설은
현장의 보고인 동시에 삶의 본바탕에 대한 성찰이기도 하다. 그런
데도 대중적으로 호응을 받은 『관촌수필』에 가려져 상대적으로 문
학적 평가를 덜 받았다고 볼 수 있다.

　　최근 한국 사회에서 먹거리와 생명의 문제가 삶의 중심문제로
복권되고 있다. '촛불집회'는 검역주권을 둘러싸고 일어난 이명박
정부에 대한 저항운동이 아니라, 생명에 대한 감수성을 변화시킨
전환기적 사건이었다. 이제 모든 민주주의 투쟁은 '생명과 섭생'의
문제를 외면하고는 그 성공을 기대할 수 없게 됐다. 생명의 문제는
필연적으로 농업의 문제와 연결될 수밖에 없다. 윤리적으로 건강한
농업생산물이 생산되기 위해서는 소농 중심의 농촌공동체가 복원
되어야 하고, 시민과 농민 간의 지적이면서도 실천적인 연대가 이
뤄져야 한다. 그 연대는 서로에 대한 이해와 격려 속에 민주주의적
대화와 토론이 활성화됨으로써 '근본적 가치'에 대한 공감이 이뤄
질 때 견고해질 수 있다. 이것이 이문구가 제안하는 공감의 절차이
자 연대의 방식이기도 하다.

　　현재 한국 사회는 쌀을 제외한 곡물의 자급 비중이 25%밖에
되지 않을 정도로 농업 자체가 세계시장에 심각하게 종속되어 있
다. 금융자본의 횡포로 인해 세계경제가 요동치고, 에너지위기는
시시각각 현실화하고 있으며, 세계적 식량위기에 대한 경고의 메시
지도 곳곳에서 들려온다. 이런 위기적 징후에도 불구하고, 성찰하

는 능력을 갖지 못한 정치권력은 촛불시위에 대한 보복에 혈안이
되어 있을 뿐, 신자유주의적 시장경제를 맹신하며 위험천만한 운명
의 구렁텅이로 한국 사회를 내몰고 있다. 또한 정치권력은 국제경
쟁력 강화만을 주장하며 쌀포기 정책을 공공연하게 기정사실로 간
주하려 든다. 이 지경에 이르게 된 과정을 이문구는 1970년대적 현
실에 비추어 『우리 동네』를 통해 문학적으로 증언해냈다. 그 증언은
근대문명에 대한 반성적 성찰을 촉구하는 것이고, 왜 농민이 생명
의 근본을 다루는 일꾼인가 밝히는 것이며, 경쟁의 원리로 인해 인
간공동체의 핵인 윤리적 감각이 어떻게 마비됐는가를 아프게 드러
내는 것이기도 하다. (오창은)

14. 농민공동체와 직접행동 민주주의
송기숙의 『녹두장군』 재출간의 현재적 의미

송기숙의 『녹두장군』이 『현대문학』에 연재된 시점은 광주항쟁 직후인 1981년이었고, 그것이 단행본으로 출간된 것은 1989년이었다. 이 시기는 1987년 6월항쟁의 극적 성과가 야권 분열에 따른 노태우 정권의 출범으로 이어지던 환멸의 시기였다. 『녹두장군』이 연재되던 시점의 고통스런 상황에 대해서야 두말할 것이 없거니와, 이 소설이 단행본으로 출간되던 시점의 상실감은 자욱한 것이었다.

그러나 그 시기는 또한 민중들의 봉기와 항쟁의 역사이기도 했다. 신군부의 무력진압에도 불구하고 광주에서 무력을 불사하고 전개된 5월항쟁과 맨몸으로 독재타도 호헌철폐를 외쳤던 6월항쟁은 한국 민주주의의 진전에 있어 획기적인 성격을 띠는 것이었다. 이 투쟁은 철학자 김상봉의 표현을 빌리자면, 구한말 동학농민혁명에서 기원한 "국가기구와 씨알들의 전쟁"이 바야흐로 가파른 역사적 임계점에 이르게 되는 과정이었던 셈이다.

『녹두장군』은 한국 근대 민중혁명사의 역사적 기원을 이루고 있는 동학농민혁명을 다룬다. 이 소설은 동학의 교조敎祖인 최제우의 교조신원운동을 기점으로 해서 결국 관군과 일본군에 의해 농민군이 패퇴하게 되는 갑오년(1894) 동학농민혁명의 전 과정을 전봉준, 손화중, 김개남, 이방언 등 남접南接에 소속된 농민군의 시각에서 장대하게 조망하고 있다. 그러면서도 송기숙은 사건의 주동인물을 철저하게 당시의 풀뿌리 민중들이라고 할 수 있을 김달주, 만득이와 같은 농민들로 설정함으로써, 영웅 중심의 서사가 초래할 수 있을 역사의 개인화를 거부하고 있다. 이것은 작가 자신이 피력한 바 있듯이 민중사에 대한 낙관론, 즉 "민중이 자발적인 합의에 이르면 엄청난 힘이 분출한다"는 시각의 발현일 것이다.

　이 소설을 읽어나가면서 독자들은 동학농민혁명이라는 역사적 거울을 통해서 이후에 전개된 한국 민주주의의 쟁점과 역사적 의미를 숙고하는 계기를 얻을 수 있으리라 판단된다. 특히 그 가운데 오늘의 이른바 87년체제의 종언과 이에 따른 제도민주주의의 위기와 관련해서 시사점을 얻을 수 있는 대목도 이 소설 속에는 매우 풍부하게 내장되어 있다는 사실을 확인하게 될 것이다.

　나는 그런 사실 가운데서 농민공동체와 직접행동 민주주의라는 관점을 논의하는 것이 필요하다는 생각이 든다. 오늘날 우리들이 민주주의를 이해하는 방식에 있어 규범이 됐으면서도 동시에 장애이기도 한 것은, 민주주의의 기본원리를 '대의제'로부터 찾고, 이것의 주체를 '교양시민'으로부터 찾는 서구의 부르주아 민주주의에 대한 거의 체질화된 맹목이라고 할 수 있다.

　그러나 이런 근대 민주주의 이론이 과연 민주주의의 근원적 영감과 토대를 제대로 반영하고 있는가 하면 반드시 그런 것은 아니다. 오늘날 민주주의의 기본이념은 흔히 고대 아테네의 시민민주주의로부터 나왔다고 논의된다. 물론 아테네의 민주주의는 오늘날과 같은 '대의제'가 아니었다. 정치학자인 하승우의 주장에 따르면 아테네 민주주의의 기본정신은 민중들demos에 의한 직접지배kratia를 의미했다. 지배의 주체는 시민들이었는데, 이들은 30세 이상의 토지를 소유한 성인남성들이었다. 이들은 혈연이 아닌 지연에 의한 공동체를 이루고 있었는데, 『녹색평론』의 발행인인 김종철의 주장에 따르면 아테네의 시민민주주의는 사실 농민공동체로부터 출발한 농민민주주의였기에, 그것은 생산공동체인 동시에 정치결사체로서의 성격을 띠고 있었다.

물론 이 부분에서 우리들이 제기할 수 있는 사항은 '시민'으로 간주된 아테네의 농민들이 대체적으로는 직접생산으로부터 일정한 '여가'를 확보한 지배계급이었을 확률이 높고, 동시에 농노와 여성이 배제된 특권집단으로서의 성격을 갖고 있다는 역사적 한계를 띠었다는 사실이다. 이것은 서구 민주주의의 기원이라는 측면에서도 일종의 계급적·계층적 한계를 명백하게 드러내는 점인 동시에, 앞으로 논의하게 될 조선의 두레나 동학과 같은 농민민주주의의 성격과 관련해서도 논의가 필요한 사항이다.

그런데도 불구하고 아테네의 직접민주주의가 오늘의 민주주의와 관련해서 제공해줄 수 있는 영감은 풍부하다. 다시 하승우의 주장을 빌리면 아테네 민주주의는 다음과 같은 중요한 특징을 갖고 있었다. 1) 아테네 민주주의는 집회민주주의였고, 집회에 참여한 모든 사람이 투표권과 발언권을 가졌다. 2) 논쟁에 기반한 민주주의였다. 3) 선동가와 대중의 흥분을 막기 위해 원로들의 견해가 존중됐다. 4) 자발성, 책임성, 공개성의 원칙이 관철됐고, 권력은 순환됐다. 5) 모든 시민이 도시국가 경영에 참여했다.

　　그런데 직접민주주의의 특징은 『녹두장군』에서 확인할 수 있듯이 우리의 전통적인 농민공동체나 이에 근거한 동학에서는 이미 매우 자연스러운 토대를 갖고 있는 것이었다. 가령 소설에서도 반복적으로 등장하는 '두레'가 그런 토대에 해당한다. 오늘날의 제도민주주의의 관점에서는 그 역사적 의미가 간과되고 있지만, '두레' 민주주의야말로 아테네의 시민민주주의의 계급적 한계를 뛰어넘어 민중들의 직접지배를 의미하는 실질적 민주주의의 매우 고양된 형태였다. 두레는 철저하게 생산공동체이자 정치공동체였다. 두레의 구성원은 16세 이상의 성인남성 농민이었으므로, 아테네 민주주의와 같은 '시민(지주)민주주의'의 성격과는 달리, 풀뿌리 민중들이 주체가 된 민주주의의 근원적 기초에 더 충실했다.

　　물론 농민공동체로 구성된 두레 민주주의는 '위로부터의' 중세적인 제왕적 권력의 견제와 압박에서 자유로울 수 없었다. 왕권과 사대부로 상징되는 지배계급들은 끝없이 농민공동체를 조세·부역·군역 등을 통해 수탈했으며, 중세의 신분제적 질서를 활용해 중인 풀뿌리 민중에 속하는 농민들의 자치와 자율적 결사를 무력화하는 데 앞장섰다. 농민 편에서도 '두레'로 상징되는 농민공동체의 정치적 중요성을 자각할 수 없었거나, 중세적 신분제 질서와 왕권이데올로기에 대한 근본적인 저항은 상대적으로 어려웠다. 물론 조선후기에 이르러 농민공동체는 홍경래의 난을 포함해 숱한 민중봉기를 통해 지배체제의 폭력성에 격렬하게 저항해왔지만, 이 생산공동체를 하나의 정치적 결사체로 통합할 만한 체계적인 민주주의 이념의 구성에는 이르지 못했기에, 또 관군과 향촌 양반과 유생의 지배 이데올로기에 동화된 민보군 등에 의해 끝없이 제압되곤 했다.

그런 점에서 보면, 동학의 출현은 이런 농민공동체의 한계를 뛰어넘어 농민민주주의의 명료한 이념적 토대를 제공해준 역사적 사건이면서, 위로부터의 전제적인 지배에 대항해 봉기한 풀뿌리 민중들의 직접행동 민주주의를 가능케 한, 종교를 넘어선 정치적 사건이기도 했다. 그것을 가능케 한 것이 동학의 인내천人乃天 사상이다. 이 사상은 '사람이 하늘이다'는 간명한 명제 아래 양반, 상인, 남녀노소, 서자와 적자 등과 관계없이 모두가 평등함을 강조한, 당시로서는 혁명적 이념을 제창했다. 이런 혁명적 이념에 일종의 기폭제가 된 또 하나의 명제는 후천개벽 사상으로, 이것이 서학에서와 달리 내세의 천국이 아닌 현실에서의 정의와 평등이 가득한 세계를 건설하기 위한 농민들의 투쟁을 촉진하게 만든 근본적인 근거를 이룬다. 인내천 사상에 내포된 이런 만민평등 사상은 전통적으로는 『예기』에서 영감을 얻은 '대동사상'大同思想에 그 근원적 뿌리가 있다 하겠으며, 특히 농민민주주의와 관련해서는 조선조 정여립의 천하공물설天下公物設과 허균의 호민론豪民論, 실학자 다산 정약용의 탕무혁명론湯武革命論 등을 통해 면면히 이어졌던 사상이 동학에 이르러 총화됐던 것으로 볼 수 있다.

동시에 동학은 시대상의 반영일 터이지만, 강렬한 민족주의적 지향 또한 내포하고 있었다. 서학西學의 반反명칭인 동학同學이라는 표현에서도 잘 드러나거니와 전봉준, 손화중, 김개남이 봉기할 때 포고했던 창의문에서 주창한 보국안민輔國安民은 물론, 척왜양이斥倭洋夷와 제폭구민除暴救民 등의 구호도 이를 잘 말해준다.

물론 역사적 사실로서의 동학이나 그것의 미학적 반영물인 『녹두장군』을 읽어내려 가면서 독자들은 다음과 같은 의문을 충분히

품을 수 있을 것이다. 요컨대 농민혁명으로 간주되는 동학의 기본
노선을 둘러싼 문제로서, 당대의 왕권으로 상징되는 지배체제에 대
한 근본적인 저항을 동학혁명이 못 보여준 것은 아닌가 하는 혁명
의 한계에 대한 비판, 또는 박노자 등이 제기한 동학농민혁명조차
결국은 대원군과 같은 수구 지배세력과의 조응 아래서 전개된 역사
적 한계로부터 자유롭지 못하다는 비판 등이 이에 해당한다.

　『녹두장군』은 동학혁명의 전개 과정에 접주인 이방언과 대원군
의 밀담 장면을 비중 있게 등장시키고, 소설의 대단원에서 대원군
의 밀사가 전봉준을 방문해 악화된 시국을 논의하는 장면을 담고
있다. 실제로 동학혁명 전개 과정에 대원군과 동학혁명의 지도부가
일정한 교감을 갖고 있었다는 사실은 역사적으로도 잘 알려져 있으
며, 동학농민혁명이 봉건제도의 근본적인 혁파를 통한 민중권력의
쟁취를 요구하는 수준까지 나아가지는 못했다는 회의론 역시 현재
적인 논란의 대상으로 남아 있는 것 역시 사실이다.

　또한 『녹두장군』을 통해 형상화되고 있는 대원군의 면모가 고
종이라든가 명성왕후에 대한 비교적 명료한 비판적 형상화에 비해,
민족적 우국의식이 상대적으로 충만한 인물로 느껴지게 서술되고
있는 것도 분명한 사실이다. 하지만 오늘의 관점에서 보면, 일본을
등에 업고 권력을 장악하고자 했던 명성왕후나 청과 일본 사이에서
중심을 잡지 못하고 무력함을 보였던 고종, 오직 밀담과 밀지를 통
해서 예상되는 막대한 고통에도 불구하고 농민군에게 희생을 강요
했던 대원군과 같은 지배세력, 그리고 민보군을 동원하고 농민군을
폭도로 규정하는 사대부와 유생, 타락한 관료집단이야말로 조선 후
기의 민족적 위기의 공동정범共同正犯인 셈이다. 제아무리 대원군이

라고 할지라도 이런 역사적 책임으로부터 자유로울 수 없거니와, 특히 대원군의 경우는 왕권을 강화한다는 구실 아래 민중들을 경복궁 중건에 강제동원하고, 원납전과 당백전을 발행해 결과적으로는 조선 사회의 경제적 질서를 문란케 했으며, 중앙관료뿐만 아니라 지방의 토호세력에 의한 농민들의 착취를 사실상 구조화한 인물이기도 했던 것이다.

동학농민혁명은 그 명분상으로는 좌도左道로 규정된 교조 최제우의 신원을 회복하기 위한 종교적 명예혁명에서 출발한 것이지만, 우리가 소설을 통해서도 확인할 수 있는 것처럼 실제로 이 혁명이 진행되는 외중에 동학과는 무관한 일반 농민들이 오히려 더 급진적이고 적극적으로 개입했다. 이는 삼정의 문란을 포함한 조선 지배체제의 거의 총체적인 무능과 착취에 대항하는 민중들의 분노가 동학이라는 질료를 매개로 폭발했기 때문일 것이다.

그런 관점에서 보자면 소설 속에서 전개되는 북접과 남접의 노선상의 차이, 농민혁명의 촉발과 전개 과정에서 나타나는 갈등의 궤적이라고 하는 것 역시, 궁극적으로는 농민공동체 내부에서의 민주주의와 자치를 둘러싼 세계관의 차이에서 발원하는 것이라고 볼 수 있다. 즉 전봉준과 김개남으로 상징되는 남접은 당대 농민군이 처해 있는 민중적 봉기의 내적 필연성을 정확하게 인식하고 이것을 급진적인 직접행동으로 옮길 수 있었지만, 북접의 경우는 교조신원운동을 통한 교권의 권위와 정당성을 한편으로 확인하고, 다른 한편에서는 교세의 지속이라는 내부적인 문제에 치중함으로써, 농민군 그 자신의 변혁적 의지를 결과적으로 약화시키거나 거세시키는 실책을 범하게 됐던 것으로 볼 수 있다.

또 다른 측면에서는 당대의 호남 농민군이 '창의문'을 통해서 '조정'으로 상징되는 봉건적 지배체제 자체에 대한 전면적인 변혁 의지를 보여주는 대신, "군신부자君臣父子는 인륜 중에서 가장 으뜸이다"라는 식의 "임금의 덕화"를 예찬하는 듯한 태도를 취하는 것은 어떻게 볼 것인가 하는 문제도 남는다. 이에 대해 『녹두장군』은 이런 창의문의 수사학이 '방법적'인 것이었다고 서술하고 있다. 실상 농민군이 회포에 품고 있는 분노는 지배세력 전체에 대한 것이었지만, 그렇다고 중세의 신분제적 질서의 가장 핵심이라고 할 수 있는 왕권에 대한 비판을 노골화했다면, 그것은 즉각적으로 농민군의 봉기를 '반역'으로 간주해 잔인하게 토벌할 수 있는 빌미가 될 수 있었다는 것이다. 또한 농민군에 가담한 농민들 자신의 체제에 대한 사상적 온도차가 상이한 것과 함께, 평균적 다수가 탐관오리를 포함한 지배세력에 대한 분노를 뛰어넘어 왕권체제의 제압이라는 방향으로 즉각적으로 나갔다면, 북접과의 분열로 가뜩이나 세력이 축소되고 청과 일본과 같은 외세에 의한 침략이 강화되고 있던 시점에서, 농민군이 대동단결해 그토록 치열하게 무력항쟁을 전개시킬 수 있었을까 하는 현실적인 이유를 들고 있다.

실제로 당대의 상황에 대한 전술적 차원에서도 그렇거니와, 소설에서 전개되고 있는 대원군과 전봉준의 관계에 대한 송기숙의 서술에서도 이 점은 잘 드러나고 있다. 이 소설의 대단원에 해당하는 5부에서는 최후의 결전을 앞두고 있는 전봉준에게 대원군의 밀사가 도착해, 농민군의 한양으로의 대대적인 거병을 촉구하는 대원군의 서신이 전달되는 장면이 제시되고 있다. 이 부분에서 전봉준은 다음과 같이 말한다.

다시 말씀드리거니와 예사 전쟁은 전쟁에 지면 그 책임이 조정에 있는 까닭에 병사들은 그때부터 승패 간에 발을 뻗고 잠을 잡니다. 그런데 이 전쟁에서 농민군이 지면 누가 책임을 집니까? 대감이 지겠습니까, 우리 두령들이 지겠습니까? 이런 전쟁에 승산을 말하지 않고 무작정 치고 올라오라고만 하시다니 그런 무책임한 말씀이 어디 있습니까? 그 양반은 지금도 저 위 아득히 높은 자리에 앉아서 백성들 목숨이나 사정쯤 바람에 나뭇잎새 흔들리는 것만큼이나 쉽게 여기는 분입니다. 이방언 씨한테서 여러 가지 말씀 들었습니다마는 아직도 그런 생각에는 변함이 없습니다. 백성들 한 사람 한 사람 목숨도 대감 목숨이나 당신 목숨하고 똑같이 소중합니다. 헐벗고 못 먹고 천대받던 사람들이라 한세상 나왔다가 죽는 설움은 더 뼈가 저립니다. 앞으로 우리한테 무슨 말씀을 하시려면 우리가 모르고 있는 사정이나 알려달라고 하십시오. 결정은 우리들이 내리겠습니다.

이 인용문에서 전봉준은 한양으로 농민군이 진군해줄 것을 권유하는 대원군의 태도에 대해 농민군 입장에서 비판적 견해를 진술하고 있다. 특히 대원군에 대해 "지금도 저 위 아득히 높은 자리에 앉아서 백성들 목숨이나 사정쯤 바람에 나뭇잎새 흔들리는 것만큼이나 쉽게 여기는 분"이라고 말한 것이 이를 잘 암시한다.

요컨대 작가 송기숙은 이런 발언을 통해서, 농민군에 다소 친화적인 시선을 드리우고 있는 대원군조차도 궁극적으로는 당대 지배계급의 민중에 대한 착취구조의 한 기능단위에 불과할 뿐이라는 예리한 시선을 보여준다.

　실제로 동학농민혁명이 진행되는 와중에 조정이 보여준 태도는 농민들의 무장봉기에 깃들어 있는 당대의 부조리한 모순구조에 대한 전면적인 쇄신과는 거리가 먼 일시적인 양보의 형태를 띠고 있었다. 전주성 함락 이후 맺은 '전주화약'을 통해 조정과 동학세력은 일정하게 '제휴'하는 듯한 양상을 보이고, 이로부터 집강소를 중심으로 한 민중들의 자치기구가 설립되는 동시에 12개조항의 폐정개혁안이 공포됨으로써, 농민민주주의의 뚜렷한 이념이 제시된다. 농민군의 폐정개혁안은 탐관오리와 횡포한 부호, 불량한 유림과 양반배를 엄하게 다스릴 것을 명문화하며, 노비문서를 불태우고 백정의 권리를 인정하고 과부의 재가를 허용하는 등 중세적 신분제를 혁파할 것을 주장하는 것과 함께, 왜적과 간통하는 자를 엄징하라는 민족주의적 요구 등이 담겨 있다. 특히 폐정개혁안에서 주목할 부분은 정부와 지방 토호들에 의해 문란하게 집행된 공사채를 포함한 조세 문제에 대한 엄단과 토지를 평균하게 나누어 경작케 하는 조처를 명시함으로써, 실질적인 토지개혁과 소작제의 혁명적인 개혁을 촉구하고 있다는 점이다.

　이처럼 전주화약 같은 일시적인 제휴를 가능케 한 것은 조정과 농민군 양측의 위기의식에 기인하고 있었다. 그렇지만 양측의 생각은 완전히 판이한 것이었다. 전봉준을 필두로 한 농민군의 전주성 퇴거와 전주화약의 수용은 농민전쟁의 발발을 명분으로 일본군과 청군이 조선반도에 개입하는 것을 차단하자는 고육지책의 산물이었고, 조정 편에서는 한편으로는 욱일승천하는 농민군의 예봉을 차단하면서 외부세력에 의한 농민군의 진압을 꾀하기 위해 시간을 벌고자 하는 전략의 산물이었다.

　그리하여 전주화약 이후 일시적으로 전라도 지역에 집강소가 설치되고 이를 중심으로 한 폐정개혁안이 실시되기도 했지만, 일본군의 조선 국정 개입과 이에 따른 농민군 토벌은 한층 강화됐다. 동시에 한반도 전체에서의 확고한 지배력을 확보하지 못한 상태에서, 전라도 일부 지역에서만 실시한 농민군의 폐정개혁은 지방의 유생과 양반세력에게 엄청난 반발을 불러일으켰으며, 이후 관군과 일본군은 물론 지역에서 양반 유생들에 의해 결성된 민보군과의 전쟁이라는 새로운 전선이 형성되는 사태를 초래했다.

　여기서 우리들이 확인할 수 있는 것은 농민군의 민족주의적 열정과는 무관하게, 당대 지배계급의 입장에서는 자신들의 계급이익을 위해서는, 설사 외세와의 제휴를 통해서라도 종래에 그들이 견지하고 있었던 사회체제 및 기득권을 결코 포기하지 않는다는 엄연한 진실이다. '조정'으로 상징되는 지배세력은 무책임한 동시에 무력하고, 그 무력한 조정의 안팎에서 외세의 힘에 의존해 자신들의 기득권을 보존하고 확대하고자 하는 매판세력은 외세에 대한 협력을 더욱 가속화하며, 중세적 신분제 질서를 유지하려는 지방의 토착 유생과 양반들의 의지가 완강한 상황에서, 농민군의 선택지는 사실상 매우 명확한 것이었다.

　애초에 조정을 포함한 지배세력은 농민군의 봉기에 깃든 문제의식을 이해하거나 수용하려는 의지가 거의 없었다고 보는 것이 정확하다. 현실적으로는 농민군의 파죽지세와 같은 힘을 우려한 나머지 일시적인 타협책을 제시한 것이 전주화약이지만, 썩어빠진 조정과 사대부가 진심으로 우려한 것은 외세라기보다는 한줌의 기득권이라 할 수 있을 중세의 신분제적 질서의 붕괴였다.

　　반면 농민군의 입장에서는 남접과 북접의 노선상의 차이와 이에 따른 내부갈등이 농민혁명의 순조로운 진행을 불가능케 하는 장애로서 작용했던 사실 역시 언급될 필요가 있다. 농민혁명이 진행되는 내내, 동학의 중앙지도부가 다수 속해 있는 북접은 무장항쟁을 통한 체제의 근본적인 변혁을 피력한 남접에 대해 회의적인 태도를 취하거나 농민전쟁에 개입하는 것을 꺼려했을 뿐만 아니라, 남접의 항거와 폐정개혁안에 대해서도 내부적으로 사갈시하는 이해할 수 없는 태도를 취했다. 최시형, 손천민, 손병희 등 북접은 당대 농민전쟁의 역사적 성격을 파악할 시야를 결여한 듯하며, 동학운동을 철저하게 종교적인 명예회복운동으로 제한시켰고, 일종의 준비론적인 시각에서 후천개벽 사상을 이해한 듯하다. 송기숙이 『녹두장군』에서 뿌리 깊은 회오의 감정으로 북접의 침묵을 비판하고 있는 것은 이런 까닭이다.

　　그러나 가파른 전쟁 상황에서 이것은 일종의 적전분열 양상을 띠는 것으로 동학농민혁명의 순조로운 진전을 어렵게 했을 뿐만 아니라, 종래에는 관군과 외세에 의한 동학군의 토벌을 방치하는 사태로 귀결되는 것임은 분명하다. 당시 교단의 중앙세력인 북접이 지닌 전봉준 중심의 남접에 대한 이해할 수 없는 적대감은 『녹두장군』에 서술되어 있는 북접의 '통문'에서 잘 드러난다.

　　무릇 우리 도는 어느 포를 막론하고 모두 용담에서 연원했지만 도를 지키고 스승을 따르는 것은 오직 북접뿐이다. 들은즉 호남의 전봉준과 호서의 서장옥은 따로 문호를 세워 남접이라 이름 짓고 창의를 빙자해 평민을 침탈하고 교인을 죽게 하는 짓이 극에 이르렀다. 지금 다스리지 않으면 훈유가 구별되지 않아 옥석이 모두 같이 타버리게 될 것이다. 이에 글을 지어 남접과 절교를 고하니 8도 각 포 두령들 단속에 털끝만치도 어긋남이 없어야 할 것이며 모두 합심해 사문난적을 정토함이 옳은 일일 것이로다.

북접이 나서서 남접을 '사문난적'으로 규정하고 정토함이 옳다고 말하고 있는 것은 당대적 정황 속에서는 일종의 내부반란과 비슷한 효과를 띠는 것이라고 볼 수 있다. 그러나 남접은 물론이고 북접에 속해 있는 다수의 농민군도 이런 중앙교단의 시국 인식에 결코 동의할 수 없었다. 일단 농민군의 봉기가 시작된 이상, 그것은 사태의 타협적인 봉합으로 후퇴할 수 없을 뿐만 아니라, 이를 수용할 만큼 상황이 획기적으로 개선된 것도 아니었다. 오히려 농민군에 대한 탄압을 넘어서, 일반 민중들에 대한 관군과 일본군에 의한 무차별 토벌이 '청야작전'淸野作戰이라는 이름으로 극렬하게 자행되고 있었으며, 때문에 농민군은 객관적인 전력의 열악함에도 불구하고 결사항전의 태도를 취할 수밖에 없었다.

그러나 농민군이 결사항전의 태도로 관군과 일본군에 저항한 것은 비록 현실적으로 패배할 수밖에 없는 싸움이라 할지라도 '좋은 세상'이 올 것이라는 후천개벽에 대한 끈질긴 희망이 강렬했기 때문이다. 송기숙이 『녹두장군』에서 감동적으로 서술하고 있는 것처럼 농민군이 전장에서 흘린 그 피는 좋은 세상, 다시 말해서 '농민천하'가 비록 지금 당장은 불가능하겠지만, 이 싸움을 통해서 가능해질 것이라는 희망 때문에 흘렸던 피다. 소설의 종결부에서 전봉준은 이렇게 말한다.

우리들이 당하는 걸 너무 한탄 마십시오. 우리 후손들 대에는 틀림 없이 백성들 세상이 옵니다. 가정 하나를 바로잡자 해도 힘이 드는데 세상을 바로잡기가 어디 쉬운 일이겠습니까?

농민천하, 백성들의 세상이 올 것이라는 그토록 장엄한 희망이야말로 『녹두장군』에 등장하는 허다한 풀뿌리 민중들이 꿈꾸었던 역사에 대한 전망이었다. 북접이 농민전쟁에의 참여를 회의하고, 전황이 악화된 가운데 전봉준조차 농민군의 해산을 명령하지만, 농민들이 앞장서서 결코 항전을 포기할 수 없다고 외치고 있음은, 시대의 절망이 깊어진 만큼 그것을 거역하고 극복하고자 하는 농민들의 희망이 얼마나 강렬했던가를 잘 보여주는 장면이라고 할 수 있다. 그런 점에서 『녹두장군』의 대단원이 다음과 같이 서술되고 있음은 매우 상징적이다.

"아이고 대장님 달주 대장님 아니시오? 만득이 대장님이 죽었소."
만득이 부하가 달려가며 소리를 질렀다. 그들은 달주와 김승종이와 다른 젊은이들이었다. 일행은 만득이 내외 시체 곁으로 갔다. 부축을 받고 오는 사람은 묵촌 이또실이었다. 모두 말없이 내외를 내려다보고 있었다. 이내 달주가 내외 곁에 무릎을 꿇었다.
"당신들마저 가고 말았구려!"
달주는 내외를 쓸어주며 속삭이듯 말했다.
"천하게 태어났지만 귀하게 돌아가셨소. 잘들 가시오."
달주는 띄엄띄엄 말했다.
"전봉준 장군께서 우리는 죽어서 백성의 가슴에 묻힌다고 했소.

우리부터 당신들을 가슴 한가운데 깊이 묻어 고이 안고 가리다."
김승종이가 한마디 했다. 달주가 일어서며 길을 재촉했다. 조금 가
다가 보성 쪽으로 빠지고는 했다. 달주는 꽹과리를 옆구리에 차고
손에는 아직도 꽹과리채를 들고 있었다. 일행은 구름에 달처럼 바
삐 길을 재촉했다. 언뜻언뜻 비치는 달빛 아래 진눈깨비가 흩날리
고 만득이 부하가 멘 작두칼은 유난히 날카롭게 번뜩였다.

송기숙은 『녹두장군』의 대단원에 이 소설의 주동인물 가운데
한 사람인 달주의 결연한 모습을 배치하고 있다. 달주의 손에 들려
있는 것은 전쟁 시에 전진과 후퇴를 신호하는 꽹과리다. 농민군은
결과적으로 관군과 일본군에 패배하지만, 작가는 소설의 말미를 이
렇게 끝나지 않은 싸움의 예비를 묘사하는 장면을 배치함으로써,
그 싸움이 아직 끝나지 않은 것이라는 소망을 피력하고 있다. 역사
의 끝없는 싸움 앞에서, 패배는 일시적인 것이며 진눈깨비와도 같
이 가벼운 것이다. 오히려 "만득이 부하가 멘 작두칼은 유난히 날카
롭게 번뜩였다"는 진술에서, 이 풀뿌리 민중들이 꿈꾸었던 좋은 세
상에 대한 희망은 결코 소멸될 수 없음이 강조되고 있다.
　　역사 앞에서 좋은 세상은 올 것인가 하는 질문을 던지는 일은
마음을 무겁게 한다. 전봉준을 포함해 『녹두장군』에 등장하는 풀뿌
리 민중들이 전망했던 농민천하, 오늘의 상황으로 바꾸면 민중천하
는 과연 가능할 것인가 묻는 일은 더욱 비감한 소회를 뿜어낸다.
　　『녹두장군』은 이미 오래전부터 이 땅에는 '두 개의 국가'가 끝
없는 싸움을 거듭해왔음을 보여준다. "국가기구와 씨알들의 전쟁"
이었던 동학농민혁명은 현존하는 국가기구와 씨알들이 꿈꾼 '후천

개벽' 사이의 생사를 건 투쟁이었다. 이 싸움은 동학농민혁명이 끝난 이후에도 연면히 지속되어왔다. 3·1운동은 물론이고 해외에서의 무장투쟁, 4·19혁명, 5·18광주민중항쟁, 6·10항쟁 등 지난 궤적의 현대사가 그러하다. 그러나 『녹두장군』에 등장하는 전봉준이나 김달주가 꿈꾼 세계는 오늘날에도 여전히 미완의 세계이다. 나는 『녹두장군』을 읽으면서, 독자들이 자못 심각하게 고민해야 될 사항은 바로 이런 미완의 세계를 구조화하고 있는 체제의 성격에 대한 근원적 성찰에 있다고 생각한다.

내 판단에 동학농민혁명은 현존했던 중세적 국가기구에 맞선 항쟁인 동시에, 국가기구를 경유하지 않고 연면히 지속됐던 풀뿌리 민중들의 비근대적 민주주의의 격렬한 발현태이기도 했다. 이 농민공동체는 두레와 동학이라는 공동체의 존속을 가능케 하는 생산공동체이자 정치공동체, 그리고 그것을 뛰어넘은 이념공동체를 현실 속에 실체화하고자 했다. 그들에게 중세국가 조선과 그 통치세력인 지배엘리트들은 '수탈' 세력이었을 뿐이었다.

국가의 현실적인 존속을 가능케 하는 것은 '수탈과 재분배'의 절묘한 조화이며, 국가의 기능이 자못 원활할 때는 이 메커니즘이 눈에 보이지 않는다. 우리가 『녹두장군』에서 확인할 수 있는 것은 무한 수탈은 감행하지만, 풀뿌리 민중적 삶의 존속을 위한 재분배 기능은 차단하고 있는 노골화된 폭력적 기구로서의 국가이다. 『녹두장군』에 등장하는 동학과 두레공동체를 포함한 농민공동체는 위로부터의 국가의 수탈에 대항해, 아래로부터의 민주주의를 고수해왔다. 그러나 국가의 폭력성이 노골화되자 이 농민공동체의 민주주의는 압살당할 운명에 처하게 된 것이다. 오직 수탈의 주체로서만 존재하는 국가, 풀뿌리 민중의 삶의 근거는 물론이고 그것을 실현할 민주주의 자체를 근본적으로 억압하는 국가가 농민군에게 항쟁의 대상이 됐던 것이다. 이런 피를 동반한 역사적 항쟁 덕분에 오늘의 민주주의는 아주 미약하나마 조금씩 전진해왔다.

그러나 이른바 '87년체제의 종언기'로 명명되고 있는 오늘의 민주주의를 보면, 과연 이 상황이 동학농민혁명이 전개되던 구한말의 상황에 비해, 구조적으로 완전히 혁신적이고 민주적인 체제인가 하는 의문이 들지 않을 수 없다. 형식적인 민주주의는 쟁취됐다고 많은 사람들이 말하고 있지만, 오늘의 민주주의는 여전히 국가엘리트로 통칭되는 지배계급의 민주주의일 뿐이며, 현존하는 오늘의 국가는 '그들의 국가'일 뿐 풀뿌리 민중들의 삶의 안정성과는 대체로 무관하다는 사실은 잘 알려져 있다. 오히려 오늘의 국가는 동학농민혁명 당시 지배계급인 사대부와 탐관오리에 의한 착취의 매개기구였던 것과 비슷하게, 정치계급이 되어버린 통치엘리트들과 시장권력의 지배의 수간樹幹일 뿐이다. 게다가 정당제도를 기반으로 대의제 메커니즘에 의해 작동되는 오늘의 현존하는 민주주의는 풀뿌리 민중들의 실생활과 미래 전망을 약속하지 못하는 '그들의 민주주의'일 뿐 '우리들의 민주주의'와는 무관하다.

특히 『녹두장군』이 재출간되는 시점에서 우리가 확인할 수 있는 '촛불항쟁'의 현실을 두루 지켜보면, 지배세력의 풀뿌리 민중들에 대한 적의와 무시가 얼마나 뿌리 깊은 것인지를 알 수 있으며, 공권력이나 제도라는 폭력을 통해 오늘의 민주주의가 얼마나 위협받고 있는지를 알 수 있다. 오늘의 민주주의는 마치 동학혁명 시기의 수탈기구로서의 국가의 성격과 비슷하게, 풀뿌리 민중들의 삶을 막장으로 몰아가고 있다. 이것은 단순히 경제적 삶의 붕괴를 이야기하기 위한 말이 아니다. 오늘의 국가는 '민의' 를 조소하는 것을 당연시하고 있으며 '강부자' 와 '고소영' 으로 명명되는 상위 1%의 세력이 대다수 민중들의 삶의 진로를 봉쇄하고 있다. 신자유주의와 낡아빠진 권위주의가 결합되면서, 지난 연대의 독재의 징후들이 곳곳에서 현실화되고 있다. 시민들의 민주주의는 광장에서 연약한 촛불에 의지해 '민의' 를 명료하게 표현하고 있지만, 이 직접행동 민주주의를 직접적으로 정치 과정에 반영할 안목도 통로도 현실적으로 존재하지 않는 왜곡된 민주주의의 파행이 거듭되고 있다.

국익과 경제발전이라는 낡아빠진 수사 앞에서 풀뿌리 민중들의 삶의 안정성은 급속하게 붕괴하고 있으며, 미래에 대한 불확실성은 갈수록 증대되고 있다. 1987년 이후 거의 최초로 1백만에 이르는 시민들이 광장에서 오늘의 정부가 보여주고 있는 무능과 오만을 경고했건만, 정부는 때 아닌 공안정국을 조성해 자신들의 계급적 이익을 막무가내로 밀어붙이고 있다. 이제 시민들은 촛불이 아닌 횃불을 들어야 하지 않느냐고 도처에서 외치고 있지만, 지배세력은 공권력을 동원해 시민들의 여론을 압살하는 것이 마치 정부의 정당한 기능인 양 오만방자한 태도를 보여주고 있다.

『녹두장군』을 읽으면서 새삼스럽게 깨닫게 되는 것은 조병갑이나 이용태와 같은 탐관오리들이 역사 속에서 박재된 것이 아니라, 오늘날에는 수적으로 더욱 많아졌을 뿐만 아니라 뻔뻔스럽게 권력의 중심부에서 활보하고 있다는 간명한 사실이다. 제도민주주의가 그런 세력들의 이해관계에 의해 작동하고 있고, 동시에 이를 제어할 만한 사회운동세력이나 민주화세력이 부재한 상태에서, 시민들이 취할 수 있는 민주주의의 선택지는 별로 없다. 오늘의 현실 속에서도 조병갑과 같은 인물들은 자못 뻔뻔하게 활보하고 있는데, 전봉준이나 김달주와 같은 인물들은 눈에 띄지 않는다. 난세에 직면해 참요와 비결이 횡행했던 것과 마찬가지로 오늘의 집권세력에 대해서도 다채로운 '괴담'은 번성하고 있건만, 오늘의 시민들은 전봉준과 농민군이 꿈꾸었던 직접행동 민주주의에서 별다른 영감을 얻지 못하고 있는 듯하다.

이런 상황 속에서 『녹두장군』이 재출간된다는 사실은 의미심장한데, 그것은 오늘의 조병갑들에게는 역사적 경고장을 보내는 일이며, 이 책을 다시금 접하게 되는 풀뿌리 민중들에게는 역사 속에 실재했던 직접행동 민주주의의 그토록 장엄한 풍경에 대한 재확인이라는 점에서 그러하다. 『녹두장군』에서 벌어지고 있는 다채로운 민중들의 저항과 이를 제압하는 지배세력의 간교함이란 결코 박제화될 운명에 처한 과거의 기념비가 아니다. 비유컨대 오늘날 수백만의 시민들이 들고 있는 부드러운 '촛불'은 소설 속에 등장하는 만득이의 '작두칼'의 의미와 같다. 수백만의 시민들이 손에 들고 있는 그토록 부드러운 촛불은, 동학농민혁명 당시 수십만의 농민군이 쳐들었던 '횃불'이 시대를 건너뛰어 계승된 것이다. 『녹두장군』은 이 계승의 역사적 의미를 오늘의 독자들에게 명료하게 제시하고 있는 작품이다. 그런 점에서 이 소설 속 농민군의 투쟁은 종결된 역사가 아니라 현재진행형이다. (이명원)

15. 삶으로서의 민주주의
자급과 공생의 정치

요즘 들어 민주주의의 핵심원리가 대의민주주의라는 주장을 자주 접한다(로버트 달이나 최장집 같은 학자가 대표적이다). 대의민주주의를 해석하는 방식이 여러 가지일 수 있지만 민주주의를 대의민주주의로만 해석하는 것은 민주주의의 기원을 망각한 무지의 소치이다.[1] 단순히 서구 민주주의의 뿌리가 아테네의 직접민주주의에 있음을 말하려는 건 아니다. 그런 주장은 민주주의가 민중의 치열한 투쟁을 통해 등장했고, 그 투쟁을 통해서만 유지될 수 있다는 역사성을 잊고 있기 때문이다.

서구에서 민주주의는 지배층이 민중에게 준 선물이 아니었다. 고대 아테네의 민주주의는 왕과 귀족들이 정치를 독점하고 일반 민중을 배제하고 지배하는 현상, 그래서 민중이 공동체의 정치주체로 성장하지 못하는 문제점을 해결하기 위해 등장했다. 이 민주주의는

---

1) 민주주의와 대의민주주의가 어울리려면 최소한 '대'(代)가 '대표'의 의미가 아니라 '번갈아'의 의미로 해석되어야 한다. 그렇지 않으면 '대의'(代議)는 민주주의라는 말과 어울리지 않는다.

집회에 참여한 모든 참여자가 투표권과 발언권을 가지고 몇 시간 동안 논쟁을 벌이는 집회민주주의assembly democracy였고, 전문가를 배격하고 시민이 아마추어idiotai로 참여하는 평민민주주의였으며, 모든 시민이 돌아가며 한 번씩 공직을 맡는 교체rotation의 민주주의였다.2) 민주주의는 특정 계층이나 전문가가 정치를 독점하지 못하도록 끊임없이 권력을 순환시켜야 하고, 그런 순환을 거치면서 민중이 정치주체로 성장하고 자기결정권을 행사하도록 했다.

동양에서도 마찬가지였다. 동양에는 민주주의란 말이 없는 대신 민본주의民本主義란 말이 있었다. 맹자는 "지배받는 백성이야말로 가장 존귀한 것이요, 국가를 떠받치고 있는 신하들은 다음으로 존귀한 것이다. 그리고 지배하는 군주는 가장 가벼운 것"이라 "한 나라의 군주(제후)가 그 나라의 사직을 위태롭게 하면, 그 군주는 곧 변혁해 새롭게 갈아치워야 하는 것"이라 주장했다. 어느 날 갑자기 왕이 민중을 위하겠다고 마음을 먹어서 이런 말이 나왔을까?

이렇게 보면 동양이든 서양이든 민주주의는 특정 계층이 정치권력을 독점하고 공동체의 미래를 위협하는 현상을 비판하고 민중의 뜻을 정치에 반영하기 위해 등장했다. 민주주의는 현실의 부조리한 정치질서를 바로잡기 위한 대안이었고, 자신의 삶을 좌우하는 중요한 결정에서 배제되지 않고 정치의 주체로 서려는 꿈틀거림이었다. 이런 꿈틀거림을 무시한 채 민주주의를 애기하는 게 지금의 현실에서 어떤 의미를 가질까?

---

2) Mogens Hansen, *The Athenian Democracy in the Age of Demosthenes*, Norman: University of Oklahoma Press, 1999, pp.304~314.

그래도 대의민주주의를 주장하는 학자들은 아테네의 직접민주주의가 소수의 민주주의였을 뿐이라며 대의민주주의만이 진정한 민주주의라고 주장한다. 허나 현대의 대의민주주의에서 정치는 고대보다 훨씬 더 적은 수의 전유물이고, 시민의 자격은 제한되며, 정치권력은 민중을 통제대상으로 삼으려 한다. 그렇다면 근대의 대의민주주의가 고대의 민주주의보다 더 민주적이라는 점을 과연 무엇으로 증명할 수 있을까?

더구나 대의민주주의를 발전시켰다던 서구 선진국들이 제국주의 전쟁을 일삼고 다른 나라를 식민지로 만들었다는 점은, 그 민주주의가 타인의 땀과 피를 딛고 개화한 것임을 증명한다. 제아무리 멋들어진다 한들 그것이 타자의 땀을 착취하고 피로 억누른 것이라면 그런 민주주의가 어떻게 보편적인 가치를 가질 수 있단 말인가? 이런 역사적 맥락을 무시하고 서구의 민주주의를 찬양하는 건 무지를 넘어선 잘못이라고 얘기할 수 있다.

그리고 서구의 대의민주주의가 도입되지 않았던 때에는 우리에게 고유한 정치의 논리나 민주주의의 경험이 없었다는 말인가? 만일 그렇다면 우리에게 민주주의나 정치는 존재하지 않았던 것이고, 따라서 외부의 것을 무조건 배우고 수용하는 행위에서만 가능한 것이 된다. 하지만 정말 그런가?

서구가 근대로 접어들던 시기에 많은 사상가들은 '고대라는 거인의 어깨 위에 올라앉은 근대라는 난쟁이'라는 은유를 자주 썼다. 근대의 사람들에게는 고대라는 유산의 크기가 너무 컸다. 스스로 움츠러들지 않기 위해 그들이 썼던 은유가 바로 고대인들보다 더 높은 곳에서 태어나 더 많이, 더 멀리 볼 수 있는 난쟁이였다. 비록 은유를 썼지만 근대인들은 결코 고대의 그늘에서 벗어나지 못했다. 그 거인이 남겨놓은 정치의 원리는 무엇일까?

이 글은 대의민주주의를 고집하는 사람들이 우리의 경험에 스며 있는 민중의 정치적인 잠재력을 깨닫지 못하고 있다고 비판한다. 그리고 나아가 반정치적 또는 비정치적이라 여겨지는 농민의 삶과 농촌공동체에서 실현됐던 중요한 정치원리를 발견하려 한다.

자연상태의 발명과 국가에 갇힌 정치

최근 서구 학계에서 유행하는 정치 이론들은 모두 자연상태를 발명했던 토머스 홉스에서 논의를 시작한다. 제국과 다중을 주장하는 안토니오 네그리나 호모 사케르homo sacer라는 존재에 주목하는 조르조 아감벤 모두 홉스를 비판하면서 자신의 논의를 시작한다.

네그리는 『다중』에서 홉스가 "부르주아지에게 적합했던 사회체의 성격과 시민권의 형태"를 정의하면서 "국민국가의 형태로 유럽에서 발전할 주권의 형태"[3]를 규정했다고 주장한다. 홉스는 자연상태가 만인에 대한 만인의 전쟁 상황이라고 전제하고 질서를 잡을 강력한 주권이 필요하다고 강조했다. 그런 질서에서 합리적인 시민은 무질서로 이끌 주권을 국가에 양도하고 규율 잡힌 질서 속에서 자신의 소유에만 신경을 쓰면 된다. 지배를 받는 사람들이 무엇을 배우고 무엇을 지키며 살아야 할지는 국가주권이 결정한다. 홉스는

---

3) 안토니오 네그리, 조정환·정남현·서창현 옮김, 『다중』, 세종서적, 2008, 22쪽.

그런 자연상태가 실제로 존재했는가보다 주권을 어떻게 구성할 것인가에 논의를 집중시켰다. 이 과정에서 정치의 물음, 즉 좋은 삶이란 무엇인가라는 물음은 사라졌고 무엇이 각자의 이득을 더 많이 보장할 것인가라는 계산만이 남았다.

그런 점에서 아감벤은 『호모 사케르』에서 "홉스의 자연상태란 국가의 법률과는 무관한, 법 이전의 상태가 아니라, 그런 법을 구축하고 그런 법 속에 정주하는 예외이자 경계선"[4]이라고 말한다. 홉스에게 인간은 서로에게 늑대와 같은 존재이기 때문에 국가가 사라지면 언제든지 사회는 자연상태로 복귀한다. 주권이 없는 곳에는 오로지 폭력과 죽음뿐이다. 바로 이런 끔찍한 예외상태를 빌미로 국가는 언제든지 민중에게 자신의 의지를 강요할 수 있었다. 자연상태를 전제하는 이상, 국가를 제외한 정치는 불가능했다.

네그리와 아감벤의 논의는 홉스가 자연상태를 발명하고 그것을 전쟁과 동일시함으로써 근대의 국가주권을 정당화시켰다고 본다. 홉스는 주권자와 계약을 맺는 인간의 동의가 이성과 언어, 이득과 손해의 계산에 따른 것이라는 점을 강조했기 때문에, 주권은 개인의 자발적인 동의라는 '착각'을 통해 영향력을 행사했다.

그런데 이 자연상태는 국가와 무질서의 경계를 규정하는 국가주권을 정당화시켰을 뿐 아니라 민중이 정치의 주체로 '성장'하는 것을 가로막았다. 홉스는 시민들의 정치적인 성장을 돕던 사회적 관계를 지워버리고 그들을 이기적인 개인으로 만들어버렸다. 그래서 국가권력에 도전하는 순간, 언제나 무질서라는 최악의 상태가

---

4) 조르조 아감벤, 박진우 옮김, 『호모 사케르』, 새물결, 2008, 216쪽.

떠오른다. 국가를 넘어선 대안, 국가를 배제한 대안은 자연상태에 대한 두려움을 벗어날 수 없다. 민중의 대안적인 상상력은 국가라는 틀 속에 갇혔다. 민주주의를 주권으로 생각하는 순간, 우리의 정치적 상상력은 국가라는 틀에서 벗어날 수 없다.

그런데 진정 그런 자연상태가 존재했는가? 표트르 크로포트킨은 『만물은 서로 돕는다』에서 그런 상태란 역사적으로 존재하지 않았다고 주장한다. 오히려 원시사회의 씨족공동체에서는 서로 돕고 사는 풍조가 널리 퍼져 있었고, 독립된 가족과 사유재산이 출현했지만 공동체의 통일성을 유지하기 위해 지나치게 집중된 부를 재분배하는 제도들(예를 들어 포틀래치)이 만들어졌다고 지적한다. "인간의 삶에서 어떤 시기에도 전쟁이 정상적인 상태인 적은 없었"고, "형평성, 상호부조, 상호지지 등의 개념은 대중들이 자신의 사회조직을 유지하는 수단으로 작용해왔고, 이는 포악한 신정제나 독재정치에 복종하고 있을 때조차 발휘"됐다.[5]

시간이 흘러 과거의 씨족공동체가 사라지고 촌락공동체가 만들어진 뒤에도 상호부조의 생활양식은 그대로 유지됐다. 특히 촌락공동체는 "공동경작이나 여러 가지 형태로 가능한 상호지지, 폭력으로부터의 보호, 지식이나 인종 간의 결속 그리고 도덕 개념을 발전시키기 위한 연합"[6]이었고, 민회라는 고유한 정치질서를 마련했다. 농민들의 민회는 인공적인 정치질서가 아니라 협동노동과 공동소유에 기반한 자연적인 정치질서였다. 민회는 촌락공동체에서 가

---

5) 표트르 크로포트킨, 『만물은 서로 돕는다』, 르네상스, 2005, 149~150쪽.
6) 크로포트킨, 『만물은 서로 돕는다』, 163쪽.

장 강력한 권위를 가지고 있었고, 민회를 통해 민주적인 의사소통과 공동의 의사결정이 이뤄졌다.

근대국가가 등장해 촌락공동체를 억압하고 해산시킨 뒤에도 촌락공동체를 재건하려는 시도는 쉽게 사라지지 않았다. "촌락공동체 제도는 땅을 경작하는 사람들의 요구와 생각에 매우 잘 맞아 떨어"져서 "공동체 생활을 하던 시기로 거슬러 올라가는 관습과 습속"이 농민의 삶 속에 녹아들어 있었기 때문이다.[7] 그래서 크로포트킨은 근대국가의 주권을 넘어설 대안이 공유제와 농민에게 있고 "현재 만연되고 있는 무모한 개인주의 체제하에서도 농민 대중들은 상호지원이라는 유산을 충실하게 유지하고 있음"[8]을 주목했다.

요컨대 홉스의 자연상태는 옛날부터 내려온 전통적인 질서를 무너뜨리고 근대국가의 주권을 정당화하며 민중의 정치적 성장을 가로막기 위해 '발명된 개념'이다. 근대국가는 개인의 소유관계를 제한하고, 땅의 공유와 공동작업을 통해 공동체 전체의 성장을 추구했던 공동체의 역사를 은폐하고 전통을 끊으려 했다. 사회계약에 따른 대의민주주의 역시 민중의 관심을 개인적인 소유로 전환시키고 정치를 특정 계급이 독점하면서도 지지를 받기 위한 장치였다. 거대하게 세워진 의사당이나 행정부는 민중의 일상생활과 완전히 분리된 공간이었다. 하지만 촌락공동체의 정치질서는 사람들의 일상생활과 분리되지 않았다. 민회라는 정치공간은 의회처럼 민중의 일상생활과 분리된 인공적인 공간이 아니었다.

---

7) 크로포트킨, 『만물은 서로 돕는다』, 281쪽.
8) 크로포트킨, 『만물은 서로 돕는다』, 294쪽.

소농의 삶과 자급·공생의 정치

모든 존재는 그 존재를 실현하기 위한 윤리적 힘을 갖고 있고, 그 힘이 바로 정치의 생명력이다. 자연히 농민의 삶, 특히 소농의 삶은 그 삶에 맞는 정치원리를 갖고 있었다. 농민은 땅을 일구며 땅과 함께 성장하기 때문에 자연의 지혜를 알고 있었고, 홉스처럼 자연을 일방적인 소유의 대상으로 보지 않았고, 자연상태를 전쟁으로 몰고 가지도 않았다(홉스는 부르주아지의 이익을 대변한 사상가였다).

오히려 농민은 인위적인 변화를 거부하며 자연적인 평화로움에 자신의 삶을 맞추려 했다.[9] 자연에 순응하면서 농민은 "폭력에 대해서는 비폭력으로, 권력에 대해서는 무저항의 자세로" 맞서고 "인간의 속성으로서 보편적으로 내재하는 폭력이나 지배욕을 제어하는 기능"을 자연스레 배웠다.[10] 스스로 땅을 일구어 먹고 살 수 있다면 폭력이 필요치 않았다. 그리고 물을 대고 김을 매는 농사일은 농민들이 서로 돕고 함께 모여서 중요한 결정을 내리도록 했다.

그래서 소농의 삶에서는 '자급'自給과 '공생'共生이 중요한 정치원리로 부각될 수밖에 없었다. 고대 그리스에서 자급을 뜻하는 아우타르케이아autarkeia 또는 아우타르키autarky는 공동체의 가장 기본적인 질서를 뜻했다. 그런데 이 자급은 경제적인 자립성만이 아니라 정치적인 의미도 가지고 있었다. 왜냐하면 고대 그리스 사회에

---

9) "비가 내리면 비를 살리고, 눈이 내리면 눈을 천혜로서 활용한다. 인간이 자연을 지배하는 것이 아니라 철저하게 자연에 순응해간다." 쓰노 유킨도, 성삼경 옮김, 『소농: 누가 지구를 지켜왔는가』, 녹색평론사, 2003, 53쪽.
10) 유킨도, 『소농』, 130쪽.

서 한 사람의 시민이 된다는 것은 납세의 의무를 지니고 투표권을 갖는 것 외에도 공공생활이나 군사 활동 등 모든 기능에서 직접적이고 적극적으로 상호협력한다는 의미를 함께 가지고 있었기 때문이다. 그리고 시민이 중요한 공동체의 결정에 반드시 참여해야 했기 때문에 공동체의 규모는 제한될 수밖에 없었다.[11]

그 규모를 유지한다고 해서 농민의 삶이 어떠한 변화도 거부하는 폐쇄적인 것은 아니다. 오히려 농민은 여러 가지 다양한 생명 종이 함께 공존하는 것이 "결코 토양에 부담을 주는 것이 아니라 오히려 토양을 비옥하게 한다"[12]는 점도 생활을 하며 자연스레 깨달았다. 여러 다양한 생명체들이 공존하는 삶이 땅을 비옥하게 만들듯이, 여러 사람들의 서로 보살피는 삶이 공동체를 튼튼하게 한다는 점도 분명했다.

개인적인 소유욕을 충족시키기 위해 생산수단이나 생산물을 독점하고 다른 사람들을 지배하는 것이 결국에는 자신의 삶도 망가뜨린다는 점은 삶에 깃든 지혜였다. 그래서 농민의 삶에서는 발명보다 그런 삶의 지혜를 '발견'하는 과정이 더 중요했다. 그 발견은 얼마나 놀라운가? "제4의 눈은 그곳의 풍경 속에 조상의 영혼이 참여함을 확실히 파악하고, 타관 사람의 눈이 미치지 못하는 신비한

---

11) G. L. 디킨슨, 박만준·이준호 옮김, 『그리스인의 이상과 현실』, 서광사, 1989, 81쪽. 또한 다음을 참고하라. "적어도 아테네인에게 있어서 토론에 의한 자기지배, 자율, 개인적 책임감, 그리고 또한 모든 면에서 폴리스 생활에 직접 참여하는 것, 이런 것은 생명의 맥박이었다. 따라서 그들은 광대한 영역을 지배하는 대의정과는 조화를 이룰 수 없었다. 이것은 로마가 다른 폴리스를 병합함으로써 성장한 것 같이 아테네가 성장할 수 없었던 이유이다." H. D. F. 키토, 김진경 옮김, 『그리스 문화사』, 탐구당, 1988, 197쪽.
12) 유킨도, 『소농』, 85쪽.

아름다움을 느끼게 된다. 또한 일상생활에서 흙 위에 아름다움을 새기고, 무심히 그것을 감상하는 행위를 반복하고 있다. 농심農心이란 이런 것이 아닐까."[13]

이런 깨달음이 있었기에 고대 그리스의 농민공동체는 지중해 세계의 확대와 상업의 발전을 거부했다. 울프 선드호슨이 지적했듯이, 당시 농민들은 상공업에 종사하는 중간계층의 미덕이 민주주의와 어울리지 않고 오히려 불평등을 만들어서 정치의 정상적인 작동을 위협한다고 봤다.[14] 상업상의 경쟁은 외부 공동체와의 전쟁을 불러왔고, 공동체 내부에서도 빈곤을 심화시키기 때문이다.[15]

이런 농민공동체의 성격은 한국 사회에서도 드러난다. 비록 그 시기가 많이 다르긴 하지만 주강현은 한국 농민공동체의 핵심을 조선 후기에 발전했던 '두레'에서 찾는다. 보통 30~50호 정도의 가구가 모인 두레는 단순히 서로 일을 도와주는 모임이 아니라 "사유적 요소를 극복하고 공유적 계기와 밀접하게 결합"된 정치적인 성

---

13) 유킨도, 『소농』, 151쪽.
14) 울프 선드호슨, 김정현 옮김, 「농민과 민주주의」, 『녹색평론』(제98호/1~2월), 2008, 157쪽.
15) 이로 인한 계층 간의 적대를 방지하기 위해 아테네에서는 부자가 사회적인 역할을 맡게 했다. 아테네에서는 부가 일정액을 넘은 자는 1년간 당번(當番)으로 일종의 '의식', 문자 그대로 번역하면 '국민의 일'을 치르지 않으면 안 된다. 그는 1년간 군선(軍船)을 취역(就役)시키거나(원한다면 그가 군선을 지휘할 권리를 가졌다) 혹은 제례의 연극 상연의 자금을 제공하거나 혹은 제례의 행렬의 준비를 행하지 않으면 안 됐다. 키토, 『그리스 문화사』, 110쪽. 그뿐만 아니라 빈민들은 재판에서의 벌금형을 크게 늘였다. 그들은 아주 경미한 죄에도 재산 몰수를 선고했다. 퓌스텔 드 쿨랑주, 김응종 옮김, 『고대도시: 그리스·로마의 신앙, 법, 제도에 대한 연구』, 아카넷, 2000, 467쪽. 하지만 이런 식의 임시변통으로는 상업의 발달에 따른 부의 양극화 현상을 근본적으로 막을 수 없었다.

격을 띠고 있었다.[16] 왜냐하면 두레는 단순히 서로 일을 돕는 것에 그치지 않았고 마을의 공유재산을 확대시켰기 때문이다. 두레의 구성원들은 함께 일하며 생긴 수익금을 모아 자산을 늘리고 일정한 액수를 반드시 적립했다. "두레가 분화된 이후에는 각자 노동의 대가를 찾아가는 방식으로 바뀌었지만, 조선 후기의 두레에서는 공동체적 강제가 강했기 때문에 반드시 일정 부분을 공동 적립시켜야 했다."[17] 그리고 18~19세기에 지배층이 동계를 하나의 납세단위로 묶어 공동납共同納을 강화하자, 이런 세금 부담은 주민들을 단합시켰고 동중답洞中畓과 같은 마을의 공동재산을 확대시키기도 했다. 이런 공유재산은 두레라는 공동노동을 통해 관리되었고 농민들의 자급과 공생을 위한 토대를 만들었다.

　　두레는 촌회와도 연관됐다. "마을의 정신적 상징인 마을굿을 모시며, 두레를 조직·운영하고, 동산洞山 등 공유재산을 거느리고 있으며, 촌회村會를 열어 공동의 일을 토의 결정"[18] 했던 두레는 마을굿, 공동노동의 조직과 운영, 공유재산의 관리를 위해 촌회라는 정치기구를 뒀고, 그 속에서 농민들은 정치를 경험했다(호남지방의 두레는 모정茅亭이라는 공간을 만들기도 했다).[19] 때때로 이 두레는 양반층의 향촌 지배를 거부하는 움직임을 보이기도 했다.

　　따라서 한국의 농민공동체를 양반들이 지배하던 봉건적인 공동체로 보는 편향된 시각은 그 내부의 정치적인 움직임을 제대로

---

16) 주강현, 『두레: 농민의 역사』, 들녘, 2006, 99쪽.
17) 주강현, 『두레』, 71쪽.
18) 주강현, 『두레』, 84쪽.

파악하지 못한다.[20] 양반들이 마을을 지배했다고 해도 그것이 고대부터 내려온 농민공동체 자체를 완전히 대체하지는 못했다. 양반이 주도하던 향회도 단순히 농민들을 지배하는 조직이 아니었다. 때때로 향회는 "대소민을 막론하고 빈부 모두 곤궁해지는 위기적 상황에서, 끝없는 관의 가렴에 대항하는 데 있어서 생존을 위해 상하가 연대"하는 계기를 마련하기도 했기 때문이다. "이를테면 철종 때 괴산에서는 수령의 자의적 결가 책정에 대해 반대하는 향회가 29차례나 열렸으며 각처에서 관의 부조리한 조처에 굴종하지 않고 통문을 돌려 향회를 소집, 단합된 여론을 배경으로 수령에게 시정을 요구하는 '읍소'泣訴를 감행하고 여의치 않으면 다시 감영에 진정하는 '의송'議送에 나서는 등 향회는 점차 반관적 저항을 위한 모임의 장소가 됐고 드디어 민란의 온상 구실을 하게 됐다."[21] 이처럼 마을 내에는 봉건적인 지배원리와 농민의 자치적인 정치원리가 대립하고 있었다.

---

19) 농정(農亭)이나 농청(農廳)이라 불리기도 하는 이 모정은 "농기, 풍물 및 두레 성원의 의복을 보관하고 두레먹이는 곳으로서, 하루의 피로를 푸는 장소이자 노동회의가 열리는 곳 …… 때로는 당산굿이 열리는 실제적인 신성공간으로도 사용됐으니, 모정은 곧 공동집회, 공동노동과 결부된 공동휴식, 오락 및 공동제전의 장소였다. 동시에 어떤 곳에서는 마을을 자치재판소로서 덕석모리(멍석말이), 뭇매, 마을추방, 훈계 등 제재를 결의하는 장소이기도 했으며 20세기 말까지도 이어지고 있다." 주강현, 『두레』, 101~102쪽.

20) 그런 점에서 김용덕은 마을을 지배했던 동계와 촌계를 구분해야 한다고 주장한다. "동계와 촌계는 크게 다르다. 동계는 18세기에도 있었지만 17세기를 전성기로 하는 것이고 양반에 의해 주도되고 운용됐다. 다시 말하면 향권 유지·체제 유지 등을 기본 취지로 하는 것이었다. 한편 촌계는 고대로부터의 유구한 전통을 갖는 자생적인 것이며 주민의 생활과 상호이익을 위해 협동하는 자율적 조직이었다." 김용덕, 『신한국사의 탐구』, 범우사, 1992, 144쪽.

21) 김용덕, 『신한국사의 탐구』, 40쪽.

이처럼 동서양 어느 곳에서나 농민공동체는 자기 나름의 공동체적 정치질서를 유지하고 있었고, 그런 질서는 인위적인 것이 아니라 생활의 자연스런 조건으로 만들어졌다. 농민의 삶은 자급과 공생에 바탕을 둔 정치가 자율적인 삶을 가능하게 하는 조건임을 말해준다. 국가 없는 곳에서 농민들은 공동체를 꾸리고 자급하며 평화로운 삶을 누리고 있었고, 삶과 일치하는 정치원리를 실현했다. 농민의 삶으로 다져진 거인의 정치는 그렇게 오랜 세월을 지탱해왔다. 그러나 자본주의와 근대국가의 성립은 이런 소농의 정치질서를 파괴하고 대체하기 시작했다.

식민지와 농민공동체의 파괴

농민의 삶은 통제할 수 없는 범위의 확장을 거부했다. 화폐경제에 편입되기 전에는 "가족 한 사람당 농지가 얼마나 확보되는가 하는 것이 절실한 문제"였고 "자급자족 단계에 있는 농업에서는, 항상 가족을 부양하기에 충분한 농지가 얼마나 확보될 수 있는가 하는 것이 농민의 최대 관심사"[22]였다. 하지만 화폐경제는 이런 농민의 삶을 근본적으로 뒤흔들었고, 서구 제국주의 국가에 의한 식민지화는 농민공동체를 체계적으로 파괴시켰다.

『농민의 도덕경제: 동남아시아의 반란과 생계』에서 제임스 스콧은 지주와 국가에게 얼마나 빼앗겼나보다 자신에게 '얼마가 남는

---

22) 유킨도, 『소농』, 108쪽.

가'를 중요한 기준으로 삼는 농민의 생계윤리가 전통적인 농민공동체를 지배해왔다고 본다.

이런 농민의 윤리는 호혜적인 제도들을 통해 실현됐다(스콧은 이런 호혜적인 제도들이 평등주의적이거나 이상적인 제도라기보다 노동력이 부족한 곳에서 노동력을 붙들어두려는 수단이라는 점을 강조한다). 어쨌거나 그런 생계의 도덕윤리moral ethic는 "빈민에게는 생계의 사회적 권리가 있다는 것"과 "엘리트는 가난한 자들의 생계를 위한 예비를 침해해서는 안 된다는 것이며, 최대한 공식화는, 엘리트는 결핍의 시기에 종속자들의 생계유지 요구를 들어주어야 할 적극적인 도덕적 의무가 있다는 것"23)을 분명히 했다. 마을의 공유재산은 과부나 고아들이 살아가도록 지원했고 "정상적인 시기에 '가장 약한 자의 생존'을 보장"24)했다.

하지만 서구 제국의 식민지화는 이런 도덕경제의 기초를 근본적으로 흔들기 시작했다. 식민권력은 공유지를 박탈했고, 세계시장 편입에 따른 곡물 가격의 불안정은 생계를 위협했다. 이런 변화는 농민공동체에도 영향을 미쳤다. 마을의 임야나 공유지가 사라져 마을공동체의 보호틀이 사라졌고, 마을의 부유층은 빈곤층의 요구를 무시하며 사법기관이나 경찰을 동원해 자신의 지위를 유지했으며, 시장가격의 변동과 인구 증가로 마을의 재분배 압력은 효력을 잃었다.25) 농민의 자급적이고 서로 보살피며 살아갈 토대 자체가 붕괴되기 시작한 것이다.26)

---

23) 제임스 스콧, 김춘동 옮김, 『농민의 도덕경제』, 아카넷, 2004, 54쪽.
24) 스콧, 『농민의 도덕경제』, 67~68쪽.
25) 스콧, 『농민의 도덕경제』, 89~90쪽.

이렇게 도덕경제를 무너뜨리면서 식민권력은 세금으로 농민을 착취했다. 인두세와 토지세에 대한 농민의 저항이 거셌지만,[27] 식민권력은 자신들의 재정을 유지하기 위해 세금의 범위를 더 넓혔다. 과거의 지배자들과 달리 "왕권에 저항할 수 있었던 지역 수장들과 타협할 필요가 없었"[28]던 식민권력은 근대적인 무기와 상비군의 도움을 받아 저항을 잠재웠다. 그리고 식민권력은 "분산된 지역적 관습과 절차를 좀더 동질적인 전체로 통일"시키기 위해 중앙집중화된 강력한 관료제도를 만들었다. 식민권력은 농민들의 경제적인 삶만이 아니라 정치적인 삶도 짓밟았다.

식민지 국가의 등장과 농민공동체의 붕괴는 스콧이 관찰했던 동남아시아의 특수한 상황이 아니었다. 한국에서도 상황은 동일하게 진행됐다. 일제 식민권력은 한국 사회에 배타적 소유권을 확립했고 공유지를 박탈했다. 1910년대에 시행된 토지조사사업은 배타적인 토지소유권을 확립했고,[29] 많은 농민들이 소유권을 잃었다. 두레와 촌회의 전통 역시 식민권력의 침투로 사라질 수밖에 없었다.

---

26) 서구 사회에서도 이런 상황은 비슷했다. "농사가 흉작일 때 또는 가축병이 유행할 때 영주의 원조를 받을 수 있는 권리, 영주의 임야에서 땔감을 채취하거나 그것을 싼 값으로 살 수 있는 권리, 주거를 손질하거나 새로 지을 때 도움을 받을 수 있는 권리, 살림이 아주 어렵거나 세금을 낼 때 영주에게 도움을 청하는 권리, 영주의 임야에 가축을 방목하는 권리 등등이 곧 그것들이었다. …… 토지에 대한 자유주의 원리의 도입은 소리 없는 폭격과도 같았다. 그것은 농민들이 늘 그 안에서 익숙하게 살아온 사회구조를 박살내고, 그 자리에 부자 이외의 아무것도 남겨놓지 않았다. 바로 자유라는 이름의 고독이었다." 에릭 홉스봄, 정도영·차명수 옮김, 『혁명의 시대』, 한길사, 1999, 309~310쪽.
27) "인두세가 일으킨 격분 뒤에 감추어진 이유는 그것을 거둬들이는 방식의 엄격성과 그것이 '부유한 자들보다는 가난한 자들을 더 무겁게' 짓누른다는 사실에서 찾을 수 있다." 스콧, 『농민의 도덕경제』, 141쪽.
28) 스콧, 『농민의 도덕경제』, 132쪽.

그리고 일제 식민권력은 전쟁 재정을 확충하기 위해 세금을 걷고
이를 위해 강력한 관료제도를 도입했다.[30]

동남아시아와 한국의 사례는 농민의 삶과 농민공동체의 정치
원리가 어떻게 짓밟혔는지를 잘 보여준다. 식민권력은 최소한의 동
의 과정조차 거치지 않은 채 농민들을 수탈하고 공동체를 붕괴시켰
다. 그러니 식민지를 경험한 곳에서 근대 정치로의 전환 과정은 매
우 폭력적이었다. 그리고 이런 국가와 자본의 폭력은 식민지에서
해방된 이후에도 이어졌고 민중의 정치적 잠재력은 끊임없이 그 폭
력에 시달렸다.

민주주의의 혁신이 필요하다!

민주주의의 비극은 강력한 중앙집권적 국가권력이 공유지를 박탈

---

29) "종래의 '입회지'(入會地) 대부분에 대해 '지반소유권'(地盤所有權)의 존재를 부
    정하고 그 소유권을 박탈함으로써 소농경영의 공동체로부터의 이탈은 더욱 가속
    화됐다. 식민권력에 의한 입회권 부정의 과정은 '국가에 의한 식민지판 인클로저
    운동'이라고도 할 수 있다. 이로 인해 전통적 의미에서의 소농의 공유지가 다양
    하게 분화될 수 있는 가능성은 원천적으로 봉쇄됐으며, 식민권력에 의한 자본주
    의적 사유화와 국유화만이 현실적인 가능성으로 남아 있을 수 있었다." 윤해동,
    「식민지 근대와 대중사회의 등장」, 임지현·이성시 엮음, 『국사의 신화를 넘어
    서』, 휴머니스트, 2004, 241~242쪽. 또한 다음의 지적도 참고하라. "일제가 토
    지의 수탈과 일본인의 이민을 추진하기 위해 설립한 동척은 광범한 국유지를 불
    하받음으로써 1920년에는 90,700여 정보(町步)의 토지를 소유한 거대 지주가 됐
    다." 박명규, 『한국 근대국가 형성과 농민』, 문학과지성사, 1997, 405쪽.
30) "조세는 1914년 지세령에 의해 토지 가진 자를 대상으로 조세액이 새롭게 책정됐
    고 동시에 식민지 행정기관의 발달로 엄격한 징수 방법이 사용됐으며 또 풍흉과
    관계없이 일정한 정액 화폐 지출이었다는 점에서 자작농층에는 대단히 무거운 압
    력으로 작용했다." 박명규, 『한국 근대국가 형성과 농민』, 407쪽.

하고 공동체를 붕괴시키며 시작됐다. 세금을 걷기 위한 관료체계와 반란을 막기 위한 공권력이 강화되면서 국가는 넘어설 수 없는 장벽이 됐다. 전통적인 공동체나 농민공동체의 정치원리는 낙후되거나 봉건적인 유산으로 매도당하고 선거를 통한 대의민주주의가 유일한 대안이 됐다. 민중의 몸속에 각인된 정치적 잠재력을 두려워하기에 권력을 가진 자들은 민중의 삶과 정치를 분리하려 한다.

그런 분리의 수단이 바로 제도화이다. 그들은 언제나 민주주의를 제도로 가두려 하지만, 민주주의가 무엇인가? 세계 역사를 통틀어 근대 사회에서 민주주의가 제도로 구현된 적이 있었나? 민주주의를 특정한 제도로 환원하려는 시도가 계속 있는 것은 민주주의라는 정치 현상을 고정된 것으로 바라보기 때문이다. 그런 점에서 함석헌이 얘기했던 바는 귀담아들을 만하다. 함석헌은 민중을 지배하는 기풍과 제도의 영향을 이렇게 설명했다.

육신이 사는 데 집 옷이 있듯이 제도란 사회생활을 하기 위한 울타리다. 집은 닫기운 것이요, 닫혔기 때문에 집이지만 집 안에 오래 있으면 공기가 흐리고 독소가 생겨 사람이 죽게 되듯이 제도는 고정한 것이요, 고정한 것이기 때문에 사회생활을 가능하게 하지만 제도가 오래면 사회는 반드시 해를 입는다. 그것은 생명은 쉴 새 없이 자라는 것인데 제도는 자랄 수 없기 때문이다. 그러기 때문에 사회를 언제나 건전하게 발전시키려면 제도를 끊임없이 고쳐야 한다. 그러기 때문에 우리가 사회에 강건한 기풍을 세울 필요가 있다 할 때는 실질적으로는 사회제도의 혁신을 말하는 것이다. 제도를 그냥 두고 개선을 아무리 말해도 소용없다.[31]

제도란 사회생활을 가능하게 하지만 생명의 기운을 담기엔 언제나 부족한 것이어서 계속 바꿔야 한다. 그렇다면 우리의 민주주의 논의도 제도로 복귀하지 말고 시민의 성장에 맞는 제도의 혁신을 추구해야 하지 않을까? 그런 점에서 민주주의의 과제는 단순히 대의민주주의와 직접민주주의 사이의 선택이 아니다. 중요한 것은 그런 제도가 아니라 우리의 삶이 어디에 뿌리를 내려야 하는가이고 제도는 그런 성장을 반영하는 근본적인 혁신이어야 한다.

그렇다면 어디서 우리의 성장을 위한 디딤돌을 찾을 것인가? 선드호슨은 "서구식 처방은 무시하고, 자신들의 과거의 결함으로부터, 또 산마리노 같은 나라의 역사로부터 배워서 다수 인민, 즉 농민 계급을 민주적 정치 속으로 참여시키는 길을 선택"[32]하자고 얘기한다. 그렇다, 1만 년 이상을 이어온 자급자족과 지속의 공동체로 다시 돌아갈 방법은 결코 과거를 낭만적으로 회상하는 반동사상이 아니다. 오히려 그것은 오랜 전통을 복원하고 주권의 논리로 민중을 억압하는 국가를 넘어설 대안이다.[33] 그리고 식량과 에너지 위기의 시대를 살아가는 우리 삶이 지속성을 가지기 위해 반드시 갖춰야 할 양식이다. 따라서 무기력하게 대의민주주의의 필요성을 주장할 게 아니라 민중의 역동적인 삶 속으로 들어가 그 속에 녹아 있는 정

---

31) 함석헌, 『생각하는 백성이라야 산다』(셋째 판), 생각사, 1979, 168쪽.

32) 선드호슨, 「농민과 민주주의」, 169쪽.

33) "토지의 독점 없는 곳에 생태독점은 있을 수 없고, 따라서 인간에 의한 인간의 지배도 불가능할 것이다. 그러므로 생태적 평형과 인간의 생태계화, 생태계 일원으로서의 생태인간공동체 실현을 내용으로 하는 생태근본주의가 실천적으로 지향할 제3의 길도 소농두레 자치일 수밖에 없다." 천규석, 『소농 버리고 가는 진보는 십리도 못 가 발병난다』, 실천문학사, 2006, 205쪽.

치적 잠재력에 주목해야 한다. 농민의 정치원리를 따르는 정치질서
는 인공적이거나 가공의 정치상황을 발명하거나 상상할 필요가 없
다. 오히려 그것은 1만 년 이상 우리 유전자 속에 각인되어온 정치
원리를 회복하는 것을 뜻한다. 자연상태에 대한 학습된 두려움이나
국가주권에 대한 의존을 버리고 스스로 자급과 공생의 길을 개척하
면 그것은 결코 불가능한 상상이 아니다. 촛불저항이 그 길을 가리
키고 있다. (하승우)

에필로그

지식협동조합을 제안한다

2007년 4월 경향신문 특별취재팀은 『민주화 20년, 지식인의 죽음』
이라는 기획시리즈를 신문에 연재하고 출간했다. 민주화와 지식인
의 죽음, 왠지 서로 어울리지 않는 단어이다. 군인들이 독재를 하던
시절에야 지식인들이 죽은 듯 몸을 조아렸겠지만 민주화를 이룬 사
회에서 지식인들이 왜 죽음을 맞이할까? 그리고 민주화 이후 많은
지식인들이 정계에 진출하고 대중적인 인기를 얻기도 했는데 왜 그
들의 죽음을 논할까? 이명박 정부가 들어선 지금이야 사상의 자유
가 조금씩 사라지고 있지만 2007년도면 그래도 나을 때인데.

　　당시 경향신문 취재팀은 지식인의 죽음을 몇 가지 원인에서 찾
았다. 일단 군사정권이 무너지고 선과 악의 대립구도가 사라지자
더 이상 사회는 길잡이나 저항의 상징으로서 지식인을 원하지 않았
다. 그리고 지식인들도 더 이상 그런 역할을 자처하지 않아 '저항적
지식인'이라는 이미지는 사라졌다. 이제 불온함보다 '안전한 이미
지'를 갖게 된 지식인은 지배질서를 전복하는 폭탄이 아니라 체제
를 지탱하는 기둥이 되어 체제 내로 포섭되었다. 포섭되었다는 말
은 단지 지식인이 정치에 참여하는 현상만을 의미하지 않는다. 오

히려 지식인이 국가나 시장의 권력에 맞춰 자신의 입장을 바꾸는 현상, 책의 말을 그대로 옮기면, "지식인의 신념과 철학, 노선은 권력에 참여할 계기가 생기면 언제든지 바꿀 수 있는 일회용 장식품에 지나지 않게 되었다"는 점을 뜻한다.

이런 주장을 무조건 받아들이기는 어렵지만 취재팀은 한국 사회의 지식인이 조용히 죽어가고 있다고 선언했다. 이 책의 출판보다 더욱더 심각한 사실은 한국의 수많은 지식인들이 자신들의 죽음을 선고하는 이런 주장에 별다른 반응을 보이지 않았다는 점이다. 사람이라면 자신을 관에 넣고 뚜껑에 못질하려는 시도에 발버둥이라도 칠 만하건만, 지식인들은 자신들이 그조차 할 수 없는 무기력한 존재임을 스스로 증명했다.

사실 한국의 대학이 돌아가는 꼴을 보면 단지 지식인이라는 존재가 아니라 지식 자체가 위기를 맞이했다는 점을 실감하게 된다. 다양성과 다원성은 문화적인 유행일 뿐 획일성과 폐쇄성이 사상이나 의식을 지배하고 있다. 냉전·반공이데올로기가 사라진 자리를 세계화와 경쟁의 담론이 채웠고, 대학마다 자리 잡은 재벌기업의 이름을 딴 건물들은 누가 대학의 새로운 주인인지를 알려준다. 해마다 오르는 등록금을 힘겹게 감당하고 도서관과 학원을 오가며 열심히 학기를 채우지만 자신의 미래를 도통 예상할 수 없는 대학생들이, 학생보다 연구 실적이나 프로젝트에 더 관심 많은 교수들에게 소위 학문을 배우고 있다. 그러니 지식인의 죽음과 같은 얘기가 수없이 쏟아져 나와도 대학은 꿈쩍도 하지 않는다. 이제는 상아탑보다 국립대, 사립대를 막론하고 대학 캠퍼스 내에 깊이 침투한 체인점에서 대학의 위상을 확인할 수 있기 때문이다.

경향신문이 제기했던 '앎과 삶의 분리'를 넘어 '앎을 배반하는 삶', '삶을 위장하는 앎'이 늘어나고 있다. 이익이나 명예, 권력을 위해서라면 자신의 앎을 배반하고 그것의 꼭두각시가 되거나, 자신의 타락한 삶을 옹호하거나 포장하기 위해 앎을 이용하는 지식인들이 늘어나고 있기 때문이다. 이런 사람들은 앎이 그저 앎일 뿐 그것이 반드시 삶과 연관성을 가져야 한다고 생각하지 않는다. 이런 모습이 반드시 지금 한국에서만 드러나는 현상이라고 얘기할 수는 없지만[1] 다른 곳에서도 그런 현상이 발견된다고 해서 이곳의 문제점이 정당화될 수는 없다.

물론 누구를 지식인이라 부르는가에 따라 이런 평가는 달라질 수 있고, 대학만이 지식의 전당일 수는 없다. 지식인이 꼭 대학교수만을 의미할 필요는 없고, 작가나 칼럼니스트, 언론인, 사회운동가도 이 사회의 지식을 구성하는 중요한 사람들이기 때문이다. 그리고 대학 외의 공간에서 자기 영역을 만들어가고 있는 여러 학문집단들이 있기에 대학만을 지식인의 장이라 얘기할 수도 없다. 특히 위키피디아Wikipedia나 촛불집회 이후 실감을 얻게 된 '다중지성'이라는 말은 지식의 정의를 특정한 개인이 독점할 수 없는 대중적인 차원으로 확장시키고 있다.

하지만 그럼에도 경향신문이 던진 화두인 지식인들을 죽음으로 몰아가는 '앎과 삶의 분리'는 여전히 극복되지 않은 과제로 남아

---

1) 다음의 책들을 보면 잘 알 수 있다. 노암 촘스키 외, 정연복 옮김, 『냉전과 대학: 냉전의 서막과 미국의 지식인들』, 당대, 2001; 브루스 커밍스, 한영옥 옮김, 『대학과 제국: 학문과 돈, 권력의 은밀한 거래』, 당대, 2004.

있다. 사실상 자기 먹을 것을 직접 생산하지 못하는 존재인 전문화된 '근대의 지식인'에게 앎과 삶의 분리는 근본적인 물음이다. 근대의 지식인은 자기가 먹거나 입을 것, 살 곳을 직접 짓거나 구하지도 않기 때문이다.

물론 지식인도 농부가 밭을 갈거나 노동자가 기계를 돌리듯이 강의를 하고 원고를 쓴다. 빈둥빈둥 놀지 않고 때로는 주말까지 반납하며 꼬박 원고를 쓸 때도 있다. 하지만 근대의 지식인은 자신의 강의를 듣거나 책을 사거나 대화를 필요로 하는 사람들이 존재할 때에만 밥을 먹고 살 수 있다는 근본적인 위기를 겪고 있다. 그 점은 지식인이라는 존재 자체가 이 사회에서 둥둥 떠다닐 수밖에 없기 때문에 나타나는 문제이기도 하다.

그렇다면 지식인들은 자기 힘으로 밥을 먹는 게 불가능하고 계속 다른 존재에 의지해서 살아야 할까?

협동조합운동과 실천하는 앎

모두 똑같은 일을 하거나 누군가가 정해준 일만 하는 사회가 아니라면 서로가 서로의 삶을 보살필 수 있다. 이타적인 자비심이 아니라 냉정한 이기심으로도 서로 돌볼 수 있다는 점은 이미 생물학이 증명한 바이다. 최정규를 비롯한 여러 지식인들의 글도 이기심이 이타심과 무관하지 않다는 점을 증명하고 있다.

어떤 한 사람이 총대를 메고 부담하는 방식이 아니라 서로가 서로의 삶을 지탱하는 방법은 없을까? 인류는 아주 오랜 옛날부터 협동의 방식으로 그런 과제를 해결해왔다. 협동의 장점은 단지 서로가 서로를 도와준다는 점에만 있지 않다. 협동은 여러 사람들이 혼자서 했다면 결코 하지 못했을 일을 가능케 한다. 협동은 개인이 따로따로 일할 때 나오는 결과물보다 훨씬 더 많은 결과물을 낳는다. 더구나 혼자라면 꿈도 꾸지 못했을 일도 여러 사람이 힘을 모으면 가능할 뿐 아니라 즐겁게 그 일을 할 수 있다. 고통스러운 일도 서로 격려하고 노래를 부르면 훨씬 더 성취감을 느끼며 일할 수 있다. 협동을 하며 인류는 문명을 일궈왔고, 그 속에서 사람들은 자신감을 가지며 명예로운 일에 도전할 수 있었다. 협동은 알고 있지만 현실적으로 불가능해 보이던 일도 가능케 했다.

국가가 높은 세금으로 목을 조르고 자본이 노동의 대가를 송두리째 앗아갈 때에도 협동은 사람들이 버틸 수 있는 힘을 줬다. 19세기 유럽의 협동조합운동은 가난한 사람들이 냉혹한 현실을 버틸 수 있는 힘을 줬고, 러시아의 협동조합운동은 이후 러시아혁명을 지탱하는 중요한 기둥이 되었다.[2] 한국에서도 협동조합운동의 뿌리는 두레나 계처럼 아주 오랜 전통의 뿌리를 갖고 있을 뿐 아니라, 1920년 경성소비조합이나 1921년 조선노동공제회의 소비조합처럼 협동조합의 형태를 일찍이 갖추기 시작했다.

이런 오랜 전통 속에서 협동조합은 운동의 흐름을 형성하기 시작했고, 사회를 바꿀 중요한 대안으로 떠오르고 있다. 2008년 8월

---

2) 협동조합을 비롯한 유럽의 사회적 경제의 흐름과 러시아의 협동조합운동에 관해서는 각각 다음을 참고하라. 장원봉, 『사회적 경제의 이론과 실제』, 나눔의집, 2006; 김창진, 『사회주의와 협동조합운동: 혁명 전후 러시아의 국가와 협동조합 1905~1930』, 한울, 2008.

31일 KBS스페셜에서 방영된 「오래된 미래 CO-OP, 볼로냐, 부산 두 도시 이야기」는 협동조합이 도시를 살리는 힘이 되고 있다는 사실을 보도했다. 전세계의 협동조합운동은 다양한 형태로 진행되고 있지만 협동조합을 규정하는 원칙에 대해서는 이미 합의가 되고 있다. 그것이 바로 협동조합의 7원칙이다.

제1원칙. 자발적이고 열려진 조합원제. 협동조합은 자발적인 조직으로 성, 인종, 정치, 종교와 상관없이 조합원의 책임을 다할 사람이라면 누구나 참여할 수 있다.

제2원칙. 조합원의 민주적인 운영. 협동조합은 조합원이 민주적으로 운영하는 조직으로 조합원은 정책결정, 의사결정 과정에 참여할 수 있고, 1인 1표의 동등한 의결권을 갖는다.

제3원칙. 조합원의 경제적 참여. 협동조합은 조합원들이 낸 자본을 민주적으로 관리하고 조합원은 잉여금의 사용을 결정하는 과정에 참여한다.

제4원칙. 자치와 자립. 협동조합은 조합원이 운영하는 자치적인 자조단체로 정부나 기업과 계약을 맺거나 자본을 조달할 경우 조합원의 민주적 운영을 보증하고 협동조합의 자주성을 확보, 유지하는 조건을 달아야 한다.

제5원칙. 교육, 훈련 및 홍보. 협동조합은 조합원과 선출된 대표, 관리자, 직원이 협동조합의 발전에 공헌할 수 있도록 교육훈련을 진행한다.

제6원칙. 협동조합 간의 협동. 협동조합은 지역, 국가, 국제적인 조직과 협동하며 협동조합운동을 강화한다.

제7원칙. 지역사회에 대한 기여. 협동조합은 조합원이 승인한

정책에 따라 지역사회의 지속가능한 발전을 위해 활동한다.[3]

　　그동안 협동조합운동이 일궈온 의미와 성과에 관해 수많은 이야기를 나눌 수 있지만 가장 중요한 점은 협동조합이 국가와 시장을 대체할 잠재력을 가지고 있다는 점이다. 자본주의가 사람들의 피와 땀을 한창 악마의 맷돌로 갈아내고 있을 때, 왜 칼 폴라니나 구스타프 란다우어 같은 사람들은 협동조합운동에 주목했을까? 폴라니는 경제가 원래 삶과 분리된 것이 아니기에 국가나 시장이 일방적으로 주도할 수 없다고 봤다. 인간의 얼굴을 한 경제는 단순히 물건을 교환하는 역할만이 아니라 다른 사람의 필요와 욕구를 파악하고 내면을 조망할 수 있어야 한다. 폴라니는 이런 섬세한 경제가 조합원들이 서로의 욕구를 이해하고 조절하며 민주주의를 실현하는 협동조합을 통해 실현될 수 있다고 믿었다.[4]

　　그리고 란다우어는 인간을 억압하는 국가를 없앨 수 있는 방법 역시 협동조합에 있다고 믿었다. 국가는 혁명을 일으켜서 단숨에 없애버릴 수 있는 물리적인 실체가 아니라 하나의 관계이자 행동양식이기 때문에 다르게 관계를 맺고 다르게 행동할 때에만 사라질 수 있다.[5] 그래서 란다우어는 소비자협동조합이나 신용협동조합을 비롯한 다양한 협동조합이 국가를 무너뜨릴 실질적인 힘을 만들 것이라 믿었다.

---

3) 쿠리모토 아키라, 주영덕·김형미 옮김, 『21세기의 새로운 협동조합원칙』, 생협전국연합회, 2009.
4) 칼 폴라니, 홍기빈 옮김, 『전 세계적 자본주의인가 지역적 계획경제인가 외』, 책세상, 2002.
5) 콜린 워드, 김정아 옮김, 『아나키즘, 대안의 상상력』, 돌베개, 2004.

협동조합은 삶터와 일터를 분리시켰을 뿐만 아니라 도시와 농촌을 분리시킨 근대 자본주의 사회에서 그 분리를 극복할 수 있는 가능성을 만들었다. 요컨대 생산자협동조합은 삶터와 일터의 분리를 극복할 단초를 마련했고, 소비자협동조합은 도시와 농촌을 잇는 다리를 놓았다. 여기에서는 생산자와 소비자는 분리되지 않고 조합원이라는 이름으로 서로 연결된다. 그리고 협동조합운동에서 저축한 돈은 은행이나 대기업을 배불리는 이윤이 아니라 다른 이웃이 미래를 준비하는 종잣돈이 되고, 열심히 일한 노력은 자본가나 공무원이 아니라 협동조합과 지역사회를 살찌우는 거름이 된다. 비록 내가 가진 것은 그리 많지 않을지라도 우리가 가진 것이 점점 커져 삶을 풍요롭게 만들어 자치와 자급을 가능케 한다. 협동조합운동은 이런 엄청난 변화를 가능케 한다.

더구나 국가와 시장을 대체하는 크나큰 과업(!)은 몇몇 엘리트의 손이 아니라 다수의 평범한 대중의 손으로 이루어진다. 그리고 대중은 협동조합에 민주적으로 참여하고 경영하고 교육을 받으며 더욱 큰 존재로 성장할 수 있었다. 이처럼 협동조합운동은 평범한 사람들이 어떻게 사회를 변화시킬 수 있는가를 증명했다.

협동조합운동은 공상이 아니라 '실천하는 앎'이 어떻게 가능한지를 그 존재 자체로 증명하고 있다. 이런 힘을 가졌기에 국가와 자본은 협동조합을 길들이려 노력했고, 한국에서도 국가가 농협법을 비롯한 각종 법률로 협동조합을 직접 통제하려 하며, 기업이 협동조합의 방식을 따라하려 노력하고 있다. 그런 통제나 따라잡기는 어느 정도 성공하고 있고 협동조합이 운동의 힘을 잃어가는 현상도 나타나고 있다. 그런 점에서 다시 협동조합운동의 의미와 목표를 다시 세우는 노력이 필요하고, 삶의 뿌리를 잃어버린 지식인들이 깊이 뿌리를 내릴 가능성도 바로 지금 여기에 존재한다.

앎과 삶의 일치, 지식협동조합은 가능한가?

지식인들은 어떻게 협동조합을 만들 수 있을까? 노동자들이 생산자협동조합을 만들고, 농민이 농민협동조합을 만들고, 소비자들이 소비자생활협동조합을, 거주자들이 주택협동조합을 만든다면, 지식인들은 지식협동조합을 만들 수 있다. 그렇다면 지식인들이 무엇을 생산하고 소비하면서 협동의 가치를 실현할 수 있을까?

　사실 지식만큼 협동의 가치를 잘 실현하는 것은 없다. 지적재산권, 저작권법이 지식의 공유를 가로막고 있지만, 이 세상에서 어느누가 어떤 발견이나 발명을 온전히 자신만의 것이라 주장할 수 있단 말인가? 세상 만물은 모든 생명이 함께 누려야 하고, 지금 현재의 생명만이 아니라 미래의 생명도 누려야 하는 공동의 자산일 뿐이기 때문이다. 그런 점에서 과학기술을 비롯한 지식은 인류의 공동유산이다. 지식협동조합은 지식이 어느 누구의 독점물이 아니라모두의 것이어야 한다는 점을 가장 분명하게 드러낼 수 있다. 지식협동조합은 '지식의 공공성'을 확립하는 좋은 방안이다.

　그리고 협동조합은 자본주의가 경제적 가치를 부여하지 않는것에 가치를 부여하는 좋은 방법이다. 자본주의는 사람의 서로 돕는 마음이나 협동의 가치를 인정하지 않거나 왜곡하고 그것이 자랄수 없게 한다. 그러나 협동조합은 그런 좋은 마음이 의심 없이 실현될 수 있는 구조를 갖추고 있다. 서로가 서로의 삶을 지탱하는 협동조합의 구조는 조합원이 곧 지식의 생산자이자 소비자가 될 수 있는 '순환의 틀'을 마련할 수 있다. 지식협동조합에서는 누구나 자신의 지식을 타인과 공유할 수 있고 자신이 배운 바를 삶에 접목해서 새로운 앎을 창조할 수 있다.

그렇다면 지식협동조합은 무엇을 생산할 수 있을까? 일단은 지식협동조합에 조합원으로 참여하는 사람들이 지식을 생산하고 소비하는 주체가 될 것이다. 각자가 조합의 설립을 위해 일정한 자본을 출자하고 조합원이 선출한 사람은 조합의 공간과 자본을 민주적으로 관리한다. 마련된 자본과 조합의 목적, 사업에 따라 자본금 규모에 맞게 공간을 마련하거나 아니면 웹공간에 자리를 잡고 협동조합의 활동을 시작한다. 지식을 만들고 소비하는 과정에 조합원들은 자유로이 참여할 수 있다. 외국어를 배우고 가르치는 능력, 어려운 철학을 쉽게 소통하는 능력, 과거의 역사와 문화에 대한 설명, 지역 사회의 전통과 공간에 관한 이야기 등 다양한 내용들이 지식협동조합의 생산물이 될 수 있다.

그런데 다른 협동조합과 달리 지식은 어느 누가 독점할 수 없는 인류 공동의 재산이기에, 지식협동조합이 생산한 지식은 조합원만이 아니라 비조합원도 공유할 수 있어야 한다. 다만 비조합원은 조합원과 달리 협동조합이 생산한 지식을 자유로이 가공하고 재생산하는 과정에 참여할 수 없기 때문에, 조합원으로 가입하려는 동기를 품을 수 있다.

협동조합은 조합원의 확대와 사업의 확장을 통해 성장하므로 조합원들이 함께 고민하고 공통의 사회적·문화적 필요와 바람을 공유하며 조합의 설립목적에 맞는 사업을 구상한다. 그런 의미에서 지식협동조합을 만들고 활동할 때 가장 중요한 점은 바로 민주주의이다. 조합은 조합원에게 열려 있어야 하고 조합에 관한 정보는 조합원과 공유해야 한다. 협동조합의 제1·2·3원칙을 충실히 실현할 수 있도록, 지식협동조합은 조합원들이 요구할 때 자유로이 발언하고 의결권을 행사하도록 보장해야 한다.

사실 지식협동조합이 활동하면서 부딪칠 수 있는 문제 중 하나는 제4원칙인 자치와 자립이다. 지식협동조합이 성장한다면, 국가나 자본이 이를 활용하려 들 것이다. 한국연구재단이나 학원과 같은 사기업들이 통제나 영리를 목적으로 협동조합을 지배하려 들 수도 있다. 그럴 경우 가장 중요한 것은 조합원들이 지식협동조합을 통제해야 한다는 점이다.

그리고 협동조합을 튼튼하게 만드는 방법은 협동조합 간의 연대를 활성화시키는 것이다. 다양한 목적을 가진 협동조합이 서로 관계를 맺고 활동한다면 그 속에서 자연스레 사회적인 대안이 마련될 수 있다. 지식협동조합도 마찬가지이다. 다른 형태의 협동조합운동이 필요로 하는 내용들을 마련하고 그것을 서로 교환하면서 현실에 자리를 잡을 수 있다. 공교육/사교육의 이분법을 벗어나 사회적인 교육 과정을 마련할 수도 있다. 그러면 지식협동조합의 조합원만이 아니라 다른 협동조합에도 조합원이 늘어날 수 있지 않을까? 지식협동조합은 사업의 확장보다 조합원의 확장으로 지역사회에 다양한 모임을 만들어갈 수 있다.

그렇다면 누가 지식협동조합의 지식을 필요로 할 것인가? 그리고 어떻게 그 지식에 경제적 가치를 줄 것인가? 그 부분과 관련해서는 지역화폐와의 결합을 모색하면 좋다. 자본주의 경제가 상품으로 인정하지 않는 능력을, 서로 주고받는 생활재로 바꾸는 장이 바로 지역화폐이다. 지역화폐를 활성화시키기 위한 방법으로 지식협동조합을 이용할 수도 있다. 지역화폐는 관계망이 활성화되어야 성공할 수 있는데, 생활의 지식, 앎의 삶으로 내려온 지식은 그런 관계망을 맺도록 도울 수 있다. 그리고 그런 과정에서 자연스레 협동조합의 제6원칙인 협동조합 간의 협동을 활성화시킬 수도 있다. 협동조합 간의 협동은 지식인들이 살 곳과 먹을 것을 자신의 활동 속에서 마련할 수 있도록 돕는다.

또한 지식협동조합의 활동은 지역사회에 충분한 기여를 할 수 있다. 협동조합의 제7원칙인 지역사회에의 기여는 지식협동조합의 중요한 과제이다. 지식협동조합은 자신이 속한 지역사회의 전통, 역사, 문화를 발굴하고 대중화시키면서 자연스레 지역사회에 기여할 수 있다. 수도권으로 집중된 인문학의 역량이 지방에 자리를 잡을 수 있고, 유행이나 시류에 따르는 학문이 아니라 삶에 뿌리를 내린 학문이 지식협동조합을 통해 생성될 수 있다. 그리고 자기 지역을 가장 잘 아는 토박이들이 지식협동조합을 통해 지식인으로 등장할 수도 있다. 이처럼 지식협동조합은 지역과 중앙의 지식을 순환시키고 지식인과 대중의 경계를 허물 수도 있다.

물론 이런 역할을 해온 단체들이 이전에도 있다는 점을 부정하지는 않는다. 다만 지식협동조합은 자본을 마련하는 단계부터 사업을 확장하고 발전시키는 단계까지 조합원들이 조합에 대한 권리를 가지고 적극적으로 활동할 수 있다는 점에서 다르다. 특정한 사람들이 조합의 목표와 방향을 정하지 않고 모든 조합원이 동등하게 그 운영과 평가에 참여하고 성과를 공유할 수 있다는 점은 지식협동조합의 장점이라 하겠다.

지식협동조합은 삶에 뿌리를 내리지 못하고 떠도는 한국의 지식인들이 자신의 앎에 삶의 뿌리를 달아줄 계기를 마련할 것이다. 아직 그 구체적인 사례가 마련되지 않았으니, 그 발전 과정은 여전히 함께함의 과정에 놓여 있다. 일상생활 속에 협동의 원리를 실현할 교육생협이나 주거생협 등 다양한 형태의 협동조합을 만들어야 한다는 목소리도 한국 사회에서 조금씩 높아지고 있다. 지식협동조합은 국가가 주도하는 공교육이나 시장이 주도하는 사교육이 아닌, 그러면서도 서민들의 삶과는 동떨어져 있는 대안교육과도 다른 틀을 만들 수 있다.

지행네트워크는 지식협동조합의 기본적인 틀을 만들고 시민이나 다양한 형태의 단체들과 새로운 관계를 맺기 위해 변화를 모색하고 있다. 지행네트워크를 지식협동조합으로 전환시키는 것부터 지식협동조합의 논리와 형태를 개발하고 확산시키는 것까지 해야 할 고민도 많고 걸어가야 할 길도 멀다. 같이 길을 갈 벗들이 있다면 지식협동조합의 길은 결코 외롭지 않을 것이다. 함께 할 벗들을 기다린다. (하승우)

나는 순응주의자가 아닙니다
배우며 행동하기, 행동하며 배우기

초판 1쇄 인쇄 | 2009년 7월 17일
초판 1쇄 발행 | 2009년 7월 24일

지은이 | 지행네트워크(이명원, 오창은, 하승우)
편　집 | 홍원기, 이재원
마케팅 | 인현주
표　지 | Studio bemine
본　문 | 서영심

펴낸곳 | 도서출판 난장 · 등록번호 제307-2007-34호
펴낸이 | 이재원
기　획 | 김남시, 김상운, 양창렬, 이현우
주　소 | (121-841) 서울시 마포구 서교동 458-15 하이뷰오피스텔 501호
연락처 | (전화) 02-334-7485　(팩스) 02-334-7486
블로그 | blog.naver.com/virilio73
이메일 | nanjang07@naver.com

책값은 뒤표지에 있습니다. 잘못 만들어진 책은 구입하신 서점에서 바꿔드립니다.
ISBN 978-89-961268-5-0 03300

이 도서의 국립중앙도서관 출판시도서목록(CIP)은
e-CIP 홈페이지(http://www.nl.go.kr/ecip)에서 이용하실 수 있습니다.
(CIP제어번호: CIP2009001706)